붕가붕가레코드의
지속가능한
딴따라길

붕가붕가레코드의
지속가능한
딴따라길

붕가붕가레코드 지음

푸른숲

감사의 말
안 쓰는 것보다 쓰는 게 무조건 낫다

원래는 진작 나왔어야 할 책이다. 어느 신문에 실린 우리 인터뷰에서 본 '빡센 취미 생활'이라는 말에 꽂혔다면서, 일상에 묻혀 사는 사람들에게 자기도 하고 싶은 일을 할 수 있구나 하는 메시지를 줄 수 있는 책을 내보면 좋겠다고 출판사 사람들이 우리를 만나러 온 게 정확히 1년 전. 우리가 80여 명의 관객을 앞에 놓고 '장기하와 얼굴들'의 기획 공연을 하면서 '야, 이거 그럴싸한데'라며 일하는 재미를 막 알아가던 무렵이었다. 얘기를 듣자마자 들어온 제의를 덥석 물어버렸다. 출판사에 폐가 된다면 모를까, 우리로선 잃을 게 없었기 때문이다.

하지만 우물쭈물하다 때를 놓치고 말았다. 그리고 그사이 '장기하와 얼굴들'은 유명해져버렸다.

제대로 팔아보려고 했다면 이때 냈어야 했다. '장기하와 얼굴들'이 하나의 성공한 밴드를 넘어 어떤 사회현상까지 되어가던 상황이었다. 인터뷰 요청이 쇄도했고, 연락해오는 출판사도 여럿 있었다. "이 책을 읽으면 '장기하와 얼굴들'의 모든 것을 알 수 있다"라는 카피를 달고 나갔다면 진작 우리를 알아봐주신 출판사 관계자들의 선견지명에 보답할 수 있었을 것이다. 덩달아 우리도 돈을 좀 만질 수 있었을 테고.

이번에는 너무 바빴다. 나오지 않는 원고는 저자와 편집자를 비롯한 모든 관계자의 마음을 깡그리 태워버렸다. 다시 때를 놓쳐버렸다.

결국 애매한 시점이 되고 말았다. 우리가 하는 일을 빡센 취미 생활이라 얘기하기에는 어중간하게 됐다. 누군가에겐 본격적인 직장 생활인가 하면, 나머지는 여전히 별도의 생업을 가지고 있는 상황. 한편으론 '장기하와 얼굴들'의 참신함이 빛을 바래가는 것과 비례하여 썩 괜찮던 음반 판매량은 바닥을 향해 가고 있는 시점이기도 하다. 이제 붕가붕가레코드는 더 이상 '핫'하지 않다.

빡센 취미 생활을 권하는 책일 수도 없고 '장기하와 얼굴들'에 대한 책도 아니게 된다면 대체 붕가붕가레코드에 관한 이 책은 무슨 의미를 가질 수 있을까.

혹자는 인디 음악의 열악한 현실을 헤쳐나가는 젊은이의 고군분투로서 땀과 눈물이 어우러진 한 편의 신파극을 기대했다. 하고자 하는 일을 마음속에 품고서는 전전긍긍하고 있는 이들에게 빠져나갈 구석을 마련해주는 메시지가 드러나기를 원한 사람도 있었다. "'장기하와 얼굴들'에 대한 얘기가 더 많았으면……" 하는 사람들도 있었다. 사실 그렇게 쓰고 싶다는 생각도 했고—팔려야 하니까!—그래서 그런 부분이 들어가긴 했지만, 미미하다.

결국 쓸 수 있는 것을 쓰기로 했다. 이 책의 대부분엔 아는 사람들만 낄낄거릴 회고담에 소심한 사람들의 미심쩍은 미래 전망, 그리고 성공에 대한 투덜거림과 같은 내용이, 재기라고는 느껴지지 않는 무미건조한 문장으로 담겨져 있다. 책의 막바지에 이르러 돌이켜 보니 상황이 이러했다. "우리, 쓸데없이 나무를 살해하지 맙시다"라시던 편집자님의 말씀이 떠오르며 별 볼 일 없는 얘기를 한 권이나 써버리고 말았다는 생각이 든다.

하지만 그러면서도 마음의 다른 편에선 '뭐, 이 정도면 그래도 괜찮지 않나?'라는 건방진 생각이 고개를 든다. 붕가붕가레코드를 만들고 4년이 지나는 동안 이런저런 일이 있었다. 꽤 들을 만한 음악들을 재밌게 만들어왔다. 이런 모습에 즐거워할 누군가가 있을 것이다. 일하면서 나름 어려운 문제들이 많았지만, 별로 잘난 것도 없는 주제에 소심하게 일보 전진에 이보 후퇴를 거듭해가며 용케 극복해왔다. 하고 싶은 것을 마음속에만 담아두고 있는 이들이라면 '이런 애들도 하는데 나라고 못할쏘냐!'며 용기를 얻을 수 있을 테다. 이 정도면 꽤 괜찮다 싶다.

아무도 몰라줄 때 우리를 알아봐주신 '푸른숲' 관계자들께 감사드린다. 특히 담당 편집자인 이정규 씨가 눈에 밟힌다. 만날 늦게 원고 보내는 주제에 바라는 것은 많아 귀찮게 해드렸는데, 아무쪼록 책이 잘 팔려 회사 안에서 떵떵거리며 다니시게 해드렸으면 좋겠다. 그리고 이 책에 직간접적으로 참여한 붕가붕가레코드의 직원들과 뮤지션들, 합쳐서 관계자들. 괜히 욕심으로 엄하게 책에 등장시킨 것 같아 감사하다는 말보다는 죄송하다는 말씀이 앞선다. 관계자들의 부모님들과 친지들은 물질적, 정신적으로 이들을 지탱해주셨다는 점에서 역시 감사드려야 한다. 관계자들 중 몇몇은 이 책으로 인해 자신이 하는 일이 가족들에게 알려지지 않았으면 하는 바람을 가지고 있긴 하지만.

    그리고 무엇보다 구매자들. 이 책이 많이 팔렸으면 좋겠습니다. 여러분의 현금이 저희에겐 힘이 됩니다.

붕가붕가레코드 대표
곰사장

프롤로그

야, 갈 길이 멀다

part 1
뭐라도 재미있는 것을 해보자

고립무원에서 자가 발전을 시작하다 20
- 붕가붕가 중창단의 결성

쑥고개를 요람으로 고개를 들다 34
- 빵짠 프로젝트로부터 홍대 진출까지

part 2
혼자 힘으로 사랑하는 자가 살아남는다

혼자 힘으로 사랑하자 44
- 붕가붕가레코드의 탄생

지속가능한 딴따라질 선언 56
- 레이블의 설립과 좌절

뜨겁지 않다면 미적지근하게 71
- 지속가능을 위한 인간형

part 3
별일 없이 살아야 한다

시작은 확실히 미미했다 84
- 수공업 소형음반, 장기하의 〈싸구려 커피〉

대중성이 평점이다 92
- 〈싸구려 커피〉, 예상 외의 선전

빡센 취미 생활을 넘어서 106
- 성공이 초래한 붕가붕가레코드의 체질 변화

정말 별일 없었는지 118
- 정규 음반 발매 이후의 붕가붕가레코드

part 4
어쨌든 당신이라서 하는 일이다

꿈을 꾸게 하는 기술 -대표 공사장 130
부담스러울 만큼 독창적인 -디자이너 김 기조 140
의외로 프로페셔널 -녹음 엔지니어 나잠 수 150
우리는 사랑하는 사이 -매니저 강명진 161
살아남으려면 소통을 -커뮤니케이터 양준혁 173

part 5
진지한 얼굴로 시시덕거리는 딴따라질

즉흥과 우연을 겹쳐 쌓아 -붕가붕가레코드의 뮤지션 모으기 189
삽입1. 붕가붕가의 뮤지션들
유머, 일상, 그리고 독특함 -붕가붕가레코드의 음악 세계 214
삽입2. 붕가붕가의 음반들
들으러 오지 않고 보러 온다 -붕가붕가레코드의 공연 기획 250

에필로그

우리는 나아지고 있다

프롤로그

아직 갈 길이 멀다

'장기하와 얼굴들'의 음반 발매 공연에서 돌이켜 보다

18:00 공연 시작 한 시간 전

긴장이 되지 않았다. 이상한 일이었다. 자타가 공인하는 붕가붕가레코드의 간판이자 현금줄인 '장기하와 얼굴들'이 첫 정규 음반《별일 없이 산다》를 처음으로 선보이는 발매 기념 공연 날인데도 그랬다. 물론 1년 전에 나왔던 수공업 소형 음반《싸구려 커피》가 예상을 뛰어넘는 대성공을 거둔 덕분에 전도가 유망하다는 평가를 받고 있었지만, 창창한 신인일수록 망하는 일이 하도 많아서 일부러 소포모어 징크스라는 단어가 만들어졌듯, 망하는 건 한순간일 수 있다. 모든 건 하기 나름이다. 괜찮냐 후지냐에 따라 회사의 미래를 통째로 판가름 낼 수도 있는 공연이 한 시간 앞이었다.

사실 마음 졸여야 하는 문제들은 이미 공연 시작 전에 다 판가름이 난 상태였다. 가장 가슴을 졸여야 할 관객 동원은 이미 해결되었다. 잔뜩 버벅거리는 접속 환경에도 굴하지 않고 예매해주신 250명 관객 덕분에 표는 개표 40여 분 만에 매진되었다. 음반 발매 기념 공연인 만큼 공연 당일에 음반이 나와야 해서 혹시 인쇄 문제라도 있으면 어떡하나, 배달 사고라도 있으면 어떡하나 걱정했는데 공연 전날 물건을 받아 확인한 상태였다. 음반에는 꽤나 괜찮다 할 만한 노래들이 들어 있었다. 이미 2주일 전에 시작한 음반 예약 판매도 생각보다 순조로웠다.

하지만 이런 순조로움을 감안했을 때도 곰사장은 유난히 태평했다. 물론 예전에 했던 공연에 비해서 적잖은 시간을 투입하긴 했으나, 당일에 와서야 터지고 마는 자잘한 문제들이 없지는 않았다. 공연 초입에 틀 동영상을 전날에야 작업했는데 공연 시작 세 시간 전에 완성해놓고 보니 8분짜리였다거나―공연 연출자의 부탁은 '길어도 4분짜리'였다—동영상이 잘 틀어지지 않아 말썽을 부렸다거나, 음향 및 조명 스태프들께 점심을 대접해야 했는데 식당에 자리가 없어 기다려야 했다거나…… 문제들은 계속 터져 나왔다.

하지만 긴장하거나 집중하면 얼굴에 땀이 비 오듯 흐르는 체질이라 평소 같았으면 창백한 채로 땀을 뻘뻘 흘렸을 곰사장은 유난히도 여유 있는 모습을 보였다. 스스로도 이상하다는 생각이 들 정도였다. 이렇게 중요한 순간에 이래도 되느냐는. 무엇인가 달라졌다.

19:00 공연 시작

공연은 정시에 시작했다. 하지만 시작부터 좋지 않았다. 밴드가 그동안 겪어온 여정을 다룬 공연 도입부 영상이 아니나 다를까 늘어졌다. 처음에는 객석에서 쏠쏠하게 터져 나오던 웃음이 갈수록 줄어들더니만 급기야 사람들은 언제쯤 밴드가 등장하나 기다리는 기색이 역력해지고 말았다. 나중에 한 관객이 레이블 홈페이지에 관람 후기를 올려 "스스로의 유머 감각에 자뻑했는지 뭔지……" 하는 반응을 나타내기도 했으니, 아뿔싸.

그러고는 밴드가 등장했다. 첫 노래는 음반의 첫 트랙이자 공연을 통해서는 거의 처음 선보이는 〈나와〉였다. 역시 좋지 않았다. '장기하와 얼굴들'의 아킬레스건인 '코러스의 음정 불안' 문제가 여실하게 드러나고 말았다. 일정을 줄인다고 줄였지만 공연에 녹음에 생업에 치여 합주할 시간이 충분하지 않았던 데다 원래부터 코러스가 까다로운 것이 장기하의 노래다. 어쩔 수 없었다. 하지만 흡족하지 않은 것 역시 어쩔 수 없는 것. 게다가 음향도 어딘가 맥아리가 없었고, 자잘한 연주 실수들이 끊이지 않았다. 코러스는 끝까지 불안했다.

하지만 그 불안함은 예전과는 질적으로 다른 것이었다. 1년 전만 해도 공연 때마다 말도 못하게 전전긍긍해야 했다. 그때의 공연이란 겨우 일정 맞춰서 하루 이틀 연습한 팀을 모아 끝까지 연주하는 것이 미덕인 수준이었다. 끊임없는 연주 실수에 제자리를 못 찾는 보컬의 음정을 들으며, 망했지만 그래도 안 하는 것보다 하는 게 낫지 않느냐며 공연했다는 것 자체에 의의를 두고 스스로를 애써 위안해야 했던 순간도 있었다. 그때에 비하면, 치명적이라는 기분은 들지 않았다.

많은 준비가 있었기 때문이다. 이번 공연을 위해 따로 공연 연출자를 모시고 공연의 진행부터 합을 맞춰가면서 한 달을 준비해왔다. 덕택에 〈아무것도 없잖어〉에 동원된 합창단 하며 〈별일 없이 산다〉의 무대 액션, 그리고 앙코르 곡인 〈그 남자 왜〉에 미미시스터즈가 등장하는 대목까지 관객들을 적절하게 흥분시킬 수 있는 장치가 군데군데 자리 잡고 있었다.

이렇게 준비한 공연을, 40분 만에 표를 모두 매진시킨 관객들을 앞에 두고 선보인 것이니 사실 사소한 실수는 문제될 게 아니었다. 사랑하는 장기하가 폴짝폴짝 뛰어대는대야 팬들 입장에서는 기타 음표 몇 개 틀렸다고 문제 삼지는 않을 테니까. 공연 내내 분위기가 좋았다. 전체적으로 썩 나쁘지 않았던 공연이었다.

그간 약간의 성공을 맛보며 눈이 높아진 면도 있다. 자잘한 실수들을 걱정하게 되었으니. 틀 자체가 엉성했던 예전에는 자잘한 실수를 걱정하는 건 여유 부리는 것에 지나지 않았다. 이제 공연 전 3일 정도 준비하고는 "음, 이번엔 꽤 오래 준비했군" 스스로 만족하던 그런 엉성한 시절은 지나간 것이다. 확실히 달라졌다.

21 : 30 공연 종료

공연이 끝났다. 반응은 괜찮다. 음악 하는 선배들과 협력업체 사장님, 안면 있는 기자들, 그 밖의 업계 관계자들이 연신 축하한다며 악수를 청했다. 관객들도 대부분 흡족한 눈치다. '장기하와 얼굴들' 인터넷 커뮤니티에서 열심히 활동하는 열성 팬들은 공연이 끝나고 나서도 남아서 멤버들 보고 싶다고 성화를 부린다. 멤버들이 나오기 어렵다고 하자 당신들끼리 모여 단체 사진을 찍으신다. 공연장 로비에는 공연의 여운이 가시지 않은 티가 역력하다.

반면 무대 뒤편 출연자 대기실에 있는 밴드 멤버들에게선 별달리 흥분된 기색을 찾아보기 힘들다. 스태프들의 표정에서 엿보이는 것은 '오늘 대충 선방했군' 하는 느낌이다. 차분하다 못해 시큰둥함마저 느껴졌다. 오늘도 무사히, 무리 없이 치러냈다는 느낌. 별다른 대화도 없이 자기 짐 정리하고 뒤풀이 장소로 향한다.

벌써 몇 번이나 뒤풀이를 한 적이 있는 고깃집. 마음의 선생님인 김창완 선배를 비롯하여 많은 멋진 분들이 자리를 빛내줬다. 하지만 예전처럼 광란에 육박하는 왁

자지껄함은 찾아보기 힘들다. 차분하게 매우 많은 양의 술을 들이켜고 있을 따름이었다.

예전에는 확실히 흥분이 있었다. '장기하와 얼굴들'이 처음 공중파 방송에 출연했을 무렵, 인터넷 검색 사이트 실시간 검색어 목록에서 수위를 오르락내리락 하던 4개월 전에는 다들 나름 흥분하고 있었다. 컴퓨터 하나 달랑 놓인 방에서 처음으로 비닐 포장을 시도해 만든 백 장의 수공업 음반이 형광등 불빛에 반짝이는 아름다운 모습을 보며 너무나 흡족해했던 게 10개월 전이었다. 4년 전까지 거슬러 올라가면 레이블 창립 기념 공연에서 달랑 7만 원 수익을 남기고 "적자 보지 않았다"며 즐거워했던 적도 있다.

그 시절에 비하면 '개표 시작 40여 분 만의 매진'만큼, 대단한 숫자들이 있었다. 보름 남짓 동안 '장기하와 얼굴들' 정규 음반의 예약 판매로만 지난 4년간 붕가붕가 레코드가 벌어들인 수익의 열 배를 넘어섰다. 판매량 순위에서도 SM엔터테인먼트나 엠넷미디어 같은 주류 기획사의 물건들과 어깨를 나란히 하고 있었다. 이 숫자들이 중요한 까닭은 '장기하와 얼굴들'이 음악으로 생계를 유지할 수 있는 상황에 다가섰음을 의미하는 것이었기 때문이다. 또 '지속가능한 딴따라질'이라는 모토를 처음 걸었을 때 지향했던 레이블의 목표 ― 인디음악인이 자기 음악의 가능성을 훼손하지 않는 범위에서 생계를 충족하는 음악 작업을 할 수 있는 환경을 구축한다 ― 에 한 발자국 성큼 다가섰다는 뜻이기도 했다. 그리고 오늘의 성공적인 공연은 이러한 결과를 좀 더 확실하게 보여주는 자리였다.

그런데 상상했던 것과 달랐다. 목표를 이루게 되면, 굉장히 짜릿할 줄 알았다. 하지만 그렇지가 않았고, 허무한 기분마저 들 정도였다. 남의 것 같았다. 우리 손으로 직접 만들어내지 않은 것 같은, 손으로 직접 만질 수 없는 것이라는 느낌이었다.

07:00 공연 다음 날

차분한 분위기였다고는 하지만 기본적으로 음주량이 과도한 것은 예전과 다르지 않았다. 이번에 공연 스태프로 처음 참여한 대현은 만취한 채 사무실에 드러누워 있었다. 그 옆에서는 어제 공연의 주인공이었던 '장기하와 얼굴들'이 밤새 마신 술기운을 그대로 간직한 채로 아침 일찍 무슨 드라마에 찬조 출연 해야 한다고 부산하게 서두르고 있었다. 아침 일곱 시쯤에 그 광경을 물끄러미 지켜보던 곰사장, 잠이 들었다.

깨어보니 열두 시쯤, 해는 중천에 이르러 있었다. 대현이 여전히 만취 상태로 드러누워 있는 가운데 느지막이 일어난 곰사장은 남은 캔맥주를 마시면서 다시 한 번 생각을 하게 됐다.

'이루었는가?'

이루긴, 개뿔.

조금 더 진전이 있었던 것 같다. 그동안 무엇인가를 이뤄내면서 성장했다는 것은 부정할 수 없는 변화다. '장기하와 얼굴들'의 성공이 그런 기회를 만들어줬다. 하지만 이뤄낸 것은 순전히 우리의 것이 아니라 어느 정도는 운에 기댔을 따름이고, 무엇보다 불충분한 성공이다.

앞으로 마냥 재밌지는 않을 것이다. 자기네 단독 공연 뒤풀이도 제대로 못 하고 아침 일찍 다음 일정을 챙겨야 하는 상황이 좀 더 잦아질 것이다. 그런 노력으로 얻어진 성과들에도 점점 덤덤해질 테다. 이미 가진 게 아무것도 없던 한 밴드가 성공을 거두는 과정에 미력하나마 힘이 되면서 재미는 볼 만큼 봤다.

'발단—전개—위기—절정—결말'이라는 구성을 한 번 마무리 지었다. 이제 남은 건 다시 발단을 거쳐 전개와 위기를 계속 반복하는 일일 테다. 지금처럼 계속 긴장하면서, 무리하지 않고 억지를 부리지 않는 꾸준함이 미덕이 될 것이다.

붕가붕가레코드 역사에서 한 절정을 이룰 것이라고 생각했던 시점에서, 지속가능한 딴따라질의 첫 번째 성공 사례를 겪게 된 시점에서 곰사장은 생각해보았다. 결론은 아직 갈 길이 멀다는 것. 늘 얘기해왔던 것이다. 이런 생각을 하다 다시 잠이 들었다.

part 1
뭐라도 재미있는 것을 해보자

노래패 '메아리'
종합유희집단 '붕가붕가중창단'
태초에 이들의 만남이 있었다.

메아리 가창력 ★★★★ 연주력 ★★★ 퍼포먼스 ★★
붕가붕가 중창단 가창력+연주력 ☆ 퍼포먼스 ★★★★★
어쩌다 보니 공생, 둘이 되면 두배가 되는 즐거움.

> 나는 알아 너의 외로움
> 포기하지 마 기죽지도 마
> 외외외 로운 것이
> 외외외 로운 거지
> 붕가붕가중창단-〈외로운 게 외로운 거지〉

"형, 가사가 살을 자르는 것 같아요."

"최고의 구전 가요로군."

"그거 엠피스리 없어?"

박통: 서울대 애들 집회해서 골치 아픈데…….
부하: 각하, 그럼 관악산으로 옮기시지요.

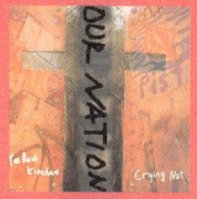

홍대 인디 컴필레이션 앨범
《Our Nation》

'샤' 자 토템이 지배하는 고립무원,
우리들의 'Our Nation'이었다.

망신당할 각오쯤은 하고 있었다. 그것도 나름 로커의 숙명. 그래도 감동적이었다.
내 친구가 드럼을 '칠 수 있다'는 것만으로도, 후배가 베이스를 퉁기고 있다는 것만으로도,
내가 쳐도 일렉 기타가 좌우간 소리는 내준다는 것만으로도.

제목: 밴드 밴드짠짠 프로젝트
의도: 이 대학의 자작곡을 기록하는 앨범을 만들어보자
속내: 우리도 스튜디오에서 녹음 한번 해보자
결과: (지나치게) 풋풋하여 민망할 지경

의의: 아, 우리끼리도 그냥 만들 수 있구나…….

고립무원에서 자가 발전을 시작하다
- 붕가붕가 중창단의 결성

feat. 깜악귀(눈뜨고 코베인)

붕가붕가 중창단의 탄생에 대한 글을 써달라는 요청을 들었다. 그건 10년 전 여자 친구와 어떻게 사귀기 시작했는지 말해달라는 것과 비슷한 일이다. 이제는 친구로만 가끔 만나는 그 여자에 대해 굳이 뭔가를 회고해야 한다는 것은 난감한 일이다. 남한테 해서는 안 될 이야기도 없지만 특별한 환상으로 포장할 만한 부분도 없다. '그런 것이 관심의 대상이 될 수가 있구나' 하는 것이 곰사장의 요청을 들었을 때의 솔직한 감상이었다.

되도록 오해를 피해서 말하고 싶다. '붕가붕가 중창단'은 현재 붕가붕가레코드의 전신이지만 그로부터 모든 것이 시작되었다는 식으로 이야기할 수는 없다. 붕가붕가 중창단의 멤버였으면서 지금 홍대에서 뛰고 있는 사람은 나와 곰사장, 슬프니, 이기타 정도다. 그렇게 보면 붕가붕가 중창단과 붕가붕가레코드는 별 관계가 없어

보인다. 그런데 오히려 중요한 것은 당시 '중창단' 주변의 사람들이다.

그 시절, '붕가붕가 중창단, 그리고 그들과 이래저래 엮이는 멤버들'은 여기저기 뛰어다니면서 이런저런 일을 잔뜩 벌였다. 이 사람들을 포함하는 자장은 굉장히 크고, 현재 홍대에서 맹렬하게 활동하는 사람 다수를 포함한다.

슬프니, 이기타 등은 대학 노래패인 '메아리' 멤버였는데, 이 '메아리' 98학번 중에 현재 홍대에서 활동하는 사람들로는 목말라(눈뜨고 코베인), 슬프니(눈뜨고 코베인), 이자람(아마도 이자람 밴드), 이기타(청년실업, 기타 트윈스)가 있다.

여기에 00학번 이민기(아마도 이자람 밴드, 장기하와 얼굴들), 유가영(레나타 수어사이드), 01학번 윤덕원(브로콜리 너마저, 술탄 오브 더 디스코), 02학번 김잔디(브로콜리 너마저)가 있다. 반대로 97학번까지 거슬러 올라가면 이용창(레나타 수어사이드, 눈뜨고 코베인)이 있다. 이래저래 화려한 멤버긴 하다.

당시의 우리는 캠퍼스에서 유통되는 문화에 답답해하면서 그걸 어떻게든 '재미있는 것'으로 바꾸지 못해 안달이었던 것 같다. 초조했다. 당시 대학에는 아직 운동권 문화가 남아 있었고 반면 그에 무관심한 아이들은 그냥 묵묵히 수업만 들었다. 대학가 근방에서는 아직 민중가요 CD가 팔리고 있었지만 한편으로는 신입생 환영회에서 〈말 달리자〉를 부르는 신입생이 있고 1998년에는 스타크래프트가 대(大)화제였다. 우리는 그 틈새쯤에 있었다. 바깥에서는 뭔가 재미있는 일이 잔뜩 일어나고 있는데 우리는 그 흐름으로부터 멀리 떨어져 있는 것 같았다.

진짜 의미로 재미있는 것이 필요하다고 생각했다. 변화하는 모든 것은 재밌게 마련이다. 재미가 없다는 건 활력이 없다는 뜻이다. '무브먼트(movement)가 필요해.

뭔가 움직였으면 좋겠어. 누가 그런 것 좀 했으면 좋겠어!'

이런 부분은 '메아리' 98들에게서 가장 극명하게 드러나는데, 이들은 전통적인 민중가요 중심의 노래패 공연에서 벗어나 홍대 인디밴드의 곡을 공연에 도입하려다 선배들과 갈등을 겪기도 했다. 결국은 그들 중 절반 이상이 홍대에서 밴드를 하고 있지만 말이다.

나는 대학 안의 사람들이 오가는 보도에서 통기타를 치면서 누가 듣거나 말거나 자작곡을 불러대기도 했다. 우리는, 말하자면 '개혁파'였다. "뭐라도 좋으니 좀 더 재미있는 것을 해보자"라고나 할까.

Our Nation

1999년 9월의 대학 축제. 과 친구와 나는 급기야 밴드를 결성해서 무대에 서기로 했다. 과방에서만 부르던 자작곡을 어떻게든, 무조건, 무대에 올려보기로 한 것이다. 밴드의 이름은 '무죄'였다. 왜 그렇게 정했는지는 잘 기억나지 않는다. 문제는 우리가 일렉트릭 기타는 한 번도 잡아본 일이 없고 오로지 어쿠스틱 기타만 연주할 줄 안다는 것. 다른 밴드는 모두 드럼에, 베이스에, 일렉트릭 기타는 기본 두 대에다 보컬도 곡마다 바꿔가며 부르는 풀 밴드 구성을 자랑할 텐데, 우리에겐 오직 입 두 개와 손 네 개, 그리고 기상천외한 편곡의 자작곡뿐이었다.

더구나 우리는 맨 끝에서 두 번째 순서를 배정받았다. 무시무시한 편성을 자랑하는 밴드들이 '레드 핫 칠리 페퍼스'니 '메탈리카'니 하는 밴드의 명곡으로 잔뜩 숨

씨를 자랑하고 난 다음이고 축제를 즐기는 학생들이 대부분 집에 가려고 자리를 뜨는 시간이었다.

우리는 망신당할 각오를 하고 있었다. 돌이 날아오면 피하겠지만 음료수 캔 정도는…… 피하지 않을 생각이었다. 그것도 나름대로 로커의 숙명이라고 작정하고 있었던 것이다.

마침내 무대에 올라갔고……. 내 노래 실력은 지금도 별로지만 그 당시에는 정말 별로였다. 게다가 처음 서보는 무대라서 다리가 후들후들 떨리고 통기타를 연주하는 손은 자꾸 엇나가고 목소리는 갈라졌으니 지금의 내가 당시의 나를 보았다면 아마도 눈물을 흘리며 꼬옥 끌어안거나 이단옆차기를 날렸거나 둘 중 하나일 정도였다.

결과가 어땠냐고? 우리는 상당한 호응을 받았다. 좌우간 신선도만은 인정받은 모양으로, 나한테 조금만 더 용기가 있었더라면 다이빙도 가능했을 것이다(거의 그 직전까지 갔다). 달랑 세 곡을 했는데 관객이 파도를 타기 시작했고 앙코르까지 받아버렸다. 그 앙코르로 뭘 연주했는지는 기억이 잘 나지 않는다. 뭔가 이상한 춤 같은 걸 췄던 기억이…….

초기의 '언니네 이발관'의 연주력이 정말 엉망이었다는데, 당시의 우리도 그들에 절대 뒤지지 않았을 것이다. 그래도 그때 내 귀에는 모든 것이 좋게만 들렸다. 내 친구가 드럼을 '칠 수 있다'는 것만으로도, 후배가 베이스라는 악기를 퉁기고 있다는 것만으로도, 내가 쳐도 일렉 기타가 좌우간 소리는 내준다는 것만으로도 충분히 감동적이었다. 베이스를 치는 후배란, 지금 붕가붕가레코드의 곰사장이다.

그런데, 지금 와서 생각해보면 이런 의문이 떠오른다. 왜 우리는 서울의 어디든 원하는 문화가 있는 곳에 몸을 던져 놀지 않고 대학에 붙박혀 있었는가. 대학로의 연극하는 곳이든 홍대의 인디 클럽이든 직접 찾아가서 놀면 되지 않았을까. 왜 우리는 우리가 재학 중인 대학이라는 공간에 집착했을까.

역시 지금 생각해보면 이런 우리의 특성은 다니던 대학의 지정학적 위치와 관계가 있지 않나 싶다. 인디 문화를 동경하고 홍대 펑크 컴필레이션 앨범인 《Our Nation》을 사서 들으면서도 정작 '크라잉넛'이 말 달리는 클럽 드럭(Drug)에 가서 일심동체가 되진 못했던 방관자와도 같은 우리의 정서는 관악산 외진 곳에 위치한 '지독하게 넓고 고립적인' 캠퍼스의 지정학적 환경과 닮아 있지 싶다.

아는 사람은 알겠지만 서울대입구 지하철역에서부터 '샤' 자가 그려진 대학 입구까지만 가려고 해도 버스를 타고 (기다리는 시간 포함해서) 20~30분은 족히 걸린다. 그 입구에서 자기가 다니는 단과대학으로 걸어 올라가는 데도 역시 그만큼의 시간이 걸린다. 연세대학교만 하더라도 공강 시간에 학교 밖 당구장이나 게임방에 다녀올 수 있다지만, 이 대학은 한번 학교 안에 들어서면 강의나 동아리 활동이 전부 끝날 때까지 교문 밖으로 나오기 힘들다. 술 한잔 마시러 대학 아래 상가에 가려 해도 줄 서서 버스를 타야 하니까.

이 대학의 위치는 박정희 대통령 집권 시기에 정해졌다는 루머가 돌곤 한다.

    박통: 서울대 애들 집회해서 골치 아픈데……. 어디 다른 데로 옮겨야겠어.

    부하: 각하, 그럼 관악산 어떻습니까?

그렇다. 그 전까지 서울대학교는 대학로에 있었다고 한다. 우리는 이 학교가 예전처럼 대학로에 있었다면 얼마나 좋을까 한탄하면서도 결국 산 위의 고립된 환경에 적응해갔다.

게다가 우리는 대체로 지방 학생, 자취생들이었다. 본래 서울에 살지 않았던 아이들, 부모님과 함께 살지 않는 아이들이었다. 그러다 보니 대학과 대학 아래의 자취방 골목은 우리에게 곧 서울이라는 도시 그 자체였다. 대학 입구에 세워진 '샤' 자 토템이 지배하는 근방 5킬로미터가 우리의 세계, 'Our Nation'이었고 그 안에서 즐길 수 있는 것은 굉장히 한정되어 있었다. 우리가 재미있게 지내기 위해서는 이 작은 로컬(local)의 왕국을 우리가 재미있게 만들 수밖에 없었다.

이것이 우리가 '고립'되어 있던 이유이며, 다른 곳과 다른 방식의 정서와 문화를 만들어간 토대일 것이다.

나를 예로 들어 생각해보면, 내가 나름의 음악관을 정립하던 그 시기에 홍대 인디밴드 공연을 자주 보러 다녔거나, 매일 대학로에서 놀거나 했다면 지금과는 다른 음악을 했을 듯하다. 이건 장기하나 다른 친구들도 마찬가지일 거다. 갑자기 서울대 출신 딴따라들이 우르르 나왔다고 생각하는 분들은, 이런 지리적인 문제를 한번 염두에 두어주시면 좋겠다.

박통 만세.

그 이름, 누가 지었나

3학년이었던 2000년 중반, 나는 뜻이 맞는 몇몇 이들과 작당해서 대학 내부용 인터넷 언론 사이트(였다가 지금은 사라진) 〈스누나우〉를 만들었다. 지금은 딱히 신선할 것도 없지만 당시에 '웹진'은 새로운 트렌드였다.

나는 이 사이트의 문화면을 담당하게 되었다. 혼자서는 할 수 없어서 밴드를 함께 하는 곰사장을 비롯, 그 외 대중문화에 관심이 있어 보이는 몇몇 동기와 후배를 끌어들여 일단의 진용을 갖추고 학교의 모든 문화 공연을 '보러 다니며 비평하는' 그룹을 만들었다. 의외로 학내에 공연 팀이 많았는데 우리는 대학의 그 모든 공연이 실제로 어떤지 우리 눈으로 확인하고, 그 하나하나를 기록하고, 그 평가를 후세에 남기고자 했다.

"재미있는 공연은 재미있었다고 남겨야 한다. 그렇지 않은 공연은 그렇지 않다고 알려야 한다. 그래야 자극을 받아 전체적으로 재미있어질 것이다. 과별로, 동호회별로 산재된 공연들을 이렇게 하나의 '문화'로 연결하는 지면을 만들어보자."

'비평이 없으면 문화도 없다'는 생각이었는데, 이후 뜻밖에도 우리(특히 나와 곰사장)는 상당한 악명을 날리게 된다. 대부분의 공연에 대해서 '재미없다', '크리에이티브하지 않다'라는 식의 신랄한 평을 써내려 갔기 때문이다. 당시에 내가 적어냈던 글 중에는 이런 것도 있다.

"OOO의 공연은 유행을 따라가지도 못하면서 신선한 부분도 없다."

상당한 논란이 일어났다. 우리 딴에는 솔직했을 뿐이지만 상대가 좋게 봐줄 리는 만무하다. 솔직히 우리가 당시 했던 일은, 평가해달라고 한 적도 없는데 누군가가 보러 와서는 이러니저러니 비판을 가하는 일이었으니 비판받는 쪽에서는 당황스럽고 부당함을 느꼈을 것이다.

물론 우리가 대학의 공연 단체들에 '프로가 돼라'라고 말한 것은 아니었다. 밴드로 치자면 '연주를 더 잘해라'라거나 '노래를 더 잘해라' 이런 것은 아니었다. 그보다는 '할 거면 더 재밌고 적극적으로 해달라'는 쪽에 가까웠다. 연주를 굉장히 잘하는데도 하품이 나오는 공연은 얼마든지 있다. 반면 연주력이 형편없는데도 재미있고 쿨한 공연도 있는 법이다.

아마추어면 아마추어답게, 연주를 못하면 못하는 대로 하더라도, 재미있는 공연을 하는 데는 지장이 없다는 것이 우리의 생각이었다. '자우림'이나 '메탈리카'를 카피해서 비슷하게 모창하는 것 말고 차라리 못하더라도 자작곡을 보여달라는, 능숙한 무대 매너를 기대하는 건 아니지만 자신들만의 감성을 발산하는 무대를 보여달라는 것이었다. 하지만 우리가 만족할 만한 밴드나 공연 단체는 별로 없었다. '아, 차라리 우리가 직접 할까……' 차츰 그런 생각이 들기 시작했다.

훌륭한 공연도 있었다. 그중 하나가 '메아리' 98학번이 주축이 된 공연이었다. 기존 학생운동 문화의 일부라고 할 노래패의 공연치고는 기발한 발상들이 돋보였다. 홍대 인디밴드의 곡과 기존의 민중가요를 이리저리 배치했지만 산만하지 않았고 이야기도 설득력이 있었다.

"저 정도면 꽤 괜찮지 않나?"

곰사장도 동의했다.

"오랜만에 괜찮은 걸 봤네."

칭찬이 다량 함유된 우리 공연평이 인터넷 지면에 올라가자 '메아리' 98학번 중 몇몇이 '선배들도 반대하던 형식의 공연을 강행한 것이다. 누군가가 평가해주리라고 생각도 못 했는데 정말 고맙다'라고 덧글을 달았다. 뭔가 통하는 부분이 있을 것 같았다.

얼마 후, '메아리' 98들 중 일부가 나와 곰사장에게 합류하게 되었다. '붕가붕가 중창단과 그 친구들'의 네트워크가 1차로 만들어진 셈이다. 나에겐 자작곡이 있었지만 연주력은 거의 없었고, 그들에겐 연주력이 있었지만 자작곡은 별로 없었다. 즉, 이 조합으로 이제 어쨌거나 '공연'이 가능해진 것이다. 이제 '붕가붕가' 중창단이 만들어진다.

자가 발전 데뷔

"아무래도 안 되겠다. 우리가 원하는 건 우리가 직접 해야겠다."

그런 각오로 '중창단'이 나섰다. 첫 공연은 그해 크리스마스였다. 나는 크리스마스를 외롭게 지낼 솔로들을 위해 〈외로운 것이 외로운 거지〉라는 곡을 만들어 가지고 있었다. 내 생각에는 회심의 명작이었고 주변 사람들의 호응도 좋았다.

"형, 가사가 살을 자르는 것 같아요."

"최고의 구전 가요로군."

"그거 엠피스리 없어?"

우리는 남들이 술집에서 나와 어깨동무하고 민중가요를 부르고 있을 때 이 노래를 불렀다. 어깨동무를 하고.

나는 알아 너의 외로움

포기하지 마 기죽지도 마

외외외 로운 것이 외외외 로운 거지

   그날도 〈스누나우〉 동아리 방에서 이 노래를 부르고 있던 참에 누군가가 이 노래를 크리스마스에 학교 근방의 서점 '그날이 오면' 앞에서 불러보자는 말을 꺼냈다. "오, 그거 괜찮은데?" 재미있을 것 같으면 뭐든 일사천리로 진행되었다. 앰프와 마이크 등은 '메아리'에서 금방 빌려왔고, 추위에 대비해 손에는 목장갑을 끼고, 기타를 치기 위해 손가락 부분에는 구멍을 냈다.

   '싱글벨'이라는 이름의 게릴라 콘서트에는 생각보다 추웠지만 그래도 30명 정도의 관객이 모여들었다. 내가 만든 자작곡 두 곡, 핑클의 노래를 뽕짝으로 리메이크해서 한 곡, 고대 시가인 〈황조가〉의 가사에 동요 멜로디를 붙여서 크리스마스 솔로용으로 제작한 노래 한 곡이 레퍼토리였다. 기타 두 대와 마이크 세 개. 나, 슬프니, 곰사장, 이기타 그리고 떼창을 위해 소집한 〈스누나우〉 멤버 몇몇의 절규는 생각보다 반응이 좋았다.

   그날 뒤풀이에서 우리는 조금 흥분했고 이대로 과 종강 파티 등등에 돌아다니면서 노래를 부르는 악단을 만들면 어떨까 하는 발상이 나왔다. '우리는 풀 밴드가 아니어도 풀 밴드보다 더 참신하게 사람들을 즐겁게 해줄 수 있다.' 요컨대 소규모 출장 전문 밴드를 결성하자는 것이었다. 물론 그때까지의 학생회 문화 풍토에서는 별로 환영받지 못했기 때문에 실제의 출장 공연은 단 1회만 이루어졌지만 근본 정서는 그렇게 소규모 지향적이었다.

　이때까지만 해도 이 유닛은 이벤트성이고 일회성이어서 특별한 이름을 달고 있진 않았다. 하지만 뭔가 이런 형태로 몇 번의 공연을 더 할 것 같은 예감이 들었다. 이름이 필요한 시기가 다가오고 있었다.

정식 데뷔와 은밀한 홍대 진출

　'붕가붕가 중창단'이라는 이름을 누가 지었는가에 대해서는 조금 논란이 있다.

　내 기억으로는 2000년에 내 여자친구의 친구 되는 사람 자취방에 놀러갔다가 '붕가붕가'라는 단어를 처음으로 들었다. 그 단어가 애완동물의 자위를 의미한다는 설명도 함께였다.

　"오, 발음 좋네. 뜻 좋네. 붕가붕가 좋네. 우리의 자기 충족적이고 관객 의존적이지 않은 자발적 아방가르드 문화 활동을 설명할 수 있는 핵심적인 단어인 것 같아."

　'붕가붕가 중창단'의 정식 데뷔는 2001년 봄이었다. 슬프니와 목말라, 이기타는 메아리 사람들을 모아 '장난양'이라는 훵키(funky) 블루스 밴드를 만들어 활동하고 있었다. 이 밴드의 보컬은 이자람으로, 지금은 '아마도 이자람 밴드'로 활동하고 있다. 지금은 물론이거니와 당시에도 두려울 정도로 노래를 잘하는 여자였다.

　이 밴드가 학내 단독 공연을 준비하고 있는데, 나더러 게스트를 해달라고 했다.

　"무슨 소리야. 이자람이 노래하는 중간에 나더러 노래를 하라고?"

　어리석게 여겨지긴 했지만 한편 도전의식을 자극하기도 했다.

입으로는 바보 같은 소리라고 말하면서도 머리 한구석에서는 이미 어떻게 공연을 구성할지 궁리하고 있었다. 더구나 기본 연주는 '장난양'이 담당해준다고 했다. 그렇다면 좋다.

'만약 한다면 노래를 잘하는 건 필요 없겠군. 아예 차별화해야 해.'

〈스누나우〉 멤버 중에 노래를 잘하진 않지만 소리만은 잘 지를 것 같은 네 명을 엄선했다. 음악적 센스가 있는 사람은 과감히 배척했다. 어설프게 음악적 센스가 있어봐야 비교당할 게 뻔했기 때문이다. 아예 대놓고 틀리는 쪽이 나았다. 그렇게 모인 멤버들은,

    란성호: 나와 함께 학술 동아리에 있다가 〈스누나우〉로 옮겨온 98학번. 소리 잘 지르고 술 마시면 얼굴 빨개짐.

    조충환: 〈외로운 것이 외로운 거지〉의 "좋아 좋아, 미쳐 미쳐"라는 코러스 라인을 우발적으로 만들어낸 인물. 나이가 많은데 어느 정도 많았는지 기억 안 남. 소리는 잘 질렀고 허리 디스크가 있다.

    수시아: 이뻐서 넣었는데 솔직히 소리는 잘 못 질렀지만 자기 자신은 소리를 잘 지르고 끼도 있다고 굳세게 주장하는 여자.

    이상은: 소리를 잘 질렀고 노래도 개중 잘했다. 이런 멤버가 하나는 있어야 했다.

공연 당일, 나를 비롯한 5인의 특공대는 그렇게 '장난양'의 무대 뒤에서 오들오들 떨고 있었다. 나는 무대에 올라가기 전에 이자람의 보컬을 듣지 않으려고 노력했지

만 판소리를 10여 년 수련한 그 가창은 반고리관을 거침없이 파고들었다. 그럴수록 나는 4인에게 다짐했다.

"잘 부르려고 하지 말고 그냥 소리를 지른다고 생각하자구. 내가 노래를 부를 테니 같이 따라 할 수 있는 부분은 무조건 따라 해야 해. 떼창이 우리 콘셉트야. 란성호, 충환 형, 절대로 박자나 음정 신경 쓰지 마요!"

이자람이 게스트를 소개하자, 우리는 '붕가붕가 중창단'이라고 쓰인 붉은 깃발을 들고 의연하게 무대로 걸어 나갔다. 의례적인 박수가 흘러나오고…… 관객 반응이 어땠는지는 기억나지 않지만, 적어도 난 영혼의 몇 퍼센트는 불살랐다.

목격한 사람은 백 명 이하겠지만 이것이 '붕가붕가 중창단'이 공식 무대에 등장한 최초의 사건이다. '붕가붕가 중창단'이라는 붉은 깃발을 휘두르고 있는 모습, 학내 공연의 게스트에 불과하건만 마치 무대를 강탈한 혁명단 같은 모습이었다.

그때부터 우리는 '붕가붕가 중창단'이라는 이름 아래 멤버를 바꿔가며 놀았고 여기저기 가능한 곳에서는 무조건 노래를 불렀다. 중창단은 무정형 게릴라 공연 유닛이었기 때문에 공연 장비가 있건 없건 통기타 하나만 있으면 어디에서나 노래할 수 있었다.

2002년에 나는 슬프니와 목말라에 장기하, 연리목과 함께 '눈뜨고 코베인(이하 '눈코')'을 결성했다. 그러면서 대학을 벗어나 홍대로 진출할 생각에 중창단 활동은 그만두게 되었다. 그러자 나머지 멤버인 곰사장, 이기타 등을 중심으로 '붕가붕가 중창단 2기'가 만들어졌다.

2기 멤버들은 학내 문화제에 픽업되어 5백 명이 넘는 관객 앞에서 열광적인 반응을 얻기도 했다. 이때부터 퍼포먼스와 캐릭터를 한껏 강조하기 시작했는데, 사실 이런 걸 좋아하는 건 우리의 공통적인 요소이기도 했다. 의외로 수줍음이 많기 때문에 날것의 야성미를 드러내기보다는 이런 콘셉트 뒤에 숨는 버릇이 있는지도 모른다. 이때의 감성이나 지금 붕가붕가레코드의 감성이나 크게 다르지는 않다는 생각은 나만 하는 것이 아닐 테다.

이때 '눈코'는 홍대 클럽 재머스에서 막 활동을 시작하던 참이었다. 그리고 '눈코'는 2003년 12월, 재머스의 크리스마스 공연 때 최종장을 담당하게 되었는데, '마음대로 무대를 구성해도 된다'는 클럽 주인의 말에 협력 멤버로 '붕가붕가 중창단'을 무대로 올렸다. 개인적으로 관악산 아래의 로컬 공연 유닛인 '붕가붕가 중창단'을 홍대 클럽 무대에 세워보고 싶다는 욕심도 있었고, 그들을 불러와서 퍼포먼스가 강한 무대를 만들어보고 싶다는 의지가 있었기 때문이다. '붕가붕가'라는 이름이 홍대에 처음으로 알려진 계기다.

'눈뜨고 코베인 & 붕가붕가 중창단' 합동으로 꾸며진 근 한 시간 공연의 반응은 사뭇 폭발적이었다. 그곳에 모인 백 명 남짓의 인원만이 기억하는 일이겠지만 말이다. 그래도 이 공연이 꽤나 인상적이었는지 이후에도 한 1년 동안은 "그때 그 애들 언제 또 안 나오나?" 하고 묻는 이들이 가끔 있었다.

6년 후인 2009년, '눈코'는 첫 단독 공연을 하게 된다. 이때 우리는 '술탄 오브 더 디스코'를 무대로 올려 함께 노래하게 되는데 결국 정신을 차려보니 대학 때와 다름 없이 곰사장과 같은 무대에 서 있는 것이다. 6년 만에 '눈코 & 붕가붕가'가 재현된 셈이었다. 물론 그 사이 변한 것은 많았다.

쑥고개를 요람으로 고개를 들다
- 밴드밴드짠짠 프로젝트에서 홍대 진출까지

feat. 깜악귀(눈뜨고 코베인)

　붕가붕가레코드의 '전신'을 말할 때 중창단과 함께 빼놓을 수 없는 다른 하나는 바로《밴드밴드짠짠》(이하《짠짠》) 프로젝트다. 여기에서 녹음과 CD 프레스, 유통에 대한 기본적인 지식을 얻을 수 있었고 그것이 그대로 초기 붕가붕가레코드 활동으로 이어지기 때문이다.

　《짠짠》의 시작은 2002년의 일이다. 나는 몇몇 자작곡을 가지고 있었고 경악할 만한 연주력에도 불구하고 그 곡들을 공연에서 선보인 바 있었다. '장난양'도 두 곡의 자작곡이 있었다. 그 외에도 학내 몇몇 밴드들이 자작곡을 가지고 있다고 확인된 때였다. 〈스누나우〉 공연 평가단 활동으로 생긴 부산물이었다.

　연주만 잘하는 카피 밴드보다 어설퍼도 자작곡 밴드가 낫다는 게 우리가 가진 굳은 신념이었다. 하지만 그 자작곡은 학내 축제나 1년에 한두 번 하는 공연에서나 겨우 들을 수 있을 뿐이고 듣고 싶을 때 들을 수 있는 미디어가 없었다. 우리들에게 그 노래들의 mp3 파일은 없느냐고 묻는 관객들이 종종 있었는데 결국 이런 녹음 매체 없이 공연만으로 어떤 흐름을 만들기는 어려운 일이란 걸 깨달았다.

결국 우리는 '이 대학에 어떤 자작곡이 있었는지 기록하는 컴필레이션 앨범'을 만들어보자고 마음먹었다. 대학 내의 자작곡이 CD에 기록되어 대학 근처 서점과 교내 매점에서 팔려나가는 모습을 머릿속에 그려보았다. 괜찮았다. 특정 대학에서만 히트하는 곡도 생길 수 있고 이런 로컬의 인기를 기반으로 다른 곳과도 영향을 주고받을 수 있지 않을까 생각했다.

'이런 CD가 한 해 한 해 쌓여간다면 어떤 흐름을 낳을 수도 있지 않을까. 그렇게 되지 않는다 하더라도 최소한 좋은 문화유산이 되겠지. '산울림', '송골매' 기타 등등 뛰어난 밴드를 배출한 것도 다 캠퍼스 문화잖아.'

이는 우리가 감명을 받으며 듣던 홍대의 펑크 컴필레이션 앨범인 《Our Nation》 같은 물건을 우리가 다니는 대학 세계에서도 만들어보자는 것이었다. 말하자면 대학이라는 로컬에서 인디스러운 움직임을 만들자고 했대도 좋겠다. 이때부터 우리는 스스로를 구석진 곳에서 자라난 인디-펑크의 변종쯤으로 여기고 있었다.

프로젝트의 주축 멤버는 나와 슬프니였는데 이때 우리 둘은 함께 밴드를 결성해서 홍대로 진출하자는 생각을 굳히고 있었다. 그러니 이 프로젝트는 우리가 대학에서 할 수 있는 마지막 활동에 가까웠다. 마지막으로 이거 하나 하고 가자는 계획이었다. 앨범의 제목은 《뺀드뺀드짠짠》(이 귀엽고 발랄한 작명 센스는 슬프니의 것이다).

고백하자면, 속내는 따로 있었다. '우리도 이걸 계기로 스튜디오에서 녹음 한번 해보자'는 흑심이었다. 학생회에 기획서를 내서 지원금을 받을 수 있다면 우리 돈을 들이지 않고 스튜디오에서 녹음을 할 수 있을 테니까 말이다. 우리는 우리가 가진 자작곡을 정식 녹음이라는 형태로 시험해보고 싶었다. 그건 홍대로 진출하기 전에 우리 자신을 시험해보고 싶다는 말이기도 했다.

의도와는 다르게 풀린 '뺀드뺀드짠짠'

 어떻게 되었을까? '서울대 컴필레이션 앨범'은 완성되고 말았다. 총학생회에서 지원금을 받아내 녹음 비용도 어렵지 않게 충당할 수 있었고 드디어 우리도 스튜디오 녹음이라는 걸 경험해볼 수 있었다.

 그런데 그 앨범, (지나치게) 풋풋했다. 나는 지금 누가 그 CD를 틀기만 해도 귀를 막고 도망가기 일쑤다. 하지만 여러 가지 생각을 떠올리게 하는 결과물이기는 하다. 그리고 앨범이라는 것, CD에 담기는 음악이라는 것이 어떻게 만들어지는지 최초로 알게 해준 체험이기도 했다. 그리고 이런 생각이 들었다.

 '아, 우리끼리도 그냥 만들 수 있구나……'

 유통에 대해서도 마찬가지였다. 대학 아래에 자리한 서점에 스스로 유통망을 뚫고, 그 외에는 각 밴드가 공연을 할 때 들고 다니면서 팔았다. 대박까지는 아니었지만 이렇게 현장을 기반으로 한 유통 방식은 비용 대비 효율 면에서 생각보다 괜찮았다. 이런 유통 방식은 붕가붕가레코드가 홍대로 진출했을 때도 그대로 써먹을 수 있었다.

 나와 슬프니는 이 컴필을 발매하고 나서 대학 졸업반 비슷하게 되었고, 이제 대학을 떠날 준비를 하며 '눈코'를 결성했다. 드디어 '홍대'로 원정을 떠나기로 결정한 것이다. 그렇게 서울대라는 로컬에서 우리만의 '반지 원정대'가 결성되었다.

졸업반이 아니어서 로컬의 지박령 신세를 면치 못한 곰사장과 기타 등등은 뒤에 남았다. 이들은 이 로컬 씬에서 붕가붕가 중창단과 《뺀짠》을 계속 이어갔다(《뺀짠》은 현재 5집까지 나왔다). 3집부터는 '붕가붕가레코드'라는 레이블 이름이 붙게 된다.

곰사장은 그로부터 1, 2년 후에 "깜악귀가 이것저것 만들어놓고 모른 체 내버려두고 갔다"라는 원망 섞인 말을 하기도 했는데, 생각해보면 〈스누나우〉, 붕가붕가 중창단, 《뺀짠》…… 모두 내가 시작했다가 곰사장에게 맡겨놓고 대학을 떠났으니 그런 말이 나올 법도 하다. 그러거나 말거나 나는 그가 메신저로 뭔가 상의를 하려고 할 때마다 "이제 나와는 상관없는 이야기"라는 식으로 처신하기도 했었다.

하지만 일 벌이기 좋아하고 뒷수습은 귀찮아하는 내가 할 수 있는 역할은 어차피 거기까지였을 것이다. 이렇게 나와 슬프니, 목말라 등과 나머지 '붕가붕가'들의 흐름은 갈라지게 된다. 이제부터 내가 '우리'라고 부르는 것은 '중창단'이 아니라 내가 하는 밴드가 되었다.

우리에겐 우리만의 원정이 준비되어 있었으니까. 홍대로 떨어진 도로시가 되어 우리만의 마녀를 죽이기 위한.

전진기지 겸 인큐베이터, 쑥고개

약속의 땅으로 전진하기 위해서는 전진기지가 필요했다. 우리는 홍대에 기반이 있는 밴드도 아니었고, 더 이상 대학에 머물 수도 없었다. 그때 '쑥고개 연습실'은 우리의 인큐베이터였다. 그리고 우리만의 인큐베이터도 아니었다.

사실 쑥고개 연습실은 '장난양' 멤버들이 '메아리' 현역이 아니게 되자 더 이상 동아리 연습실을 사용할 명분이 없어서 따로 마련한 곳이었다. '장난양'의 연주력을 동경하며 그 멤버들과 함께 밴드를 하고 싶었던 나는 이 연습실의 구성원으로 끼어들 생각으로 은근슬쩍 '공사'에 참여했다. 지하의 방 두 개를 월세로 빌린 후 벽면에 본드를 잔뜩 바르고 흡음판을 덕지덕지 붙이는 공사였다.

봉천동 쑥고개에 위치했기 때문에 우리들은 그곳을 '쑥고개 연습실' 혹은 그저 '쑥고개'라고 불렀다. 봉천동 쑥고개는 지하에서 밖으로 나가면 바로 재래 시장이 있고 작은 집들이 다닥다닥 붙은 고갯길 아래 달동네 같은 곳이었다. 비가 오면 물이 새 장비가 망가져버리는 이 낡고 누추한 연습실은 그래도 말 그대로 우리의 요람이었다.

요즘 '눈코' 공연에 드럼 연주자로 참여하고 있는 파랑이 그 시절을 떠올리며 갑자기 이런 이야기를 했으니 말이다.

"생각해보면 그때 쑥고개 연습실에서 정말 많이 나왔잖아요? '눈코', '레나타 수어사이드', '브로콜리 너마저', '9'도 붕가붕가레코드 하면서 거길 잠깐 거쳐갔고, '아마도 이자람 밴드'도 그렇고, 기하도 '눈코' 하면서 거쳐갔고, '술탄 오브 더 디스코'도 거기에서 작업했고…… 직간접적으로 연관 있는 밴드들을 합하면, 정말 많네."

나를 포함한 '눈코' 멤버 5인은 쑥고개와 홍대 클럽을 번갈아 오가며 공연을 하고, 연습을 하고, 신곡을 만들고, 폐기했다. 전에 기하와 "그 쑥고개 시장에서 닭과 순대, 김밥을 얼마나 많이 사먹었던지"를 이야기한 적이 있었는데, 드럼통 하나는 충분히 채우지 않을까 싶다.

　하긴 우리만의 이야기가 아니라 우리를 1번으로 이 연습실을 거쳐간 모든 밴드가 겪은 일일 것이다. 우리는 2005년 다른 곳으로 연습실을 옮겼는데, '브로콜리 너마저'를 비롯한 붕가붕가 팀은 그대로 남았다. 이후 쑥고개는 그들의 역사가 되었다. 이들이 사먹은 닭과 순대, 김밥을 다 합하면 아마 트럭 한 대는 충분히 채우지 않을까 싶은데, 쑥고개 연습실은 어쨌거나 이 시장풍 인스턴트 먹거리들의 향연을 묵묵히 지켜보았을 것이다.

　나는 '장기하와 얼굴들' 결성 전에 곰사장과 윤덕원에게 장난으로 '쑥고개 청년단'이라는 야메 단체를 결성하자고 농담 삼아 이야기했었는데(로고까지 만들었다), 이런 농담 속에 나름 진심이 없던 것은 아니었다.

　비록 하는 음악은 저마다 다르지만 당시 쑥고개 사운드라고 할 만한 것은 있었다. 말하자면 어쿠스틱하고 투박한 펑크 스타일의 사운드랄까. 세련되기보다는 투박한 연주, 전자적이기보다는 어쿠스틱한 스타일, 비트보다는 멜로디와 가사의 울림을 중시하고, 대중에게 거리를 두려는 마음이 전혀 없으면서 동시에 태생적인 로우 파이 감성으로 인해 주류다운 특색이 없는 음악이다.

　이런 '쑥고개식 로우 파이'는 일종의 개성이지만 그 자족적인 인디 사운드는 극복의 대상이기도 했다. 결국 녹음에 투여할 물량이 부족하다는 걸 돌려 말한 데 불과했기 때문이다. 그런 면에서 2006년 후반 쑥고개 연습실의 철거는 일종의 상징적인 사건일지도 모르겠다. 그 시기 이후로 붕가붕가의 유년기가 끝났으니까 말이다.

part 2
혼자 힘으로 사랑하는 자가 살아남는다

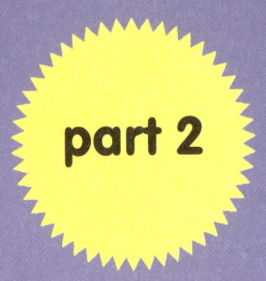

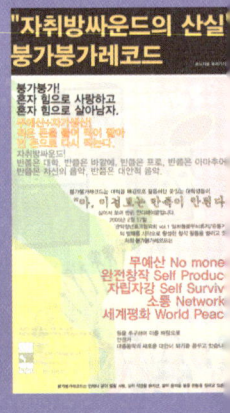

돌이켜 보면 민망하기
그지 없는 음반.
그래도 안 하는 것보다
하는 게 무조건 낫다.

음반은 인연을 낳았다.
홍대에서 관록을 쌓은 사람,
노래패에서 제대로 훈련받은 사람,
특유의 노래 쓰기 감각을 갖춘 친구,
그들이 모여 무언가 뚝딱대기 시작했다.
서울대와 그 주변 지역에서
생산과 소비가 자체적으로 이뤄지는,
인디음악의 씬(scene)을 만들어보고 싶었다.

돈이 없다면 공장에서 찍지 말고
직접 우리 손으로 찍자.
그렇게 만들어서 팔고,
번 돈으로 다시 만들어 팔고,
계속하면 언젠가 목돈이 생길 것이다.
그때 그 돈으로 정규 음반을 낸다.
수공업, 소형, 음반.

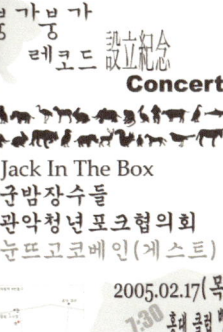
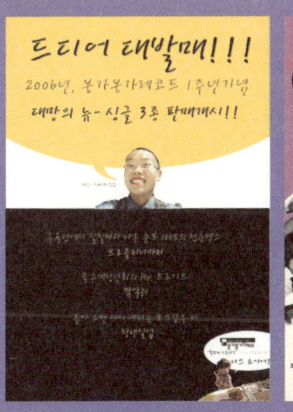

"최후의 만찬에 모였던 사람은 열세 명이다."
1976년 6월 4일, 맨체스터에서 열렸던
'섹스 피스톨스'의 공연에는
달랑 마흔두 명의 사람들이 모였다.
그런데 그들 중 몇몇이 밴드를 시작했고,
'버즈콕스', '조이 디비전', '뉴 오더',
'진저 넛' 등의 밴드는 이후
커다란 흐름을 만들어 낸다.

별 볼 일 없었다. 걱정만 많았다.
하지만 로망이 있었다.
우리가 만드는 노래는 괜찮다.
누군가에겐 분명 좋은 노래가 될 수 있다.
그 누군가가 지금은 별로 없지만
언젠가는 적지 않은 숫자가 될 것이다.
시작했다는 것 자체가 중요했다.

 강아지: 스스로 욕구를 해소하고자 하는 우리
테두리: 우리의 노래를 들어주는 이들
태양: 우리의 포부
우리 강아지는 스스로의 힘으로 타인과 함께 즐기며
찬란한 아침을 맞이한다는 뜻

지속가능한 띤따라킬
한 자리에서 굳건하게 끝까지 버틸 자신이 없다면,
대신 끝없이 일을 벌이면 된다.
기회비용이 부담이 된다면 그것을 최대한 작게 만들기 위해
조그맣게 많이 일을 벌이면 된다.
그러다가 기회가 왔을 때 붙잡으면 된다.
계속 일을 벌이면서 손 닿지 않는 먼 미래보다는
당장 내일을 걱정할 것.
뜨겁지도 않게, 단단하지도 않게, 그러나 지속가능하게.

붕가붕가레코드
붕가붕가
개나 고양이들이 봉제인형이나 사람 다리 따위에
비비적대며 스스로 성욕을 달래는 행위.
내 표현 욕구가 우선이지만 들어주는 너도 신경을 쓰겠으며,
그렇게 네가 들어주어야 내 표현 욕구도 해소할 수 있다.

아마추어라는 소리를 듣기는 죽도록 싫었다.
그렇다고 프로가 될 자신은 없었다.
우리가 지향했던 곳은 프로와 아마추어 사이의 어딘가였다.
그리고 그곳에 갈 수 있는 방법, 지속가능한 딴따라질.

혼자 힘으로 사랑하자
- 붕가붕가레코드의 탄생

 곰사장에게 9(송재경)는 아직 불편한 사람이었다. 곰사장은 9의 아파트로 향하는 길에 한강변의 추운 강바람을 탓하며 투덜거렸지만 사실은 어색했기 때문이었다. 알고 지낸 지 얼마 되지 않은 데다, 본인은 깨어 있을 때 쓸데없이 사용되는 에너지를 절약하기 위해 '절전 모드'라고 자칭하지만 남들 보기엔 영락없이 약에 취한 것 같은, 게슴츠레 반쯤 감은 그의 눈이 영 마음에 들지 않았다. 9 역시 곰사장이 편안할 리 없었다. 알고 지낸 지 얼마 되지 않았던 건 마찬가지였거니와, 서른도 안 된 주제에 불뚝 나온 배는 덕이 충만함을 형상화한 것이라는 그의 설명과는 달리 영락없는 탐욕스런 사장의 모습으로 느껴졌을 것이다. 같은 해에 태어났답시고 말 놓고 서로 친한 척하고 있었지만, 첫눈에 이 사람이야말로 나의 동료라는 걸 느끼게 해주는 짠한 순간 같은 건 없었다.

그럼에도 2004년에서 2005년으로 넘어가는 겨울 곰사장은 9의 아파트로 찾아가고 있었다. 9의 아파트 방 한구석에 PC 한 대와 책상과 의자와 마이크 하나, 그리고 스타킹으로 만들어진 팝스크린으로 구성된, 그의 자가 생산 스튜디오 '몽키바란스'에서 그럴싸한 작업이 이뤄지고 있다는 얘기를 들었기 때문이다. 이걸 기회로 뭔가 작업을 벌여볼 속셈이었다.

그 작업이 바로 붕가붕가레코드의 창립 작품, '관악청년포크협의회' 1집 《꽃무늬 일회용휴지/유통기한》이었다.

《밴드밴드짠짠 3 ― 자취방 싸운드의 탄생》

2004년 서울대 총학생회 문화국장이었던 곰사장은 이미 두 차례 제작된 적 있는 서울대 창작곡 모음 음반을 한 번 더 만들기로 했다. 그러면서 예전의 성과를 이어받기는 하되, 좀 더 진전된 뭔가를 해보고 싶었다. 구체적으로는 서울대와 그 주변 지역에서 생산과 소비가 자체적으로 이뤄지는 인디음악의 씬(scene)을 만들어보고 싶었다.

'자취방 싸운드의 탄생'이라는 음반 제목이 바로 이런 생각에서 나오게 되었다. "갑돌이는 대학생입니다. 어디에 살까요?"라고 물었을 때 가장 먼저 떠오르는 공간이 바로 자취방일 것이다. 또 '자취(自取)'라는 말은 혼자 꾸려간다는 뜻을 담고 있다. 대학의 정체성을 강하게 드러내는 말이기도 하고 홈레코딩 기술이 발달하면서 혼자 만들고 부르고 연주하는 노래가 점점 더 많아지는 음악 환경을 보여주기에 적절한 말이라는 생각이 들었다. 그래서 서울대 특유의 음악, 대학 특유의 음악을 표현하는 용어로 '자취방 싸운드'라는 말을 쓰기로 한 것이다.

  기획은 이렇게 했는데, 프로젝트가 성사되기나 할까 회의적인 생각이 앞섰다. 뭣보다 사람이 모일까 싶었다. 2집까지만 해도 아는 사람들을 알음알음 모아서 만든 음반이었다. 그런데 알고 있는 사람들 중에서는 이제 이 프로젝트에 참여할 사람이 없었다. 우려먹을 만큼 우려먹었다. 그렇다면 모르는 사람들 중에서 찾아야 했다. 물론 애초의 생각대로 정말로 자취방에서 혼자 만들고 부르고 연주하는 노래가 많아졌다면 문제없겠지만, 확신이 없었다. 함께할 사람이 없어 허덕거릴 것이란 예측을 하면서 모집 공고를 냈다.

  그런데 웬걸, 많은 지원자들이 몰려왔다. 그중 대부분은 일면식도 없는 사람이었다. 실을 노래가 넘치지 않을까 난처할 정도였다. 그렇게 열세 팀. 걱정했던 것보다 방에서 혼자 드럼 찍고 기타 치고 노래 불러서 녹음한 사람들이 많았다. 오히려 이렇게 되니 음반의 질이 걱정되었다. 몇 팀의 작업은 '무엇이든 안 하는 것보다 하는 게 낫다'는 기준에서도 잘라버리고 싶은 수준이었다. 하지만 총학생회 돈을 빌려서 작업을 벌인 마당이었고, 작품성보다는 공익성이 중요했다. 결국 다함께 하기로 했는데…….

  두고두고 후회할 만한 음반이 나오고 말았다. 자취방 싸운드인 주제에 스튜디오를 빌려 녹음하는 바람에 이도 저도 아닌 애매한 소리가 담겨버렸고 진작 빼고 싶었던 몇 곡은 차마 듣고 있기조차 민망할 지경이었다. 결국 《빼드빼드짠짠 3 - 자취방 싸운드의 탄생》은 만든 사람들조차 듣는 데 많은 인내심이 필요한 음반이 되고 말았다.

그래도 건진 게 있었다. 인연이었다. 같은 00학번이라 적지 않은 시간 동안 함께 학교를 다녔던 곰사장과 9는 살아온 무대가 판이하게 달랐다. 스무 살 이후로 음악과 관련한 뭔가를 해보려고 마음을 먹었다는 점은 서로 비슷했다. 하지만 곰사장은 계속 학교 안에 머무르고 있었고, 9는 학교 바깥에서 착실하게 경력을 쌓아오고 있었다. 무엇보다 곰사장은 직접 음악을 하지 않는 기획자의 입장인지라 밴드 리더로서 작곡자이자 연주자이기도 한 9와는 바라보는 게 달랐다. 그런 식으로 서로 다른 길을 걸어온 지 5년이 지났음에도 비로소 둘이 만나게 된 것은 《밴드밴드짠짠》이 있었기 때문이다.

그러나 인연만으로는 아직 부족했다. 자취방 싸운드라는 구호만으로 기껏 모인 사람들로 하여금 뭔가를 함께 만들어내도록 하기에는 아무래도 약했다. 그러던 늦은 밤, 조용한 총학생회실에 멍하게 앉아 있던 곰사장은 얼굴에 피가 오르는 느낌을 받았다.

회사를 차리자.

음반 기획사를 만들어보는 거다. 일단 생각이 떠오르자 이름을 정하는 데는 3분도 채 걸리지 않았다. 당연히 곰사장을 둘러싼 이들의 음악 정신을 대변하는 단어 '붕가붕가'에 음반 산업을 의미하는 '레코드'를 붙였다. '붕가붕가레코드'였다. 곰사장은 이미 일을 함께하고 있었던 디자이너 김 기조에게 전화를 걸어 로고를 디자인해달라고 부탁했다. 이름과 로고를 시작으로 붕가붕가레코드가 탄생했다.

붕가붕가레코드의 탄생

그때 로고는 불꽃놀이가 터지는 모양에 궁서체 비슷한 글꼴로 붕가붕가레코드라고 박혀 있는 정도였다. 아직 정체성이 제대로 잡혀 있지 않았다. 그럴 수밖에 없는 것이 곰사장과 김 기조 외에는 참여한 음악인들조차 붕가붕가레코드의 존재를 모르는 상황이었다. 이름과 로고밖에는 없었으니까.

이 로고가 박힌 채 《뺀드뺀드짠짠 3》이 나왔다. 그리고 씬을 만들어본다는 애초의 생각대로 축제 무대를 빌려 음반 쇼케이스 공연을 했다. 투어랍시고 서울대 근처의 클럽에서 정기적인 공연도 했다. 공연에는 사람이 별로 안 들었다. 망했다고 보면 딱 좋다. 요 근래 그 무렵 대학을 같이 다녔던 사람들을 가끔 만나는데, 뺀짠이라든가 투어라든가 하는 게 있었다는 사실 자체를 모르는 이가 십중팔구인 것을 보면 확실히 그렇다.

하지만 인연은 짙어졌다. 혼자 공연을 해야 하는 통기타 가수들을 일부러 하나로 묶어 팀을 짠 전략이 제대로 먹혔다. 참여한 팀들 중에 군계일학들이 있었다. 이미 홍대에서 적잖은 경력을 쌓아 관록을 보이는 이도 있었고, 학내 노래패에서 제대로 훈련을 받은 데다 특유의 노래 쓰기 감각을 갖춘 친구도 있었다. 이런 이들이 자기들끼리 인연을 만들고선 무언가 뚝딱뚝딱 만들기 시작했다.

그 중심인물이 9였다. 통기타 위주로 음악을 하는 몇몇을 눈여겨보더니 그들을 접촉하여 음반을 녹음해보자고 제안했다. '그린티 바나나'라는 이름을 쓰고 있던 덕원과 4년 후 '생각의 여름'이라는 이름으로 음반을 내게 된 '치기프로젝트(박종현)', 지금은 직장 열심히 다니고 있는 '언펙트 그레이(윤종윤)', 그리고 주축인 9.

이렇게 네 명이서 각자 세 곡씩을 녹음해서 음반을 한번 내보자는 생각이었다. 이렇게 해서 '관악청년포크협의회'를 결성했다.

원래 9의 생각은 공CD에 찍어서 주위에 제한적으로 유통을 해보려는 것이었다. 그런데 우연히 이들의 작업을 듣고 충격을 먹은 곰사장이 일을 부풀리기 시작했다. 노래들이 정말 괜찮았다.

그때까지만 해도 서먹하던 9를 만나 제안한 것도 이들 때문이었다.

"디자인과 마스터링과 프레싱 비용을 댈 만한 돈이 있는데 같이 해보자."

만남은 성공적이었다. 곰사장과 9는 붕가붕가레코드의 공동대표가 되었고, '관악청년포크협의회'가 첫 번째 소속 뮤지션이 되었다.

이것이 2005년 1월. 당시에 썼던 글을 그대로 옮겨본다.

이제 뺀짠 프로젝트도 3년에 걸쳐 세 장의 음반을 만든 만큼 전환점을 맞이할 단계에 이르렀다. 새로운 흐름을 형성하는 데 이르기 위해서는 현재까지의 성과를 지속하면서 발전시킬 수 있는 중심이 필요하다. 한시적인 '프로젝트'에서 지속적인 '레이블'로의 전환. 이름하여 "붕가붕가레코드"의 설립이다. 붕가붕가레코드는 지금까지 뺀짠의 제작 과정에 참여해온 프로듀서와 뮤지션들을 구성원으로 꾸려지는 일종의 사업체로서 뺀짠 프로젝트에서 파생될 이후의 작업들을 총괄할 집단이다.

'대학', '자가생산', '저예산', '창작', '소통'이라는 다섯 가지 원칙을 견지하면서 뮤지션십과 프로듀싱을 통합하는 것은 예전과 마찬가지지만 사업체로 거듭난다는 것은 질적으로도 더 나은 작업을 보여준다는 것. 보다 전문성을 강화하여 음악적인 측면과 비즈니스적인 측면, 그리고 디자인 측면을 분업할 수 있는 구성원들을 구해 보다 나은 작업물을 생산할 수 있을 만한 시스템을 구축하는 것이 목표다. 가장 먼저 이루어질 것은 중구난방 격이었던 뺀짠에서 비슷한 흐름들을 추출하여 좀 더 음악적으로 통합된 작업물을 생산하는 일. 이미 포크 성향의 팀들이 모여 '관악청년포크협의회'를 결성, 컴필레이션 성격의 음반을 녹음했고, 2005년 1월과 2월 Galgoo와 진우의 EP를 제작할 계획이다.

이후에 Galgoo와 진우의 EP 같은 건 나오지 않았다. 대신 《뺀짠》 2집에 참여했던 사람들을 끌어들여 '청년실업'의 앨범을 냈다. 그리고 청년실업 멤버인 목말라, 이기타, 장기하는 이후 직간접적으로 붕가붕가레코드에 참여하게 된다. 이름과 로고밖에 없던 붕가붕가레코드는 비로소 내용을 얻게 되었다.

섹스와 자위 사이에 붕가붕가

'붕가붕가'라는 단어가 국립국어원 편찬 국어사전에 포함될 가능성은 영영 없어 보인다. 때문에 그 의미를 찾기 위해선 이런저런 설들에 의존하는 수밖에 없다. 모 포털 사이트의 오픈사전에는 "항문 성교를 뜻하는 은어"라 나와 있는데, 용례로 따져보면 항문 성교뿐 아니라 일반적인 성교 전반에 대해 쓰이는 것 같다. 대표적인 것이 래퍼 김진표의 노래 〈붕가붕가〉로, "처음 본 순간부터 너와의 잠자리를 생각했다" 하고 시작하는 이 노래는 "모든 남자는 3초마다 계속해 붕가붕가"라며 '붕가붕가=이성과의 섹스'라는 도식을 만들어낸다.

붕가붕가는 손가락으로 남의 항문을 찌르는 행위, 즉 똥침의 의미도 가지고 있다. 대표적으로 모 게임 회사가 사람 엉덩이 모양의 인터페이스를 장착하여 손가락으로 똥구멍을 찔러대는 괴작을 만들어냈는데, 그 게임 이름이 바로 '붕가붕가'였다.

한편 현재까지 들었던 설명 중 가장 설득력 있는 것을 꼽자면, '아프리카인의 똥침설'이다. 어떤 사람이 아프리카에 불시착하여 식인종들에게 사로잡혔는데 식인종들이 먼저 잡은 앞사람들에게 묻는 말을 들었다.

"붕가붕가할래? 아니면 매를 백 대 맞을래?"

"매를 백 대 맞겠습니다."

그들은 매를 백 대 맞다가 죽었다.

이번엔 주인공이 질문을 들을 차례, 똑같은 질문에 '붕가붕가가 뭔지는 몰라도 매를 백 대 맞는 것보단 낫겠지' 생각하고 대답했다.

"저는 붕가붕가하겠습니다."

식인종들은 매우 즐거워하며 "붕가! 붕가!" 외치더니 엄청나게 강력한 힘을 손가락에 실어 똥침을 해댔다.

영어로 'booga'라 하면 '나무나 풀숲에 살면서 저녁에는 모닥불 주위를 돌아다니며 춤을 추는 아프리카 사람(이나 그런 사람을 연상시키는 도시 사람)'이라는 뜻이라고 하니 저 농담과 나름 맥락이 닿아 있는 것 같기도 하다. 무엇보다 80년대 말 90년대 초에 유행한 YS 시리즈나 최불암 시리즈 풍의 허탈함이 느껴지니 이게 시대적으로 가장 앞선 용법이라는 추정을 조심스레 해본다. 이것이 사실이라면 '아프리카→

똥침→항문성교→성교 전반'의 순서로 의미가 확장됐다고 볼 수 있겠다.

그런데 우리가 생각했던 '붕가붕가'는 여기서 한차례 더 확장하여 똥침도 아니고 성교도 아닌, 개나 고양이들이 봉제인형이나 사람 다리 따위에 비비적대며 스스로 성욕을 달래는 행위를 의미한다. 이 용례는 고양이를 기르던 지인이 들여온 말로, 그녀는 이것이 애완동물 동호회에서 널리 쓰이는 말이라고 했다.

하필 왜 붕가붕가를? 대중음악을 성교에 비유해보자. 사회적으로 널리 권장되는 방법은 적당한 짝을 찾아 둘이서 하는 것이다. 그래서 수많은 남녀노소가 서로의 짝을 찾아 헤매고, 원하는 짝의 마음에 들기 위해 이런저런 구애의 기술을 동원한다. 이게 주류 음악의 방식이다. 여기에 상대적인 게 자위다. 자위는 자기 욕구를 가장 효율적으로 해소할 수 있는 방법이다. 일단 자기 욕구 해소가 중요하니 굳이 상대방의 마음에 들려고 애쓰는 거추장스러운 일이 필요 없다. 이게 인디음악의 방식이다.

그런데 붕가붕가는 오나니나 마스터베이션과는 다르다. 보통 자위가 은밀한 곳에서 혼자 있을 때 이뤄지는 것이라면, 붕가붕가는 남들이 있는 장소에서, 그것도 남의 몸 일부분에 기대 이뤄지기 일쑤다. 짝짓기랑 비슷한 이런 부분은 나름 대중 지향을 드러낸다. 한마디로 내 표현 욕구가 우선이지만 들어주는 너도 신경을 쓰겠으며, 그렇게 네가 들어주는 것이 내 욕구 해소에 도움이 된다는 얘기다.

솔직히 어감이 좋아서 붕가붕가라 했다. 구구절절 거기에 말을 갖다 붙인 것에 불과하다. 하지만 그럴싸하지 않나?

불꽃놀이 모양의 첫 번째 로고는 이러한 갖다 붙이기를 거쳐 좀 더 붕가붕가스럽게 거듭났다. 이 새로운 로고의 주인공인 개는 스스로 욕구를 해소하고자 하는 우리다. 그리고 개가 기대고 있는 테두리는 우리의 노래를 들어주는 이들을 의미한다. 그리고 그 뒤로 솟아오르는 태양은 우리의 포부다. 우리 강아지는 스스로의 힘으로 타인과 함께 즐기며 찬란한 아침을 맞이한다는 뜻을 담은 것이다.

주류 대중음악(일반적인 섹스)과 기존 인디음악(자위)의 중간 지점에 있는, '대중 지향적 인디음악'이라는 조금은 모순적인 우리의 정체성을 반영하고 있는 단어가 바로, 붕가붕가다.

혼자 힘으로 사랑하자

비범한 시작을 위한 자질이 있다. 태양계의 행성이 일렬로 서는 우주적 규모의 현상이라든가, 봉황이나 청룡 같은 길한 동물이 나타난다는 식의 상서로운 조짐이 있으면 더할 나위 없이 좋다. 상서롭다 하기는 뭣하지만 그래도 특이한 현상이 있다면 괜찮다. 남산타워 근처에서 UFO가 보였다거나 뻘밭에 식인상어가 죽은 채 발견됐다거나 하는 것들. 조금은 구차하지만 기상 관측 이래 최악의 강추위 같은 것도 어느 정도는 쓸 만하다.

그렇다면 천문 현상은커녕 기온조차 예년과 비슷한 평범한 목요일이었던 2005년 2월 17일은 이런 조건을 아무것도 갖추지 못한 그런 날이었다. 바로 이날 붕가붕가레코드는 설립 기념 공연을 열었다. 시작은 미미하나 그 끝은 창대하리라는 말이 있다고는 해도 시작이 미미하다 해서 꼭 그 끝이 창대하리라는 보장은 없는 법이다. 붕가붕가레코드의 시작은 미미했고, 창대해지리라는 보장은 없었다.

그동안 서울대 근처에서만 공연을 하다가 처음으로 인디음악의 메카인 홍대 클럽으로 진출한 참이었다. 낯선 공기에 우리는 계속 조마조마했다. 공연 날에 맞춰 나와줘야 할 첫 음반이 제때 출시될까, 공연 시작 시간에 맞춰 준비를 모두 끝낼 수 있을까, 관객들이 안 오면 어떡하나, 심지어 공연 중간에 고사를 지내기 위해 피워놓은 양초 때문에 불이라도 나지 않을까, 걱정거리가 산더미였다.

역시 공연도 별 볼 일 없었다. 난데없는 힙합 듀오('군밤장수들')의 공연에 말 가면 쓴 사람(곰사장)이 뛰어다니는 민망한 광경이 연출되는 그런 공연이었다. 딱히 휑하지는 않았지만 그렇다고 결코 흥행했다고도 볼 수 없는 숫자의 사람들이 왔다. 대다수는 지인들이었다. '국지적'이라는 말이 딱 어울릴 정도의 공연이었던 것이다. 하지만 에너지는 있었다.

"최후의 만찬에 모였던 사람은 열세 명이다. 역사적 순간에 함께하는 건 이처럼 언제나 적은 숫자의 사람이다."

1976년 6월 4일, 영국 맨체스터에서 열렸던 '섹스 피스톨스'의 공연에는 달랑 마흔두 명의 사람들이 모였다. 그런데 그들 중 몇몇이 밴드를 시작했고, '버즈콕스', '조이 디비전', '뉴 오더', '진저 넛' 등의 밴드는 이후 세계적인 영향력을 가진 팀으로 성장하게 된다. 그날도 아마 상서로운 조짐 같은 것은 없었을 테다.

걱정을 한가득 안고 별 볼 일 없는 공연을 하는 마음 한켠에 자리 잡고 있던 것은 이런 종류의 로망이었다. 우리가 만드는 노래를 괜찮다고 들어주는 누군가가 지금은 한줌에 불과하지만 언젠가는 적지 않은 숫자가 될 것이라는 바람. 취미로 음악 하는 대학생들이 한 줌 모여 있는 동아리 주제에 스스로 회사라고 주장하며 음악 사업에 뛰어들겠다고 나선 자뻑의 바탕에는 나름 이런 꿈이 있었다.

일단 시작했다는 것 자체가 중요했다. 이런 의미에서 김 기조는 붕가붕가레코드의 모토를 '혼자 힘으로 살아가자'로 정하자고 주장했다. 당시 자위라는 붕가붕가의 의미에 목매달고 있던 곰사장은 이를 잘못 알아들었다. 그래서 붕가붕가는 '혼자 힘으로 사랑하자'가 되었다. 이런 식으로 붕가붕가레코드는, 시작했다.

지속가능한 딴따라질 선언
- 나아갈 방향의 정립과 좌절

붕가붕가레코드 홈페이지에는 붕가붕가레코드에 대한 소개가 이렇게 실려 있다.

2004년 신림-봉천 지역 음악인들의 모임인 '쑥고개 청년회'는 제1차 보고서인 〈인디의 한계〉에서 음악인의 생계에 관한 강한 우려를 표명하면서, '지속가능한 딴따라질(Sustainable DoReMi)'이라는 용어를 사용한다. 그에 대한 반응으로 2005년, "혼자 사랑하는 자가 혼자 살아남는다"는 모토 아래 개와 고양이가 스스로 성욕을 해소하는 행위인 '붕가붕가'에서 말을 따온 붕가붕가레코드(BgBg Records)라는 독립 음반사를 탄생시키기에 이르렀다.

이후 붕가붕가레코드가 2006년에 발표한 〈인디의 미래(Indie Music Future)〉라는 보고서에서는 지속가능한 딴따라질을 '인디음악인이 자신의 음악을 표현할 수 있는 가능성을 손상하지 않는 범위에서 생계적인 필요를 충족하는 음악 작업'이라 정의했다. 그에 따라 '생계적으로 건전하고 지속가능한 딴따라질(Survivally Sound and Sustainable DoReMi:SSSD)'의 개념이 확립됐다. 이 개념은 좁게는 인디음악의 지속가능성을 의미하지만, 넓게는 재능 있는 청춘들이 보다 쉽고 간편하게 음악 작업을 할 수 있게 함으로써 대중가요 전체가 지속가능할 것을 지향하고 있기도 하다.

    이를 위한 전략으로 제시되는 것이 수공업 소형 음반이다. 이는 공장제 대량생산에 기반한 블록버스터 음반의 제작 방식을 과감하게 탈피, 간결한 소리와 덤덤한 디자인, 그리고 수공업 생산을 특징으로 하는 붕가붕가레코드의 독자적인 음반 형태이다. 수공업 소형 음반을 통한 실험과 공장제 대형 음반을 통한 검증을 융합시키는 새로운 흐름을 형성하고 있는 붕가붕가레코드는 백 종의 수공업 소형 음반이 나올 때 뭔가는 바뀌어 있을 것이라는 일념을 품고 진도가 안 나가는 녹음 작업과 곤란한 생계 유지라는 이중고에 시달리는 음악인들을 지속적으로 꼬드기고 있는 중이다.

    이 내용은 태반이 거짓말이다. 붕가붕가레코드를 취재하러 오시는 기자님들이 이 글을 사실로 믿고 "저 보고서 좀 볼 수 있을까요?"라고 묻는 경우가 종종 있기에 하는 얘기다. 네이버에서 '지속가능한 개발'을 검색해보면 당장 알 수 있다. 오픈사전에 나오는 지속가능한 개발 항목의 내용에서 '로마클럽'이 '쑥고개 청년회'로, 〈성장의 한계〉가 〈인디의 한계〉로, 〈우리의 미래〉가 〈인디의 미래〉로 바뀌었을 뿐, 나머지는 위 문장과 거의 똑같다. 그럴 수밖에 없는 게, 지속가능한 딴따라질은 지속가능한 개발을 패러디한 것이다. '개발'에 대한 공식적인 설명을 베껴서 '딴따라질'의 맥락에 따라 문장들만 살짝 바꿨다. 결국 사기다.

그런데 만들어놓고 보니 이거, 정말 그럴싸했다. 우리가 하는 게 다 그런 식이다. '미래 세대가 그들의 필요를 충족할 수 있는 가능성을 손상하지 않는 범위에서 현재 세대의 필요를 충족하는 개발'이라는 지속가능한 개발에서 '미래 세대의 필요'를 '음악인의 표현'으로, '현재 세대의 필요'를 '음악인의 생계적인 필요'로 바꾸면 지속가능한 딴따라질의 정의가 된다. 미래 세대의 필요가 이상 내지는 꿈이라면 음악인에게 그것은 자기의 표현을 온전하게 하는 것이 될 테다. 하지만 현실은 녹록하지 않다. 미래 세대의 필요만을 존중하다 보면 현 세대의 요구가 충족되기 힘들다. 따라서 성장은 해야 한다. 음악만 하고서는 도저히 생계에 대한 필요를 충족할 수 없는 것과 마찬가지다. 그래서 이상과 현실 사이에 절충점을 찾아 결국엔 두 마리 토끼를 잡자는 것. 꽤 절묘하다는 생각이 들었다.

써놓고 보니 그럴듯해서 꿈보다 해몽이 좋아지는 것은 붕가붕가레코드 대부분의 것들이 마찬가지다. 하지만 지속가능한 딴따라질, 이후 붕가붕가레코드의 모토가 되는 이 개념은 순전히 장난질만은 아니었다. 갖다 붙인 다음 이모저모 뜯어보니 비로소 우리는 우리가 가려는 방향이 무엇인지를 알게 된 것이다. 우연하게 좋은 꿈을 꾸고 거기에서 10년 치 방향을 얻은 셈이다.

수공업 소형 음반의 탄생

시작은 아니나 다를까 술자리였다. 운을 띄운 것 역시 붕가붕가레코드의 전략가 이자 아이디어뱅크인 덕원이었다. 여느 때의 덕원이 그렇듯, 체계적인 문제의식이 아닌 본능적인 감각에 의해 튀어나온 말이었다. 요컨대, 우리는 남들과 다르니까 당연히 하는 것도 남들과 달라야 한다는 생각이었다.

맞는 얘기였다. 그때까지만 해도 붕가붕가레코드가 하는 것은 여타 레이블과 다르지 않았다. 정규 음반을 만들고, 가게에서 그것을 팔고, 공연을 하고……. 그런데 붕가붕가레코드는 다른 레이블과 달리 뼛속부터 아마추어였다. 사무실과 스튜디오를 차려놓고 음악인을 꾸준하게 관리하며 작업을 만들어내고, 그걸 가지고 사람들 만나서 사업을 벌이기 위한 최소한의 조건인 '상근자'가 붕가붕가레코드에는 없었다. 다들 학교 다니면서 시간 날 때 작업을 해서 시간 날 때 가게에 갖다 놓고 시간 날 때 공연을 해야 하는 상황이었다. 무엇보다 자본금이 없었다. 그렇다면 우리의 조건에 맞는 새로운 전략이 필요했다.

특히 돈이 없다는 게 문제였다. 그런데 윤덕원의 생각은 돈이 없으면 돈이 없는 채로 음반을 낼 수 있는 방법이 있다는 것이었다. 공장에 맡겨서 음반을 만들려면 천 장 찍는 데 대략 백만 원 정도가 들지만, 공장에서 찍지 말고 직접 우리 손으로 CD를 만들면 그만한 돈이 없어도 된다고 했다. 그렇게 수십 장을 만들어내서 그걸 팔고, 벌어들인 돈의 일부로 다시 수십 장을 만들어내서 그걸 판다. 적당한 가격을 매겨 조금씩 벌더라도 손해만 보지 않으면 이윤이 모여 언젠가 목돈이 생길 것이다. 그럼 그때는 그 돈으로 정규 음반을 낼 수 있다. '핸드메이드' 내지 '수공업 생산'의 개념이었다.

물론 다른 레이블이나 음악인들에게 이런 시도가 없지는 않았다. 공CD에다가 자기 작업을 녹음해서 사람들에게 배포했던 사례가 없었던 건 아니다. 그런데 대부분은 남들에게 자기 작업을 들려주기 위한 '데모'의 성격이 컸다. 상품의 개념은 아니었다. 반면 우리는 수공업 생산으로 상품을 만들어 이윤을 창출하려는 생각이었다. 그렇다면 차별화가 필요했다.

한마디로, 공CD에 찍었어도 사람들이 돈 주고 살 만한 음반을 만들어야 했다. (차석은 없는) 수석 디자이너 김 기조의 몫이었다. 평소에 이런저런 신기한 아이템을 찾아다니면서 그가 봐둔 크라프트 재질의 서랍형 종이 케이스가 있었다. 흔히들 쓰는 플라스틱 케이스는 뻔해 보이고, 한 장짜리 얇고 하얀 종이 케이스는 너무 없어 보인다면, 이 서랍형 케이스는 특이하면서도 없어 보이지도 않았다. 알판 역시 보통의 공CD를 사용하면 마찬가지로 뻔해 보이고 없어 보이니, 표면에 인쇄를 할 수 있게 전면이 하얗게 코팅된 프린터블CD를 사용하기로 했다. 표지와 CD에 들어갈 그림 같은 것은? 가게에 맡겨 인쇄를 하면 (역시) 뻔하기도 하고 돈도 많이 드니까 라벨지를 사다가 직접 인쇄해서 붙이자. 이렇게 그는 돈이 많이 들지 않으면서 없어 보이지도 않는 포맷을 만들어냈다.

이런 식으로 툭 튀어나온 아이디어에 지속성을 만드는 것은 곰사장의 몫이다. 우리처럼 시간 쪼개서 음악 일을 하는 이들에게 무엇보다 중요한 것은 쉽게 할 수 있어야 한다는 것이다. 쉽게, 부담 없이. 그렇다면 열 몇 곡을 작업해서 하나의 정규 음반을 내는 것은 시간이 많이 걸리고 중간에 이런저런 일들이 생기면 엎어지기 쉬우니 두세 곡을 담은 싱글 음반 위주로 내는 게 좋겠다는 생각이었다. 이렇게 되면 값싸고 신속하게 작업을 할 수 있어 더 많은 이들을 끌어들일 수 있을 것 같았다.

이렇게 붕가붕가레코드의 독자적인 음반 형태이자 앞으로 먹고 살 길이 탄생했다. 이름하여 '수공업 소형 음반.' 2005년 8월, 첫 번째 수공업 소형 음반인 하도의 《첫 차》와 두 번째인 굴소년단의 《Today Mode》가 발매되었다. 붕가붕가레코드로서는 9의 인맥을 통해 처음으로 서울대 출신이 아닌 이미 인디음악 판에서 활동하고 있던 이들과 작업을 해보는 사례이기도 했다. 발매라고 해봐야 다 합쳐 60장을 넘지 않는 정도였고 아직 비닐 포장 방법을 몰라 매장에서 정식으로 판매하기도 힘들어 공연을 통해 팔아야 했다. 그래도 시작이라는 데 큰 의의를 뒀다. 처음으로 홍대 근처에서 야외 공연이란 것을 해봤다. 찍은 음반이 모두 동이 났다. 뭔가가 보이는 것 같았다.

그냥 아마추어였을 뿐

하지만 보이다 말았다. 한 달 후 2005년 9월, 어느 카페의 화사한 세미나실에서 9는 회사를 나가겠다고 말했다. 깜짝 선언이었다. 별로 할 줄 아는 게 없는 곰사장이 붕가붕가레코드에서 쓰잘데없는 맹장 같은 존재라면, 같은 공동대표라도 9는 음악인이자 엔지니어로서 녹음 작업을 도맡아 하는 척추 역할을 하고 있었다. 그러니 9가 탈퇴한다면 회사 존립에 심대한 위협이 될 수밖에 없었다.

붕가붕가레코드 창립 이래 회사의 존립을 위협하는 위기가 없었던 것은 아니다. 2005년 5월의 대폭우. 비바람이 몰아치는 바람에 60명은 올 줄 알고 예약해놨던 클럽에 달랑 네 명이 왔다. 자본금이 백만 원을 채 넘지 않을 무렵이었으니 실로 도산

위기라고 할 만한 순간이었다. 그래도 붕가붕가레코드의 '형님'이자 화재보험 같은 존재인 안승준(이후 '보드카레인'이라는 밴드의 보컬을 맡으며 프로로 데뷔한다)이 한 방 크게 쏴준 데다 십시일반 돈을 모아 겨우 위기를 넘겼다.

 반면 이번 위기는 사람 문제였다. 그래서 더 심각했다. 붕가붕가레코드가 갖고 있는 것은 오직 사람밖에 없었기 때문이다. 자신이 어째서 이런 결정을 내리게 되었는지 차근차근 얘기하는 9의 설명이 곰사장 귀에는 거의 들어오지 않았다. 그래도 1년여를 같이 일해왔는데, 이런 식의 통보는 심하지 않나. 최소한 한 번쯤은 서로 상의를 했어야 하지 않나. 상의도 없이 혼자서 결정하고 그저 알아들으라는 얘긴가. 납득할 수가 없었다. 곰사장이 먼저 마주한 것은 인간적인 배신감이었다.

 하지만 배신감은 나중 문제였다. 중요한 얘기니까 아무래도 술이 있어야겠다고 생각해서 어두컴컴한 술집으로 자리를 옮겨 9와 나란히 앉아 말 없이 술만 들이켜며 곰사장은 그의 얘기를 생각해봤다. 학교 안에서 어물대는 붕가붕가레코드의 다른 이들과 달리 9는 이미 꽤나 오랫동안 인디음악 판에서 활동한 바 있는 경력자. 졸업을 앞두고 진로에 대해 고민한 끝에 (좀 더) 제대로 음악을 해보기로 마음을 먹은 것이었다. 이제 어렵고 빡세게 음악을 하기로 마음먹었는데, 주위 애들은 마냥 태평하게 취미 생활에 자족하고 있었다.

 툭 까놓고, 발목을 잡고 있었다. 9가 이런 얘기까지 하지는 않았다. 지금 생각해보면 그때 아무런 얘기도 없이 그런 결정에 대해서만 밝혔던 것도 아마 자세하게 얘기하면 할수록 오히려 남은 이들에게 상처를 줄 수도 있겠다는 그의 사려 깊은 마음 때문이었던 것 같다. 그 와중에 곰사장은 배신감을 넘어서지 못한 채, 소인배같이 굴고 있었다.

그때는 충분히 깨닫지 못했지만, 따지고 보면 이건 붕가붕가레코드의 숙명이었다. 벌판에 비밀 기지 만들고 열심히 놀던 아이들이 학교에 들어가고 숙제에 바빠지면 비밀 기지는 잊게 마련. 회사라고 거창하게 얘기해도 결국은 비밀 기지 같은 애들 장난과 다를 바 없는 게 붕가붕가레코드였다. 놀이를 그만둬야 하는 순간은 언젠가 오게 마련이고, 떠나가는 이들에게는 한때의 추억으로 남을 수밖에 없다. 그렇다면 그 추억을 최대한 아름답게 만들어주는 게 도리일 텐데, 사업을 하고 장사를 한답시고, 우리는 아마추어라도 다른 아마추어들하고는 다르답시고 괜히 우쭐댄 건지도 모른다. 한 마리도 제대로 잡기 힘든 토끼를 두 마리나 잡겠다고 나서놓고는 별다른 각오도 없던 상황이었다.

이런 어중이떠중이들 가운데서 9는 가장 먼저 각오를 한 셈이다. 그는 떠났고, '튠테이블 무브먼트'라는 멋진 이름의 독립 레이블을 만들었다. 다들 곰사장처럼 속이 좁았던 것 같지는 않다. 대범하게 그를 보내줬다. 붕가붕가레코드에 남은 곰사장은 홧김에 접어버리려 생각했지만 다른 친구들은 계속 가보자고 했다.

"남은 사람끼리도 할 수 있다고 생각해요."

그렇게 붕가붕가레코드는 계속되었다. 9의 빈자리는 덕원이 공동대표로 올라오면서 메워졌다.

하지만 2006년 가을은 겨울처럼 유난히 쌀쌀했다. 그나마 쉼 없이 음반을 만들어왔던 게 장점이던 붕가붕가레코드는 이후 5개월을 꼬박 아무것도 하지 않고 보냈다. 곰사장은 쓸개즙 섞인 대변을 눌 정도로 긴장하며 대학원 입시에 올인했고, 김 기조는 군 문제를 해결하기 위해 게임 회사에서 디자이너로 일하면서 '학교-게임회사-붕가붕가레코드'라는 세 가지 직업을 수행하느라 전혀 여유가 없었다. 다른 멤버들은 마땅한 일감이 없으니 그냥 넋 놓고 있었다. 오로지 덕원만이 예전에 나왔던 '관악청년포크협의회'와 '청년실업' 음반을 들고 다니며 유통을 하고 있을 뿐이었다. 그저 지속만 될 뿐이었다. 그냥 아마추어인 채로.

지속가능한 딴따라짓의 깃발이 올라가다

하지만 겨울이 지나가면 봄이 찾아온다. 아무것도 안 하고 있자니 뭘 다시 해보고 싶은 마음이 물씬 솟아올랐다. 지금까지 쏟아부은 게 있으니 여기서 그만두는 게 아깝다는 생각도 들기 시작했다. 무엇보다 매달 10만 원씩 빠져나가는 쑥고개 스튜디오의 월세를 의미 있게 만들어보자는 생각이 컸다. 솔직히 말하면 사실 별생각이 없었다. 언제나처럼 그냥 은근슬쩍 다시 일을 시작했을 뿐이다.

이가 없으면 잇몸으로 하라고, 9가 나간 후 녹음 일에 생긴 빈자리를 우격다짐으로 메웠다. 녹음에 막 입문한 윤덕원이 풋풋한 솜씨로 자기가 해보겠다고 나섰고, 녹음이라는 건 어깨 너머로 보다가 졸려서 잠든 적이 전부였던 곰사장이 덩달아 나섰다. 그 결과 2006년 2월, '청년실업'의 《착각》과 '브로콜리 너마저'의 《꾸꾸꾸》, '깜악귀'의 《The Best Toilet 1/3》, 수공업 소형 음반 3종 세트가 쏟아져 나왔다.

물론 잇몸으로 씹으면 씹을 수야 있겠지만 잘 안 씹혀 체하기 십상이다. 이 음반들도 퀄리티가 가히 장난이 아니었다. 그나마 '청년실업'이 좀 나아서 지금까지도 계속 팔고 있다면, '브로콜리 너마저'와 '깜악귀'의 작업은 음반의 완성도를 부끄러워하는 관계자들의 요구에 판매를 중단해야 할 정도였다. 그래도 그때는 그게 최선이었다. 어쨌든 작업이 이뤄지고 있으니 다시 일이 돌아가는 기분이었다.

여기서 다시 한 번 붕가붕가레코드의 역사에 큰 획을 그을 모임이 이뤄졌다. 붕가붕가레코드를 제대로 굴려보겠다고 정말 오랜만에 곰사장이 소집한 레이블 회의. 오랜만이라고 공짜로 마냥 죽칠 수 있는 패스트푸드 가게의 이점을 버리고 우아하게 차라도 한 잔 하기 위해 홍대 근처 카페에서 만났다. 이런저런 얘기가 오가던 중 덕원이 중요한 말을 던졌다. 곰사장도 이미 졸업하고 붕가붕가레코드 멤버들의 졸업이나 군 입대가 현실로 다가오는 시점, 이대로 끝내지 않기 위해서 앞으로 가장 신경 써야 하는 것은 음악 활동의 지속이라는 얘기였다. 한마디로 길고 가늘게 갈 수 있는 방법을 고민해야 한다는 말이었다.

이런 상황에서, 덕원은 자기가 얘기했다고 생각하고 곰사장은 덕원의 얘기를 바탕으로 자기가 정리해냈다고 얘기하기 때문에 결국 김 기조를 포함한 멤버 전원이 소유권을 갖기로 한 단어, 바로 '지속가능한 딴따라질'이 튀어나왔다.

순간, 서광이 비쳤다. 이전까지 붕가붕가레코드의 모토는 '자취방 싸운드의 산실'이었는데, 대학생으로서의 정체성을 보여주는 '자취방'에서 한 단계 더 나아가 사회에 나간 이후의 지속가능한 음악 생활을 꿈꾼다는 점에서 당시 붕가붕가레코드의 상황에 딱 맞는 얘기였다. 더욱이 이 말은 인디음악인들 대부분이 갖고 있는 기본적인 생계 문제를 건드리는 말이기도 했다.

무엇보다 이 말은 아마추어인 우리에게 가능성을 제시해줬다. 집중적으로 시간을 투입하는 프로의 작업에 비해 설렁설렁하는 아마추어의 그것은 구릴 가능성이 크다. 하지만 아마추어가 정말 오래도록 자신의 작업을 지속해나간다면? 오래도록 지속해나가는 동안 나름의 방향을 찾고 그것을 뒷받침하는 근육을 단련할 수 있다면? 프로에 비해 떨어지지 않는, 어쩌면 프로가 할 수 없는 성격의 작업을 하는 아마추어가 될 수 있다. 이도 아니라면 최소한 아마추어라는 말의 여러 의미 중에 '대충하는 사람'이라는 뜻은 떼어버릴 수 있을 것이다.

아마추어라는 소리를 듣기는 죽도록 싫었고 그렇다고 프로가 될 자신은 없었던 우리가 애초에 붕가붕가레코드를 시작하면서 지향했던 곳은 프로와 아마추어 사이의 어딘가였다. 그리고 그곳에 갈 수 있는 방법이 바로 지속가능한 딴따라질이었다.

이때부터 붕가붕가레코드의 정식 명칭은 '지속가능한 딴따라질을 지향하는 독립음반사, 붕가붕가레코드'가 된다. 그리고 5월, 이 말을 제목으로 한 첫 공연을 통해 세상에 공표했다. 그것도 붕가붕가레코드를 떠난 9가 만든 튠테이블 무브먼트와 함께한 공연이었다. 지속가능한 딴따라질의 깃발이 올라갔다.

깃발은 올리자마자 내려갔다

하지만 민망하게도 깃발은 올리자마자 내려가고 말았다. 붕가붕가레코드가 세 들어 살던 쑥고개 스튜디오를 같이 쓰고 있던 '눈코' 멤버들이 방을 빼기로 마음먹으면서, 우리가 그 방을 쓰려면 보증금이 필요했는데 그 돈을 어떻게 마련할 도리가 없었다. 해결이 전혀 안 될 문제는 아니었다. 붕가붕가레코드 식구들이 각자 나눠서 돈을 대면 계속 유지는 할 수 있었을 것이다.

결국 문제는 의지였다. 그리 큰 액수가 아니고 영영 사라져버리는 돈도 아니었지만 다들 앞으로 자기 돈을 내가면서까지 붕가붕가레코드를 끌어갈 만한 의지가 없었다. 곰사장은 대전으로 내려가 갓 들어간 대학원 생활에 집중하고 있었고, 덕원은 막 자기 밴드를 시작한 상황이라 회사까지 신경 쓸 여유가 없었다. 김 기조 역시 자신의 학교 생활과 회사 생활을 포기하면서까지 회사를 끌어갈 만한 동기가 없었다. 나머지 멤버들은 어느새 하나둘씩 사라지고 없었다. 각자의 삶이 문제였다.

이런 식으로, 깃발은 올라가자마자 내려가버리고 말았다. 2006년 6월부터 2007년 3월에 이르는 9개월여 동안 붕가붕가레코드는 다시 잠수에 들어갔다. 서로 만나는 일도 거의 없었다. 좀 해보고 그렇게 됐으면 모르겠으되, 민망하게도 십년지대계라는 지속가능한 딴따라질을 선언하자마자 석 달 정도 반짝하고 나서였다.

그러고는 계속 이런 식이었다. 군대에서 갓 제대한 '젊은 피' 나잠 수가 붕가붕가레코드에 들어오면서 '술탄 오브 더 디스코'라는 팀이 만들어졌고, 음반도 냈다. 하지만 회사 차원의 뭔가가 이뤄지지는 않았다. 여전히 비닐 포장이 안 된 음반은 매장에서 팔 수 없었다. 방법은 공연밖에 없는데, 꾸준하게 공연을 할 만한 의지가 없었다. 그래서 '술탄 오브 더 디스코' 음반 발매 공연은 제대로 된 조명 시설도 없는 서울대 근처 카페에서 관객들이 비추는 플래시 빛을 조명 삼아 사상 최고로 초라하게 열렸다. 나름 서울대 근처에 흐름을 만들어보겠다는 생각이었는데, 역시 말뿐, 후속 작업은 전혀 이뤄지지 않았다.

그리고 2007년에서 2008년으로 넘어가는 사이, 이번엔 일이 제대로 터졌다. 붕가붕가레코드에 오로지 '술탄 오브 더 디스코'와 '브로콜리 너마저'만 있던 시절, 바로 그 '브로콜리 너마저'가 수공업 음반이 아닌 정식 음반을 냈다. 일단 붕가붕가레코드의 이름을 달고 나오긴 했다. 하지만 여기서 붕가붕가레코드란 곧 덕원이었다. 김 기조가 디자인을 거들긴 했지만 작곡과 녹음, 제작과 유통에 이르는 모든 과정을 덕원 혼자 도맡아했기 때문이다.

그런데 이게 심상치 않았다. 블로그 등을 타고 입소문을 타기 시작하더니만 어느 순간부터 검색 엔진에 '브로……'를 치면 자동 완성되는 검색어로 '브로콜리 너마저'가 튀어나왔다. 사람들이 어지간히 검색을 한다는 얘기였다. 음반은 재판에 이어 3판으로 이어졌고, 유명세는 어느새 인디음악의 경계를 넘어 "난 가요를 들어"라는 정체성을 가진 사람들도 그들의 노래를 듣기 시작했다.

'브로콜리 너마저'는 음악만으로 먹고살 수 있는 밴드가 될 수 있을 것이다. 제대로 된 회사라면 이건 기회다. 갖은 수를 써서 띄워야 할 판에 밴드가 스스로 뜨고 있었으니. 하지만 붕가붕가레코드에게는 고민이었다. 제대로 된 지원도, 음반 제작에 필요한 돈도, 매니저 역할을 해줄 사람도 없었다. 다시금 선택의 순간이 왔다.

결국 곰사장은 '브로콜리 너마저'를 내쳤다. 덕원에게 붕가붕가레코드가 뒷받침해줄 수 없을 것 같으니, 제대로 일을 하는 회사랑 일을 하라고. 당시 곰사장 생각은 예전에 인간적인 배신감을 못 이겨 9의 발목을 잡으려고 했던 일을 반성하고, 제대로 하려는 이를 깔끔하게 보내주려는 생각이었다.

정말 프로와 아마추어 사이의 뭔가를 지향했다면 이래서는 안 됐다. 최소한 하는 데까지는 해보고, 그래도 안 된다면 그때 다른 방법을 생각해봤어야 했다. 하지만 의지가 없었다. 그저 아마추어로 머물기로 했다. 한 번 더 이별을 되풀이했다. EP 《앵콜요청금지》를 마지막으로 '브로콜리 너마저'는 붕가붕가레코드를 떠나고 말았다. 2008년 초엽의 일이다.

땅은 땅이고 구호는 구호일 뿐

전통적인 작명법 중에 사주에서 오행(五行)을 따져 부족한 요소를 이름자로 보완하는 원리가 있다고 들었다. 오행 중 나무(木)가 부족하면 나무가 들어가 있는 한자를 이름에 써준다는 것이다. 거꾸로 얘기하면 이름자에 포함된 요소는 그의 운명에 있어 모자란 부분이라 할 수 있다.

지속가능한 개발의 작명도 따지고 보면 사실 이런 원리다. 개발이라는 게 어쨌든 자원을 써버리는 것인 만큼, 원리만 따져봤을 때는 지속이 가능할 리 없다. 지속이 불가능하기 때문에 지속가능한 개발이란 말을 쓰는 것이다. 설령 가능하다 하더라도, 자원을 쓰면서 동시에 아끼는 역설적인 두 가지 목표를 동시에 달성한다는 게 쉬울 리 없다.

지속가능한 딴따라질도 별반 다를 바 없다. 음악을 해서 돈이 벌리지 않는 것이, 그리고 돈을 벌기 위해 직업을 가지면 시간이 없어지는 것이 거의 확실한 만큼, 건전한 생계도 유지하면서 동시에 음악 작업, 그것도 자신의 표현 의도를 훼손하지 않는 음악 작업을 하는 건 쉬운 일이 아니다. 어쩌면 지속가능한 딴따라질이라는 모토를 내붙인 이유는 그게 안 될 것 같아 불안했기 때문인지도 모른다. 이는 정작 몇 번

선택의 기로에 놓였을 때 매번 안으로 움츠러들다 끝내 단순한 아마추어로 남겠다고 결심한 데서 적나라하게 드러난다.

  만만하지 않다. 돈을 많이 넣을수록 많이 나온다는 당연한 원칙이 지배하는 곳, 심지어 이 원칙조차 때로는 작동하지 않는 곳이 예측 불허의 음악 시장이다. 음악만으로는 먹고살 수 있으리라는 보장이 없다. 그래서 생업을 따로 가진다고는 하지만 비정규직이니 정리 해고니 하는 식으로 일자리 구하기는 어렵고 잘리기는 쉬운 사회다 보니 전전긍긍할 수밖에 없다. 하나를 제대로 해도 모자랄 판이다. 그런데 둘 다 하겠다고 나선 셈이었다.

  적당하게 이도저도 할 수 있는 제3의 길을 꿈꾸는 이들에게 옛사람들이 진작부터 적절하게 충고를 해줬다. 두 마리 토끼 잡으려다 한 마리도 못 잡기 십상이라고. '브로콜리 너마저'와 헤어진 2008년 초엽, 더 이상 레이블을 끌고 갈 의지를 잃어버린 곰사장이 그 무렵 절절하게 느끼고 있었던 것이 바로 이 대목이었다. 지속가능한 딴따라질은 결국 모순적인 단어 두 개를 붙여놓은 그럴싸한 말일 뿐이었다.

뜨겁지 않다면 미적지근하게
-지속가능을 위한 인간형

일세를 풍미한 농구 만화 《슬램덩크》에는 명장면들이 많지만 그중 절정이자 백미는 주인공 강백호가 전국 최강 팀과 경기를 하다 등에 부상을 입어 선수 생명이 위협받게 된 상황이다. 자신의 출전을 말리는 안 감독에게 강백호가 말한다.
"제 영광의 순간은 지금입니다."
그러고는 코트를 나서며 결정적인 대사를 날린다.
"단호한 결의란 거, 이제야 생겼어요."
뒷일 따지지 않고 지금의 자기를 불태우는 뜨거운 모습, 이것이 바로 용기다.
명장면은 이뿐만이 아니다. 또 다른 선수인 '불꽃남자' 정대만. 초반 맹활약에도 불구, 방황의 시기가 초래한 고질적인 체력 부족 탓에 점수 차가 크게 벌어진 막판에 쓸모없게 되는 상황에 처한다. 하지만 계속 비틀거리던 그는 결정적인 순간에 3점

숯을 던지며 말한다.

"나는 절대 포기하지 않는 남자, 정대만이다."

승부에 대한 의지로 육체를 초월하는 것, 이것이 근성이다.

수십 년을 꼰대의 압박에 시달리다가 어느새 스스로 꼰대의 부류에 편입되었음을 자각한 순간 이런 용기와 근성, 열혈의 정신이 부러워질 수밖에 없다. 나이 먹은 이들의 상황이 이렇다면 동년배들에게 불러일으키는 것은 단연 "나도 저렇게 살았으면!" 미래에 사로잡혀 정해진 대로 살아가다가 보통 사람이 될 것이라는 허탈함 때문이다. 하지만 그럴 자신은 없다. 아무래도 열혈은 천부적인 자질이란 느낌이 든다. 하늘이 점지해준 사람들만이 자기만의 가치에 충실하여 타협하지 않는 태도로 범상치 않은 삶을 살 수 있다는 생각을 한다.

많지 않은 나이에 뭔가 일을 벌인다고 했을 때, 사람들이 우리에게 기대하는 것도 대부분 용기와 근성이다. 그런데 이런 기대를 받을 때마다 참 민망해진다. 그렇다면 우리는 하늘로부터 버림을 받은 사람들이다. 용기보다는 소심함에 가깝다. 그러면서 변덕이 심해 근성과도 거리가 멀다.

물론 혈액형과 성격 사이의 상관관계가 과학적으로 입증된 바는 없지만, 어쨌든 붕가붕가레코드 구성원 대다수는 A형이다. 그리고 우리의 경우는 A형이 소심하다는 세간의 인식을 입증하기에 퍽 괜찮은 사례다. 그것도 나잠 수의 표현을 빌리자면 트리플 A형. 붕가붕가레코드 창립 이래 적자를 본 사업이 딱 두 개밖에 없다는 사실이 이를 입증해준다. 무슨 탁월한 사업 수완을 갖고 있을 리는 없고, 애초에 적자를 볼 것 같은 일은 아예 벌이지를 않은 덕이다.

그렇다고 근성이 있는 것도 아니다. 아침에 일어나지 못해 버둥거리다 결국 약속 시간에 이르러서야 집을 나서는 것은 저혈압 아니면 의지박약 때문일 텐데, 다들 다혈질인 걸 보면—이것도 이상하다. 소심한 다혈질이라니—저혈압은 아닌 모양이다. 의지박약이다. 그 의지박약 때문에 좀 하다가 안 될 것 같아 무산된 기획들이 적지 않다. 정대만이 '절대 포기하지 않는 남자'라면 붕가붕가레코드 사람들은 '쉽게 포기하는 남녀'인 것이다.

생계야 어떻게 되건 말건 일단 음악에 매달리겠다고 질러볼 만한 깜냥은 못 된다. 그렇다고 열악한 음악 시장 상황을 의지로 돌파해낼 만한 근성도 없다. 하지만 즐거운 음악 활동을 포기하고 돈 버는 일에 매여 살 만한 용기도 내질 못한다. 결국 어중간하게 두 가지를 함께한다. 생업과 음악 취미 활동을 공존시키겠다는 지속가능한 딴따라질은 이렇게 소심하고 근성 없는 이들이 찾은 방법이다. 지속을 위해서는 절실하게 필요한 근성도 없는 주제에 말이다.

그럼에도 5년째 우리는 아직 이 일을 하고 있다. 몇 차례 위기에 맞닥뜨렸고 그때마다 회사를 접을까 했다. 그래도 용케 지속하고 있다. 이렇게 지속하다 보니 붕가붕가레코드 사람들에게 뭔가 특별한 게 있기는 한가 보다 싶은 생각이 든다.

출중한 능력? 사실 좋은 노래를 만들고 가진 수단에 비해 그걸 꽤 잘 팔아내고 있다는 자뻑을 은연중에 갖고 있다. 하지만 능력이 있어도 사람들이 알아주지 않는 경우가 태반이라 자뻑이 과하면 오히려 억하심정이 생기기 십상이다. 더 중요한 건 남들이 내 능력을 알아주지 않아 잘나가지 못할 때, 미래에 사로잡히지 않으면서 현재를 살아갈 수 있는 능력이 지속가능을 위한 자질이다. 그걸 해낼 수 있는 게 반드시 용기와 근성만은 아닌 것 같다. 제3의 재능이랄까.

노는 걱정을 하느라 그 걱정을 미처 못했다

인디음악을 주제로 한 인터뷰 같은 것이 들어오면 꼭 포함되는 질문 하나가 있다. "힘든 점은 없느냐?"

물론 힘든 점 무지 많다. 매장에선 CD 늦게 보내준다고 난리다. 각자 쏟아지는 일에 파묻혀 같이 모여 회의할 시간도 없다. 청소할 시간도 없어 사무실에서 뭔가 썩는 냄새가 난다. 화장실에 며칠째 샴푸가 없어 비누로 머리를 감고 있다. 그런데 이런 얘기를 하면 몇몇은 고개를 약간 갸우뚱하며 다른 건 뭐 없냐고 물어본다. 그런 경우 그들이 기대하는 것은 십중팔구 생계 문제 때문에 밤에 자다 벌떡 일어날 정도로 걱정하는 인디음악인의 상황이다.

먹고살 걱정이 없다면 뻥이다. 한때 취업을 했던 덕원은 전업으로 음악을 하기로 마음먹은 후에도 가끔 농담 반 푸념 반 정기적으로 월급 나오는 직장에 대한 미련을 털어놓고는 한다. 곰사장, 나잠 수, 김 기조 역시 붕가붕가레코드를 먹고살 일로 생각하고 매진했던 적은 없다.

이럴 때 큰 도움이 되어주는 것이 학벌이 좋다는 점이다. '지금 좀 놀아도 나중에 잘될 수 있을 거야'라든가 '이거 그만둬도 딴 일 할 수 있다' 하는 생각은 생계에 대한 고민을 미뤄줄 수 있는 여유를 갖게 한다. 유학파의 등장이라든가 평등주의 정권에 의해 잃어버린 10년이라고는 해도 여전히 권력을 쥐고 있는 이들 다수는 학벌 좋은 이들이고, 여전히 학벌은 미래 수익을 보장하는 데 한국사회에서 가장 잘 듣는 약 중 하나다.

하지만 도망갈 데가 있다는 것은 쉽게 도망칠 수 있다는 유혹을 만들기도 한다. 아무리 미뤄놓는다 해도 어느 순간이 되면 걱정의 쓰나미가 밀려오고, 그 위에서 파도를 타게 될 수밖에 없다. 입학하자마자 도서관에서 고시를 준비하는 이들이 좀 더 일찍 그 파도타기를 겪는다면, 붕가붕가레코드 사람들은 졸업 무렵에 경험한다는 정도만 다를 뿐이다.

졸업을 2년 남겨둔 2008년 무렵, 미대생 나잠 수는 틈만 나면 현대자동차 디자인실에 취업하겠다는 얘기를 하고 다녔다. 서울대 다니는 아들이 좋은 직장 들어가서 결혼하고 아이 낳고 잘 살았으면 좋겠다는 부모님의 기대라든가, 외동아들로서 최근 부쩍 악화된 집안의 경제를 책임져야 한다는 부담감을 생각했을 때 당연히 귀결될 법한 진로다.

마음을 들쑤셔놓는 일도 있었다. 외국 자동차 회사에서 차를 디자인하고 있는 그의 선배, 간만에 귀국해 후배들에게 술 사주며 해준다는 얘기가 연봉 1억 8천만 원을 받으며 BMW를 몰고 다닌다는 것이다. 나잠 수도 서른 좀 넘어서 외제차를 몰고 다니고 싶은 욕망이 부쩍 자란다. 군대 갔다 오고 학교 다니면서 레이블 일을 하는 사이에 대기업에 취직한 그의 여자 동기들은 2, 3년차가 되면서 돈을 쌓아올리고 있다. 자신도 그 정도 벌이는 하고 싶다. 희망 연봉은 상향 조정된다. 연봉 4500만 원. 붕가붕가레코드 2008년 연매출의 네 배다.

문제는 지속가능한 딴따라질이 아무리 생업을 하면서 음악 활동도 할 수 있는 체제라 해도 대기업 다니며 그 정도 돈을 받으면서 붕가붕가레코드 일까지 하는 건 불가능에 가깝다는 점이다. 입사 초기, 돈을 받은 만큼 일에 시달리다 보면 차츰 음악 활동에 신경 쓸 만한 여유가 없어진다. 나중에 돈 좀 벌면 그만두고 하고 싶은 것을 해야지 마음먹지만, 버는 만큼 쓰는 것도 늘어나고 돈맛을 보고서는 일에 더 열중하게 되기 십상이다. 이런 식으로 딴따라질은 안녕이다.

그런데 1년 후, 나잠 수는 디자인을 버리고 음악을 택했다. 멀쩡하게 명문대 졸업하는 자식이 자기 전공을 버리고 돈도 될 것 같지 않은 음악 쪽으로 가겠다는 사실에 당연히 환영하지 않으실 부모님과, 멀어지는 고액 연봉을 생각해보면 "소심하기는커녕 매우 단호하네!"라거나 "현실을 초월한 풍모가 있구나!"라는 식으로 감탄할 수도 있지만, 그럴 일은 아니다.

둔한 탓이다. 남들이 다들 수업 나가고 과제 하고 학점 챙기고 영어 점수 따는 걸 보면서도 별다른 느낌이 없었다. '니들은 아등바등 살고 있지만 나는 하고 싶은 것을 하고 있다'는 우월감을 은연중에 느꼈던 것 같기도 하다. 게으른 탓도 있다. 아침에 일어나지 못해 회의도 못 나오는 사람이 수업에 들어갔을 리 없다. 놀기를 좋아했다는 것도 빼놓을 수 없다. 술과 숙제가 있다면 십중팔구 술을 택했다.

이왕 노는 것이라면 제대로 놀고 싶었다. 나잠 수가 음악을 시작한 것은 사실 그게 재미있었기 때문이다. 그런데 그걸 좀 더 재미있게 하느라고 제대로 된 노래를 만들어야겠다고 고민하기 시작했다. 다른 사람들도 별반 다르지 않다. 곰사장은 우연하게 떠올린 붕가붕가레코드를 실질적인 것으로 만들기 위해 고민했고, 김 기조는 음반 디자인을 잘하기 위해 고민했다. 덕원은 잘 팔리는 밴드를 만들기 위해 고민했다.

이런 식으로, 노는 데 한껏 걱정들을 하느라 어디에 취직해서 어떻게 벌어먹고 사느냐 하는 장대하고 심오한 걱정을 할 틈이 없었다. 자꾸만 일을 벌이다 보면 이전에 생긴 걱정은 다른 것으로 바뀌고, 이렇게 끝없이 바뀌는 걱정을 상대하고 있으면 먼 일은 잘 생각이 나질 않는다. 그러다 보니 앞일을 걱정할 때를 놓쳐버렸다. 빼도 박도 못 하게 되었다.

소심한 탓이었다.

안 하는 것보다 하는 것이 무조건 낫다

'스매싱 펌킨스'의 리더 빌리 코건이 어떤 인터뷰에서 말했다.

"사람들은 음악을 만드는 게 밤늦게 스튜디오에 모여 대마초를 피우며 잼이라도 즐기는 낭만적인 것이라 생각하죠. 실상은 너저분할 정도로 현실적인 일인데 말입니다."

사실 그렇다. 재미 삼아 음반을 내기로 마음을 먹었다. 음반을 내기 위해서 음악인들을 모아야 했는데, 음악인들을 모으기 위해서는 돈과 장비와 인력이 있어야 했는데, 아무래도 돈과 장비는 구하기가 힘드니 인력을 모으는 데 힘을 썼다. 그렇게 음반을 만들고 나니 팔아야 했다. 공연을 해야 했고, 시간을 정해 장소를 잡아야 했고, 홍보를 하기 위해 포스터를 만들어 붙여야 했다. 무엇보다 남들한테 못했다, 싫다, 이런 소리 듣고 싶지 않았다. 소심한 마음에 상처 될까 봐. 이렇게 고민이 끝없이 꼬리에 꼬리를 물다 보니 현실적인 일이 되었다.

요컨대 이 일을 하면서 우리가 맞닥뜨린 고민은 집세를 내야 한다거나 빨래가 밀렸다거나 치과에 가야 한다는 식의 걱정과 흡사한 것이었다. 당장 나올 성적표와 예고된 부모님의 불호령을 막기 위해 어떻게든 잘 때워 넘겨야 하는 시험, 가끔 저이가 날 좋아할까 안 좋아할까를 끊임없이 생각해야 하는 연애처럼 아주 큰 고민거리가 된다. 아니면 술 먹는 약속 잡는 것처럼 들뜨는 걱정이 된다. 이런 종류의 고민에 입술을 '한 일(一)'자로 꽉 다무는 단호한 결의, 혹은 얼굴을 온통 땀으로 절게 하는 근성, 이런 종류의 천부적 자질이 필요하지는 않다.

오히려 우리 특유의 소심함이 도움이 되었던 것 같다. 근성으로 매번 각 잡고 고민했더라면 제풀에 떨어져 나갔을 것이다. 단호한 결의를 할 용기가 있었다면, 아무런 일도 없는 순간 진작 접었을지도 모르겠다. 우물쭈물하며 당장의 걱정에 급급했던 것이 오히려 답 안 나오는 먼 미래에 대한 질문에서 벗어날 수 있게 해주었다. 손으로 잡을 수 있는 걱정들인 만큼 나름 해결할 수 있는 방법을 없는 머리 쥐어짜서 생각했다. 이름만 있는 회사에 내용을 채우기 위해 주위 사람들을 꼬드긴 것도 그렇고, 없는 돈으로 음반을 만들겠다며 수공업 소형 음반을 만든 것도 그랬다.

하지만 소심함은 양날의 칼이다. 큼직한 사건들과 마주했을 때는 용을 못 쓴다. 9가 나가서 할 수 있는 게 아무것도 없었을 때도 그랬고, '브로콜리 너마저'가 따낸 성공의 기회가 나아갈 것인가 아니면 머무를 것인가 사이에서 선택을 요구했을 때도 그랬다. 생계와 진로가 걸린 개인적인 문제들도 있다. 그럴 때마다 쉽게 포기하는 붕가붕가레코드 사람들은 그만두기 직전까지 갔다. 그리고 적잖은 이는 그만둬버렸다. 그 과정에서 살아남은 몇몇, 그들에겐 천부적인 자질은 아니더라도 어딘가 남다른 구석은 있었다.

협력이 있었다. 서로 소심한 가운데서도 누군가 나락에 빠져들 지경이 되면 그걸 버텨주는 이들이 있었다. 9와의 결별로 공황 상태에 처해 있던 곰사장을 지탱해준 것은 나름 자기의 방향대로 일을 계속하고 있던 덕원이었다. 그리고 그 무렵 들어와 스스로 무럭무럭 자라 어느새 공백을 메웠던 나잠 수가 있었다. 이들 사이에서 김기조는 자기 자리를 꿋꿋하게 지키고 있었다. 그리고 그들이 피곤해질 무렵, 다시 정신을 차린 곰사장이 나서 일을 벌이기 시작했다.

그리고 중요한 한 가지. 붕가붕가레코드가 태어날 생각도 안 할 무렵, 깜악귀가 곰사장에게 이런 얘기를 했다.

"하는 게 안 하는 것보다 무조건 낫다."

이것이 붕가붕가레코드를 지속하게 했던 명제다. 안 하는 게 낫지 않을까 싶어 계속 앞뒤를 재고 있었다면 시작하지 못했을 것이다. 할 일도 없고 하고 싶은 일도 없어 멍 때리고 있다가도 어느 순간 기어 나올 수 있었던 까닭은 어느 순간 하고 싶은 게 다시 생겼을 때 그걸 붙들고 해보는 게 안 하는 것보다 낫다는 생각이 들었기 때문이다. 먼 미래의 생계 문제를 제외하고는 잃을 게 아무것도 없던 붕가붕가레코드였다. 그리고 소심했던 탓에 먼 미래는 보이지 않았다.

우리는 소심했으되, 적극적으로 소심했던 것이다.

part 3
별일없이 살아야 한다

Before
비만, 외박, 과T, 맥주

충! 성!

After
감량, 슬림한 체형, 와인

제대로 된 박자의
음악을 하고 싶다

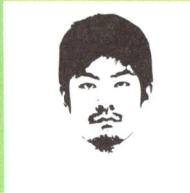

포스터에서 얼굴 따서 단순화. '싸구려 커피'니까 바탕은 갈색. 기본 글자체 그냥 쓰면 성의 없어 보이니 비스듬히. 좀 밋밋하니 옆에 커피 그림. 완성. 걸린 시간 30분. 제대로 된 디자인은 아니었다.

"많이 팔려야 500장."

"대중성이 빵점이다."

"장기하와 얼굴들이라는
이름은 심지어
나쁘지도 않잖아?"

많이 팔릴 거
같진 않았다.

달이 맨 처음 뜨기 시작할 때부터 준비했던 여행길을
매번 달이 차오를 때마다 포기했던 그 다짐을
하루밖에 남질 않았어 달은 내일이면 다 차올라
이번이 마지막 기회야 그걸 놓치면 영영 못 가
달이 차오른다,
가자

장교주, 치킨CF, 거성 박명수, 이하나 페퍼민트, UCC,
달찬놈, 촉수춤, 짤방, 필수요소, 대세, 블로그, 입소문,
"난 빅뱅을 좋아하지만 인디음악도 들어",
디시인사이드, 웃대, 오유, 한국대중음악상……

만 장을 판 게 대단한 게 아니라,
손으로 만 장을 찍은 게 대단한 거다.

운이 좋았다.

니가 깜짝 놀랄 만한 얘기를 들려주마
아마 절대로 기쁘게 듣지는 못할 거다
그게 뭐냐면
나는 별일 없이 산다 뭐 별다른 걱정 없다 나는 별일 없이 산다 이렇다 할 고민 없다
나는 사는 게 재밌다 하루하루 즐거웁다 나는 사는 게 재밌다 매일매일 신난다
매일매일 하루하루 아주 그냥

온전하게 우리 힘으로 해낸 게 아닌 만큼,
'장기하와 얼굴들'에 의존하지 말자.
다른 팀들에게 그 수준의 성공을 기대하는 건 애초에 그만두자.
당분간 초라한 자취방에 살더라도 자기 힘으로 관객을 모아나가자.
남이 열어준 문으로 들어가기보다는 다른 문을 두드려보자.
아니면,

아예 벽을 뚫고 문을 하나 새로 내자.

시작은 확실히 미미했다
- 수공업 소형 음반, 장기하의 《싸구려 커피》

제대로 된 박자의 음악

처음 만난 이후로 적잖은 시간이 지났지만 곰사장과 장기하는 그렇게 편한 사이는 아니었다. 한때 같이 밴드를 할 뻔했던 적도 있지만 그게 무산된 다음에는 그저 '같이 일하는 이의 친구' 정도로 애매한 사이였을 뿐이었다. 그러다가 이후에 음반을 같이 내긴 했으나 음반이 나온 직후 장기하가 바로 군에 입대하는 바람에 같이 일해볼 시간도 별로 없었다.

풍문에는 군대 갔다 오더니만 예전과 사람이 달라졌단다. 학과에서 맞춘 단체 티셔츠가 어울리던 체형이었는데 살이 쭉 빠진 덕분에 간지 나는 몸매로 탈피했다는 얘기가 들렸다. 더군다나 몸매 관리한다고 맥주 대신 와인을 마시더라는 후문도 있었다. 그나마 곰사장과 장기하 사이에 동질감이 있었다면 밤새 술 마시다 남의 자취방을 전전하며 형성한 비만 체형을 공유하고 있었기 때문이었다. 만약 저런 소식이 사실이라면 이제는 다른 사람, 붕가붕가레코드에서 같이 일하자는 제안이 먹히지 않을 거라는 생각을 하며 곰사장은 불안해했다.

아니나 다를까, 먹히지 않았다. 곰사장의 제안은 2005년에 냈던 '청년실업' 1집에 이어 2집을 내자는 것이었다. 나름 의미심장한 제안이었다. 곰사장에게는 붕가붕가레코드 일을 지속할 만한 동력이 거의 바닥난 상태였고, 붕가붕가레코드를 해온 몇 년간 스스로 가장 의미 있다고 생각한 프로젝트를 다시 한 번 해보고 레이블을 접을 생각까지 하고 있던 중이었다. 하지만 장기하의 대답은 단호했다.

"제대로 된 박자의 음악을 하고 싶다."

하긴 '청년실업'이 제대로 된 음악을 하는 팀은 아니었다. 따지고 보면 붕가붕가레코드가 전반적으로 그랬다. '술탄 오브 더 디스코'처럼 터번을 쓰고 립싱크 하는 걸 주된 활동으로 삼는 팀이 있는가 하면, 노래는 좋지만 기술적으로는 열악하다는 평가를 받는 '브로콜리 너마저' 같은 팀이 있었다. 군대 가기 전부터 '레드 핫 칠리 페퍼스' 류의 완성도 높은 훵크(funk) 음악을 하고 싶어 했던 장기하의 욕망이, 이제 본격적으로 드러나려나보다 싶었다. 잘하지 못하면 재미가 없고 재미가 있으려면 엄청난 연주력이 필요한 그런 음악은 붕가붕가레코드가 다뤄보지 못한 영역이었다. 곰사장은 걱정스러웠고, 솔직하게 털어놓았다. 이런 생각에 대해 장기하는 자기가 하려는 음악은 "훵크는 아니고 리듬감이 있는 음악"이라 한다. '리듬감이 강한 음악이 훵크 아냐?'

그래도 곰사장은 장기하가 예전에 만든 노래들에는 전폭적인 지지를 보내고 있었다. 예전 감각을 버리고 연주력의 한길로 투항해버리는 게 아닌가 불안하긴 했지만, 설령 휭크라도 괜찮은 게 나올 성싶었고, 무엇보다 망해도 잃을 게 없다는 생각이 들었다. 장기하 본인도 음악 말고 자기 생계에 대해 이런저런 계획이 있을 테니, 망하면 회사는 그냥 접어버리면 된다는 배짱도 부려볼 만했다. 곰사장은 장기하의 얘기대로 작업을 진행해보기로 마음먹었다.

구체적인 작업 형태들이 결정되었다. 무엇보다 중요했던 것은 1년간 개점휴업 중이었던 수공업 소형 음반에 장기하의 작업을 싣자는 제안이었다. 장기하 본인도 작업에 모든 것을 투자할 만한 여유가 없었고, 회사 입장에서도 정규 음반을 낼 여력은 없었다. 회사가 가진 유일한 자원은 당시 홀로 회사를 지탱하면서 녹음과 믹싱 쪽에 의욕을 보이던 나잠 수뿐이었다. 나름 곰사장의 안배가 있었다. 이 만남으로 장기하는 나잠 수가 가진 녹음 기술을, 나잠 수는 장기하의 노래와 가사 쓰기 솜씨를 서로 보고 배우며 성장할 수 있는 기회가 될 것이라는 생각이었다. 하지만 정작 소개해준다고 해놓고는 달랑 서로의 전화번호를 가르쳐준 게 전부였다. 일을 벌여놓은 곰사장이 가장 의욕이 없었기 때문이다. 하긴 안 되면 접어버릴 속셈이었다.

'싸구려 커피' 외 세 곡

장기하가 음반에 싣고자 했던 노래를 처음 들은 것은 홍대 앞 어느 분식집에서였다. 곰사장 생각과 달리 이전에 했던 작업과는 스타일이 완전히 다른 직선적인 록큰롤이었다. 그게 〈나와〉였는데, 휭크가 아니라 안도감은 들었지만 이거 뭐 힘도 없고 밋밋한 데다 가사도 별 재미가 없는 노래라는 느낌도 들었다. 집에서 녹음하는 바람에 맘껏 내지르지 못해 보컬에 맥아리가 없고 시끄러운 가운데서 아이팟 번들 이어폰으로 듣는 최악의 청음 환경이라 제대로 된 판단이 불가능한 상황이라는 점을 감안해도, 좀 그랬다.

일단 몇 곡을 더 들어봤다. 인상적인 노래가 하나 있었다. 제목은 아직 확정되지 않은 상태였는데, 말하듯이 노래를 하는 것이 개중 낫다는 느낌을 받았다. 계속 듣고 있자니 랩이 잘잘 섞이는 느낌이었다. 2003년 《뻔짠》 2집 작업을 같이 할 때 장기하가 말했던 '말하듯 노래하기'가 계획된 하강과 상승의 리듬을 따라 커다란 운율 구조 아래서 짝짝 맞아떨어진다는 느낌이었다.

곰사장은 점점 흥분하기 시작했다. 주위 사람들한테 들어보라고 파일로 보내주고 남의 차 탈 때마다 이거 한번 들어보라면서 들어주기도 했는데…… 별 반응은 얻지 못했다. 그래도 이건 해볼 만하다는 확신이 들었다. 장기하 본인도 이걸 타이틀곡으로 밀자는 데 동의했다. 전체 가사 내용에 맞게 제목을 〈덜 갠 날〉로 해야 하지 않을까 고민하던 그 곡이 바로 〈싸구려 커피〉였다.

그것 말고 좋았던 곡은, 녹음 작업을 막 시작하던 무렵 아는 사람이 찍던 독립 영화의 음악을 맡아 만든 〈정말 없었는지〉라는 노래. 정말 괜찮았다. 다소 길다는 느낌이 들긴 했지만 후렴구의 멜로디가 일품이었다. 무엇보다 곰사장의 마음에 든 것은 장기 연애 끝에 실연을 맞이한 이가 늘 곁에 있던 연인의 부재를 느끼는 광경을 생생하게 묘사한 가사였다. 물론 이후 "우연하게 길 가다 만난 사람에게서 받은 인상을 지워버리지 못해 쓴 곡"이라는 원래의 의도를 듣고 김이 빠지긴 했지만.

그리고 〈달이 차오른다, 가자〉라는 노래도 괜찮았는데 한 번에 좋은 노래를 다 써 버리는 건 좋지 않으니 일단 수공업 소형 음반에는 빼고 정규 음반 전에 한 번 더 낼 싱글 음반에 넣자고 결론을 내렸다. 대신 〈느리게 걷자〉를 넣기로 했다. 이렇게 세 곡을 결정, 붕가붕가레코드의 아홉 번째 수공업 소형 음반 《싸구려 커피》의 진용을 얼추 갖추게 되었다.

녹음은 일사천리였다. 장기하와 나잠 수의 궁합은 곰사장의 생각 이상으로 잘 맞아떨어졌다. 다소 낯을 가리는 장기하와 너무 낯을 안 가려서 결과적으로는 낯을 가리는 것 같은 나잠 수의 조합은 좀 불안했다. 그런데 일에 대한 전문가적인 생각에서 맞아떨어지는 점이 의외로 많았다. 심지어 몇 차례 녹음을 진행한 뒤로는 굳이 서로 말하지 않아도 실수한 부분을 잡아낼 정도가 되었다. 느낌이 괜찮았다.

초판 여든여덟 장

붕가붕가레코드 특유의 작업 철학인 '데드라인이 음반을 발매한다'는 기조에 입각, 5월 10일로 발매일부터 정했다. 그리하여 세 번째 만남은 발매일 전날인 5월 9일, 발매 기념 공연에 팔 음반을 만들기 위해 어느새 녹음실이자 공장이 되어버린 나잠 수 방에서 이뤄졌다.

나름 회사로서도 의미심장한 날이었으니, 첫 번째로 수공업 음반을 비닐 포장하는 날이었던 것이다. 이전에 한번 시도해보긴 했으나 식품 포장용의 애매한 비닐을 사용하는 바람에 제대로 된 상품이라고 보기는 힘든 결과물이 나왔다. 그래서 이번에는 나잠 수의 선배가 자작 수첩을 포장하는 데 사용했다는 제대로 된 포장기를 빌려와서 포장을 하기로 했다. 이 비닐 포장에 성공하게 되면 비로소 매장 판매가 가능해진다는 점에서 수공업 소형 음반의 미래에도 큰 변화를 가져올 대목이었다. 포장도 안 된 음반을 내놓고 팔기도 뭣하고 해서 공연장에서만 팔았었는데, 공연을 1년에 한 번 정도 하다 보니 팔 만한 기회가 없었기 때문이다.

제작을 위해 케이스도 구매하고, 겉에 붙일 스티커를 인쇄할 라벨지도 구했다. 비닐도 미리 구입해놓았다. 그런데 아뿔싸, 정작 음반의 표지를 디자인하지 않았다는 사실을 발매 28시간 전에야 깨닫고 말았다. 수석 디자이너 김 기조가 얼마 전 군대에 가는 바람에 디자이너도 없는 상황. 그래서 마찬가지로 대학에서 디자인을 전공하고 있다는 나잠 수에게 표지를 맡겨놓았지만 언제나처럼 그는 잊어버렸던 것이다. 곰사장 역시 신경을 안 쓰고 있었으니 상황은 일촉즉발이 되어버리고 말았다. 그제야 나잠 수의 디자인이 시작됐다.

즉각 나잠 수가 디자인에 들어갔다. 공연 포스터에 들어간 사진 중에 장기하 얼굴을 따서 단순화하고, 제목이 '싸구려 커피'니까 바탕색은 갈색. 글자체는 기본 글자체를 쓰되 그냥 쓰면 너무 성의 없는 거 같으니 이탤릭으로 비스듬히. 거기다 좀 밋밋한 것 같으니 '싸구려 커피'라는 글자 옆에 커피 그림. 이렇게 디자인을 하는 데 걸린 시간이 30분.

이렇게 만들어진 디자인을 인쇄하러 간 것도 나잠 수였다. 잠시 후, 인쇄를 해왔는데, 이건 뭐, 라벨지에 인쇄해야 할 것을 프린터에 들어 있던 일반 용지에 인쇄해왔다(그럼 케이스에 붙일 수가 없다). 늦은 시간이어서 복사 카드 파는 곳도 없는 상황이라 주위에 있는 사람들 복사카드를 어렵사리 모아서 갔는데 그런 꼴로 돌아온 것이다. 역시 나잠 수다운 실수였다. 하지만 실수를 스스로 수습해내는 것이 또한 나잠 수의 능력. 겨우겨우 주위에 문을 연 인쇄 가게를 찾아 라벨지에는 해주지 않는다는 걸 억지를 부려 인쇄를 해왔다. 우여곡절 끝에 발매 24시간 전에야 비로소 생산에 들어갈 수 있게 되었다.

라벨지를 어렵게 잘라 붙이고 드디어 비닐 포장을 시도했다. 비닐 포장의 첫 번째 단계는 CD를 담은 케이스를 두루마리 비닐로 감싼 후 열 접착기로 비닐의 양쪽을 접착, 절단하는 것이다. 매뉴얼대로 그렇게 따라 하기는 했는데, 이거 잘린 비닐이 케이스 사이즈에 딱 맞지도 않고 너절해서 영 보기가 좋질 않았다. 당최 매장에서 파는 CD처럼 보이질 않았다.

낙담한 채로 다음 과정인 열풍기를 이용한 가열을 시도했다. 알고 보니 포장에 사용하는 비닐은 수축 비닐이라서 뜨겁게 하면 줄어드는 성질을 가지고 있었다. 열풍기로 가열했더니만 그제야 비닐이 수축이 되면서 보기 좋고 딱 맞게 CD 케이스를 감쌌다. 만화책의 비닐 포장이 떠오르는 이런 방식의 포장 과정을 거치자 이제 비로소 매장에서 팔 만한 물건으로 보이기 시작했다. "오오." 탄성이 나왔다.

원래 목표는 백 장이었는데 서투른 가열 솜씨 탓에 비닐에 구멍이 뚫린 불량을 제외하고 총 여든여덟 장이 판매용으로 만들어졌다. CD가 들어 있는 상자 옆에 이부자리를 깔고 있자니 형광등 불빛에 비닐 포장이 반짝거렸다. 명색이 아홉 번째 수공업 소형 음반이었지만 이번 것은 유달리 감회가 새로웠다. 1년 만에 다시 발매한 수공업 소형 음반이기도 하거니와, 비록 비닐 포장을 한 데 불과하지만 이제부터 공연장 판매뿐 아니라 매장 판매를 할 수 있게 됐다니 조금쯤 앞으로 나아갔다는 느낌이 들었다. 물론, 많이 팔릴 거 같진 않았다.

대중성이 빵점이다
—《싸구려 커피》, 예상 외의 선전

    때는 바야흐로 장기하의 싱글 음반이 나오기 열흘 전. 녹음이 한창 진행 중이었고, 장기하는 앞으로 자신과 함께 공연할 팀의 이름을 고민하던 시점이었다. 때마침 간만에 붕가붕가레코드 부동의 아이돌 '술탄 오브 더 디스코' 공연이 있었는데, 장기하도 '장기에프'라는 이름의 객원 멤버로 공연을 함께한 후여서 그 뒤풀이로 아로마 포차를 찾았다. 아로마 포차로 말할 것 같으면 8천 원에 순대볶음 및 소주 한 병이라는 착한 가격에다가 기본 안주인 떡볶이가 무한 리필되는 음주자의 천국 같은 곳으로 홍대 인근이 그래도 대학가임을 입증하는 유일무이한 곳이다.

    예의 값싼 가격을 만끽하며 술자리가 무르익던 중 장기하의 노래를 듣고 깜악귀가 남겼다는 "심지어 나쁘지도 않다"라는 평가가 화제에 올랐다. 당사자의 기를 죽이기로는 최고의 평가라는 중평이 이어졌다. 그러다가 장기하가 당시 내세우던 자기 밴드의 이름에 대한 평가로 번져 "그 역시 심지어 나쁘지도 않다"라는 얘기가 나왔다. 대안이 속출했다. '장기하와 가요무대'라든가 '장기하의 얼굴들', '장기하즈' 같은 이름들이었는데, "그건 그냥 나쁘다"는 장기하의 반론이 이어졌다. 결국 그의 밴드 이름은 '장기하와 얼굴들'로 결정되었다.

그런데 아로마 포차에는 한 가지 단점이 있다. 똑같은 예산으로 취할 수 있는 음주량이 많다 보니 음주자의 천국에서 삽시간에 주정뱅이의 지옥으로 돌변할 수도 있다는 점이다. 특히 이곳과 나잠 수는 악연이었다. 술을 잘 마실 것 같은 성격에도 의외의 자제력을 보이는 그가 이곳만 오면 꽐라가 되어 추태를 부리는 경우가 빈번했던 것이다.

이날도 어김없이 만취한 나잠 수, 까닭 없이 자리에서 일어나더니만 장기하의 음악 세계에 대해 총체적으로 평가해보겠다고 그런다. 그러고는 외친다.

"장기하는 대중성이 빵점이다!"

작업을 같이 진행한 공동 프로듀서 겸 엔지니어의 취중진담인 만큼 장기하에게는 충격이 될 수도 있고, 자칫 멱살잡이로까지 발전할 수 있는 상황이었다. 하지만, "작업 파트너라고는 해도 녹음하는 과정에서 수십 번을 반복하여 들은 노래의 가사조차도 외우지 못하는 나잠 수의 평가에 큰 의미를 둘 필요는 없다"라든가, "그렇게 따지면 네 음악은 대중성이 마이너스 백 점이다!"라는 식으로 좌중의 합의가 이뤄졌다. 장기하 본인도 "좋은 노래가 반드시 대중성을 갖춘 것은 아니다"라며 개의치 않는 듯한 태도를 보이면서 상황은 곱게 종료가 되었다.

물론 집에 가서는 분을 삭이지 못해 이빨이라도 갈았는지 모르겠지만 장기하에게는 자기 노래의 대중성이 그다지 떨어지지 않는다는 그 나름의 자신이 있었다. 그 무렵 만들어 나중에 정규 음반에 수록되는 노래인 〈나를 받아주오〉의 경우 대중성 만점의 노래라는 본인의 자부심 가득한 설명도 있었다. 반면 팝 음악을 지향하는 나 잠 수 입장에서는 아무래도 성이 안 차고 좀 더 팔릴 만한 노래가 이번 음반에 한 곡 더 있어야 한다는 생각이었던 것이다.

장기하 음반의 총괄 제작자로서, 사업적 고려를 해야 하는 주체로서 곰사장의 판단은? 빵점은 심했고 한 50점 정도. 어느 정도 성공한 중간급 인디 뮤지션만큼 팔릴 거라 생각했다. 판매량으로 따지면 5백 장 정도. 보장은 못 한다고 생각했다.

어느 정도 성공한 중간급 인디 뮤지션

사실 붕가붕가레코드 입장에서 이전에 시장을 경험해본 사례라고 해봐야 2005년에 발매했던 《관악청년포크협의회》와 《청년실업》, 두 음반이었는데 6개월 정도 걸려서 3백 장 정도를 팔았던 것 같다. '정도'라는 애매한 표현을 남발하는 데서 눈치 챘겠지만 판매량을 정확한 기록으로 남기지 않았고, 무슨 분석 같은 게 불가능한 상황이었다. 5백 장이라는 수치에는 객관적인 근거가 전혀 없었다. 별거 한 거 없었던 '관악청년포크협의회'와 '청년실업'도 3백 장을 팔았으니, 앞으로 활동을 지속할 장기하라면 그것보다는 더 많이 팔 수 있을 거라 예상한 정도였다.

우리와 어울리던 부류 중 가장 먼저 홍대 인디음악 판에 진출한 밴드이자 장기하가 속한 밴드이기도 했던 '눈코'의 경우 우리가 보기에는 상당히 괜찮은 음악을 하고 있음에도 불구하고 시장의 별다른 호응을 얻지 못했다. 1집이 나올 무렵에는 왕성하게 활동을 했음에도 천 장 넘기기가 쉽지 않았다고 했다. 결국 우리 식으로 음악을 하는 제대로 된 밴드가 갈 수 있는 마지노선은 천 장으로 삼았다.

고질적인 자신감 부족이기도 했다. 대학에 있을 때부터 별로 좋은 소리를 듣지는 못했다. 스스로는 상당히 잘하고 있다고 생각했음에도 불구하고 같은 때 대학을 다녔던 이들 중 음악을 한다는 사람들도 "연주도 못하면서 자작곡이랍시고 나댄다"라고 까댔다. 음악을 하지 않는 이들 역시 "음악은 잘 모르겠고 취지는 좋은 것 같다"라는 식이었다. 인디음악 판에 나온 뒤에도 마찬가지, 매체의 관심을 끌거나 동업자들의 호평을 얻어낸 적이 없었다. 전형성에서도 벗어나 있는 데다 특정 장르에 충실한 종류의 음악도 아니었기 때문일 것이다. '눈코'도 그랬고, '관악청년포크협의회'도 그랬으며, '청년실업'도 그랬다.

하지만 변화의 조짐이 있었다. 그 주인공이 2007년 하반기 인디의 승자라 할 수 있는 '브로콜리 너마저'였다. 일순간에 터진 것은 아니었다. 인터넷 블로그에서 입소문이 나기 시작하면서 덩달아 음반도 팔리기 시작했다. 밴드가 활동을 열심히 하는 상황도 아니었고, 음반도 음질 등의 측면에서 완성도가 탁월한 것도 아니었다. 더욱이 당시 우리 회사의 상태도 말이 아니었기 때문에 밴드에 대한 지원도 거의 불가능한 상태였다. 8할이 노래의 힘이었다. 그 결과 정확한 판매고는 모르지만—역시 우리 회사는 이런 식이다—몇 천 장 단위로 음반을 팔았다고 한다.

우리 노래도 먹힌다는 것이 조금씩 입증되고 있었다. 더 중요한 것은 인디음악 판 전체로 보면 이런 사례가 '브로콜리 너마저' 말고도 몇 가지가 더 있었다. 한마디로 시장이 변하고 있었다.

'장기하와 얼굴들'

물론 이 시점에서 시장의 변화를 눈치챌 만큼 영민하지는 않았으니, 앨범 발매 직전까지도 장기하 노래의 대중성에 대한 회의는 계속됐다. 오죽하면 음반 소개 글에 반쯤은 자조적인 맥락에서 대중성이 빵점이라는 나잠 수의 평가가 들어갔을까. 바로 그 밑에는 장기하가 "나잠 수씨 사람은 참 좋은데"라는 평으로 받아쳐주고 있긴 하지만.

그러던 중 2008년 5월 10일 싱글 음반 발매 기념 공연을 맞았다. "심지어 나쁘지도 않다"라던 '장기하와 얼굴들'이 "이건 확실히 나쁘다"라는 다른 대안들을 제치고 밴드 이름으로 확정되고, '제대로 된 박자를 연주할 수 있느냐'를 기준으로 기타 이민기(아마도 이자람 밴드), 베이스 정중엽(스마일스, 라이너스 담요 등), 드럼 김현호(학생)로 밴드 구성을 마친 후 한 달여 준비 기간을 거친 다음이었다. 최소한 '인디 음악 판에서 어느 정도 성공한 중간급 밴드' 만큼의 대중성은 갖추고 있는 노래에다 "사회학 전공이라 사회는 잘 본다"는 재미없는 농담이 돌 만큼 유창한 장기하의 진행 솜씨가 맞물리면서 공연은 유려하게 진행이 됐다.

무엇보다 미미시스터즈가 있었다. 첫 리허설 때부터 압도적이었다. 곰사장과 나잠 수, 깜악귀가 마치 오디션 심사위원이라도 되는 양 무대 앞에 일렬로 앉아 있는 가운데 장기하와 미미시스터즈가 함께 시연한 〈나를 받아주오〉의 어깨춤은 모든 관계자들의 입을 벌어지게 했다. "공연을 '보러 간다'고 하지 '들으러 간다'고 하느냐"로 요약되는 장기하 특유의 철학이 빛을 발하는 순간이었다. 실제 공연에서 관객들도 비슷한 반응을 보였다. 전망을 조금 수정했다. '천 장까지도 갈 수 있겠는 걸?'

물론 하루아침에 뭐가 달라지진 않았다. 여타 인디밴드와 비슷한 전략으로, 잘 나가는 밴드 덕을 보기 위해 어느새 단독 공연 매진쯤은 일상이 되어버린 '브로콜리 너마저' 공연에 게스트로 출연했다. 지속적인 노출을 위해 클럽 공연도 시작했다. 반응은 괜찮았다. 매 공연마다 팔기 위해 가져간 음반 물량을 모두 소화할 수 있었다. 하지만 물량이라야 기껏 한 번에 50장 정도였고 공연도 1주 내지 2주에 한 번 정도였으니 어디까지나 국지적인 반응이었을 뿐이다.

초기 붕가붕가레코드가 고안한 거의 유일한 홍보 수단이라고 한다면 블로그를 개설하는 것이었는데 공연을 통해 '장기하와 얼굴들'을 알게 됐을 때 인터넷에 검색하면 음반에 대한 정보 정도는 알 수 있게 하자는 생각이었다. 그러나 이름이 문제였다. 애초에는 장기하라는 이름이 개성 있으니 검색이 잘 될 것이라 생각했다. 그런데 "장기하는 법"이라든가 "요새 빈궁하여 장기 하나 팔아야겠다"는 글, 심지어 "화장기 하나 없는 윤은혜의 얼굴" 같은 문장들에 밀려 제대로 검색이 되질 않았다. 그래도 괜찮았다. 차근차근 해서 8월쯤에 싱글 하나를 더 내고, 11월에 정규 음반을 내서 천 장 파는 밴드가 되면 좀 더 검색이 잘 되리라는 생각이었다.

그러던 중 계기는 우연하게 찾아왔다. 곰사장이 붕가붕가레코드의 다른 뮤지션인 도반(훗날 '생각의 여름')과 인터넷 메신저로 대화를 나누던 중이었다.

도반(생각의 여름) 님의 말:

(나는 나갈 생각이 전혀 없지만) 쌈지 싸운드 페스티벌 '숨은 고수' 오디션에 지원시켜 보는 게 어때?

쌈지 싸운드 페스티벌(이하 쌈싸페) '숨은 고수'라면 몇백 대 일의 경쟁률을 자랑하는 인디음악 판 최대의 오디션이다. 공개 오디션을 거쳐 신인을 발굴, 무대에 세운다는 콘셉트로 10년 동안 진행되어온 이 행사는 '넬'을 비롯한 꽤 유명한 밴드들을 배출해내기도 했다. 무엇보다 천 명 단위의 관객이 지켜보는 큰 무대에 서는 기회를 준다는 점에서 신인에게는 매력적일 수밖에 없는 프로그램이었다. 된다고 반드시 뜬다는 보장은 없지만 그래도 잘만 하면 널리 알려질 수 있는 계기를 얻게 되는 행사다. 일찍이 '눈코'라든가 '술탄 오브 더 디스코', 심지어 인기 밴드 '브로콜리 너마저'조차 지원했다 물먹은 적이 있기 때문에 될 거라고는 별반 기대하지 않았지만, 그래도 한번 해보는 게 낫겠다 싶어 곰사장은 장기하에게 전화를 했고, 지원을 하게 됐다.

며칠 후 도반이 곰사장에게 다시 말을 걸어 왔다.

도반(생각의 여름) 님의 말 :

(역시 나는 나갈 생각이 전혀 없지만) EBS 〈스페이스 공감〉에서 헬로 루키라는 걸 하는데 그것도 해보는 게 어때?

동영상 심사를 거친 후 오디션을 보고 선정이 되면 TV에 나가고, 잘하면 국내 최대 록페스티벌인 펜타포트 페스티벌에 나가는 기회도 얻을 수 있다는 것이다. 그것도 하면 좋겠다는 생각에 클럽 공연 하나를 찍어서 지원을 했다. 일처리가 늦어지는 바람에 그해 펜타포트 페스티벌에 출연할 기회는 놓치게 되었지만, 그래도 TV에 나가면 좋겠다는 생각이었다.

결국 둘 다 뽑혀 먼저 EBS〈스페이스 공감〉에 출연하게 되었고 곧이어 2008 쌈싸페에도 출연하게 되었다. 기대를 많이 하지는 않았다. EBS 헬로 루키는 뚫을 만한 경쟁률이어서 될 가능성이 많다고는 생각했지만 시청률이 그리 높지 않아 출연한다고 뭔가 크게 달라질 거라는 생각은 하지 않았다. 역대 쌈싸페 숨은 고수에 뽑힌 이들 중 별 반향을 얻지 못하고 사라진 팀도 적지 않았다. 그런데, 그 결과는 우리 예측을 완전히 넘어섰다.

치킨 CF

2008년 10월 12일 일요일. 밤늦게 들어온 명진에게 어머니께서 유명 검색 포털 실시간 검색어 순위에 '장기하'가 올라와 있다는 얘기를 했다. 영문을 몰랐던 그녀는 장기하가 혹시 음주운전 같은 무슨 몹쓸 짓을 저질렀나 하는 생각에 지레 겁을 먹고 장기하를 검색했다. 별다른 것들은 나오지 않았다. 너무 궁금한 나머지 아직 서먹한 사이였던 장기하에게 전화를 했다. 장기하도 모른단다. 불안해하며 아침을 맞이했다.

그리고 10월 13일. 명진은 이날을 '마의 월요일'로 기억한다. 아침 10시부터 그녀의 전화통에 불이 나기 시작했다. 첫 번째가 치킨 광고와 관련된 전화였다. 이어서 광고 섭외를 문의하는 전화가 계속 걸려왔다. 이후 붕가붕가레코드의 상근자가 되는 그녀지만 그때까지만 해도 아직 확실하지 않은 상태로 '장기하와 얼굴들'의 매니지먼트를 거들기로 한 상황이었는데, 예상치 않게 밀려드는 전화에 정신을 차릴 수가 없었다.

이후 몇 개월간 이어질 정신없는 일정의 시작이었다. 쌈싸페 출연 때문이었다. 장기하와 미미시스터즈, 그리고 그녀들의 복사판인 '확대 미미시스터즈'가 함께 펼친 스펙터클한 공연의 영상이 웹을 통해 돌기 시작했다. 장기하의 몸짓에 관객들이 신도들처럼 반응하는 모습에 '장교주'라는 별명이 나오기 시작했다. 이 검색 포털 사이트 실시간 검색어 1위에 올랐고 가수 검색어 순위에는 유명 가수들을 제치고 10위권에 들었다. 각종 인터뷰 요청도 이어졌다.

바로 다음 날인 10월 14일, 처음으로 라디오에 출연했다. MBC FM4U 〈두 시의 데이트 박명수입니다〉였다. 방송 첫 출연이라 아직 익숙하지 못한 멤버들에게 '거성' 박명수는 "낮 시간에 너무 나른하잖아~!!!" 호통을 쳤다. 그럼에도 기본은 됐는지 방송 섭외는 계속 들어왔다. 9월 EBS 출연에 이어 KBS 2TV와 MBC TV에서도 각각 섭외가 들어왔다.

정말 생각지도 않았던 건 이른바 '촉수춤'이라는 명명 아래 디시인사이드에서 '장기하와 얼굴들'을 '필수요소'로 만든 '짤방'이 등장했다는 것이다. 이어 영화 〈좋은 놈, 나쁜 놈, 이상한 놈〉의 주제곡 〈Don't Let Me Be Understood〉와 〈달이 차오른다, 가자〉 두 노래를 믹스한, 이름하여 '달찬놈'이 등장했다. 전진과 DJ쿠의 완전판 믹스를 들으며 감탄하던 것이 엊그제, 우리 뮤지션이 소위 인터넷 놀이터에서 '대세'로서 당사자가 될 거라고는 전혀 예상치 못했을 때였다.

여러 인터뷰에서 장기하는 "갑작스런 인기가 부담스럽지 않느냐?"라는 질문을 받기 시작했다. 그때마다 "전혀 부담스럽지 않다"라고 대답했다. 쿨하게 보이려는 멘트가 아니었다. 2008년 8월, 음악을 잘해도 천운이 따르지 않으면 뽑히기 힘들 거라 생각했던 쌈싸페 숨은 고수에 선발되어 너무 기쁜 나머지 고기를 먹었을 때를 시작으로 11월까지 장기하의 기억으로는 활동하는 데 한 번도 부정적인 느낌을 받아본 적이 없었다. 붕가붕가레코드의 다른 관계자들도 마찬가지였다.

재미가 있었다. 음반을 찍어 내놓을 때마다 다 팔려 소비자들이 아우성치는 것도 재미있었고, 매장에서 빨리 안 넣어준다고 독촉할 때도 (가끔은 짜증나기도 했지만) 재미있었다. 일주일에 CD를 천 장 찍어내면서 내가 CD라이터인지 공CD가 나인지 구분이 안 될 정도로 정신이 몽롱해질 지경이 되어도 재미있었고 비닐 접착 과정에서 생기는 증기를 들이마시면서 중년 무렵의 발암에 대해 투덜거리면서도 재미있었다. 매일 아침 '장기하와 얼굴들'로 인터넷 검색을 하면서 검색어 순위가 올라가는 걸 보는 것도 마치 다마고치를 키우는 것 같은 재미가 있었다. "아직 갈 길이 멀다"며 혼자 냉철한 척했던 곰사장도 속으로는 재미있어 죽을 지경이었다.

결정적으로 '장기하와 얼굴들'이 대중들에게 각인된 계기는 2008년 11월 21일 KBS2 TV 〈이하나의 페퍼민트〉 출연이었다. 첫 공중파 출연, 그러니까 9월 EBS TV 〈스페이스 공감〉에 출연할 때만 해도 메이크업도 제대로 못 한 채 잔뜩 긴장한 상태에서 공연해야 했지만, 그사이에 약간의 경험이 쌓였다. 〈달이 차오른다, 가자〉의 팔 휘젓는 춤에 그지없이 들어맞는, 안감이 빨간 검은 재킷을 입은 장기하를 가운데 두고 도도한 콘셉트가 돋보이는 미미시스터즈와 그 밖의 멤버들이 선보인 무대는 시청자들에게 상당히 인상적으로 받아들여졌던 것 같다. 단 두 곡을 선보였음에도 대중들이 관심을 보이기 시작했다.

그래서 장기하는 '장기하와 얼굴들'의 활동을 '페퍼민트 출연 전과 출연 후'로 구분한다. 출연 전은 음악만 하면 됐을 때, 출연 후는 음악 외에 다른 것도 해야 했을 때.

변화

비로소 인디음악을 둘러싼 판 내지는 시장의 변화가 눈에 보이기 시작했다. 음반이나 음원이 유통되고 음악인과 음악에 대한 얘기가 이뤄지는 곳은 이미 홍대 근처라는 물리적 공간을 벗어나 있었다. 클럽에서 공연을 보고 괜찮다고 생각하는 음악을 블로그에 올리면, 그걸 주위 사람들이 보고 듣고 때로는 퍼가기도 한다. 앞서 말했던 입소문 메커니즘이다. 그 결과 주류 음악과 인디음악이 최소한 인터넷의 일부 공간에서는 동일선상에서 노출되기 시작했고, 그 결과 "난 빅뱅을 좋아하지만 인디음악도 들어"와 같이 자기 취향을 설명하는 사람들이 적잖게 나타나기 시작했다.

듣는 이들의 이러한 변화와 더불어 음악을 만드는 이들 쪽에서는 몇몇 레이블을 중심으로 빅뱅을 좋아하는 이들도 좋아할 수 있을 만한 시부야케나 라운지, 일렉트로니카나 재즈 같은 음악이 등장하기 시작했다. 록 일변도였던 인디음악이 여러 방향으로 확대되고 동시에 드라마나 CF 같은 매체를 타기 시작하면서 웬만한 주류 음악 못지않은 대중적인 반향을 얻기 시작한 것이다.

여기에는 둘 사이를 연결하는 인프라가 있었다. 지난 10년간 지속되면서 인디음악인들이 서는 가장 큰 규모의 페스티벌 중 하나로 자리 잡은 쌈싸페를 비롯, 2007년부터 시작된 그랜드민트페스티벌(GMF)도 20대 중반의 여성 취향을 정확히 공략하여 도심에서 펼쳐지는 '샤방한 음악들'의 페스티벌로 성공적으로 자리매김했다. 하루나 사흘에 걸쳐 펼쳐지는 때깔 나는 페스티벌을 인디음악인들로만 채워도 어색하지 않을 만큼 음악인들도 성장했다. 그간 인디가 쌓아온 노하우였다.

좀 더 큰 매체로는 EBS 〈스페이스 공감〉과 KBS 2TV 〈윤도현의 러브레터〉, 〈이하나의페퍼민트〉, 〈유희열의 스케치북〉 같은 프로그램이 있어 꽤나 오래전부터 인디음악을 꾸준하게 공중파에 소개해줬다. 가장 유력한 검색 포털인 네이버는 '오늘의 뮤직'이라는 코너를 통해 매주 인디 음반을 포함하는 대중 음반 중에서 괜찮은 것들을 선정하기도 하고, 때로는 특정 인디음악을 소개한 글을 첫 화면에 띄워 입소문 메커니즘을 부추겼다.

만약 EBS 〈스페이스 공감〉이 없었다면 아마 사람들이 갖고 놀 동영상이 없었을 것이고, '디시인사이드'나 '웃긴대학' 등의 커뮤니티가 없었다면 갖고 노는 일 자체가 없었을 것이다. 쌈싸페가 없었다면 장교주의 위용을 보여줄 만한 큰 무대가 없었을 것이고, 네이버가 없었다면 그러한 큰 무대를 사람들이 공유하는 일도 없었을 것이다. 마른 풀에 불이 번져나가는 것 같은 상황은 공중파 TV의 음악 전문 프로그램이 있었기에 가능했다. 그리고 그동안 쌓아온 인디음악 판의 역량이 공중파 TV와 포털이 지배하고 있는 한국의 미디어 환경과 접속해 웹 사용자들 사이에 자발적인 놀이를 촉발해낸 것이 '장기하와 얼굴들'의 성공이다.

신에게 감사드린다

물론 '장기하와 얼굴들'에게도 성공의 자질은 있었다. 기본적으로 음악이 괜찮았다. 장기하는 노래를 잘 쓴다. 가사에서 다루는 일상적인 정서는 공감을 살 만하다. 장기하 특유의 '말하듯 노래하기'는 참신하다. 미미시스터즈와 함께 하는 퍼포먼스도 최근 한국 대중음악에서는 보기 힘든 것이다. 거기다 약간의 엇나감이 있다. 일단 노래 자체가 그렇게 안온하지만은 않은 데다, 밴드의 태도는 기존의 미디어와 적당한 거리를 둔다. 미디어를 거부하지는 않지만 그쪽에 맞춰줄 생각도 없다. 동시에 착한 아이들이라는 느낌도 있다. 장기하가 가진 학벌 좋은 중산층 아이의 이미지는 엇나가더라도 사회를 전복할 만큼 파괴적이라고까지는 느껴지지 않는다. '엽기적'이라는 얘기가 적잖이 나오는데도 불구하고 기성세대들에게도 '장기하와 얼굴들'이 인기를 끄는 까닭도 이런 안전함 때문일 것이다.

그러나 그들이 대중적인 주목을 받게 된 결정적인 계기는 어쨌든 그들을 둘러싼 환경이 만들었다. 2008년 한국대중음악상에서 〈싸구려 커피〉로 '최우수 록 노래상'을 수상할 때 장기하는 "운이 좋았다. 인디 신(scene)에게 이 상을 바친다"라고 소감을 밝혔다. 이어 주요 부문 중 하나인 '올해의 노래 상'을 수상할 때는 특유의 무표정한 얼굴을 무너뜨리며 "(인디) 신에게 감사드린다"며 거듭 인디음악 판 전체에 감사의 뜻을 표했다. 이 소감은 절대 빈말이 아니다.

　타이밍이 좋았다. 장기하의 저 소감을 일부 언론이 "신(神)에게 감사드린다"는 식으로 보도했던 것은 사실 오보에 지나지 않지만, 만약 우연을 관장하는 게 신이라면 감사드리지 못할 까닭이 없다. '장기하와 얼굴들'의 성공은 이런저런 이유들이 절묘하게 맞아떨어지면서 자아낸 일이다. 다른 때에 다른 환경에서 재현해보라고 하면 아마 불가능할 것이다. 운이 좋았다.

빡센 취미 생활을 넘어서
- 성공이 초래한 붕가붕가레코드의 체질 변화

　지나친 체중이 삶의 유일한 걸림돌이라 주장하는 곰사장은 덴마크 다이어트라는 걸 시도한 적이 있다. 기본 원리는 하루 섭취하는 열량을 기본 대사량의 10분의 1로 줄이고 탄수화물이 포함된 음식을 멀리하는 것이다. 그런데 이 정도면 다른 다이어트와 별반 다를 바 없겠으나 가장 설득력 있는 부분은 매 끼니 정해진 식단을 따라 하면 각 식단의 음식에 포함된 화학 물질이 체내에서 상호작용을 일으켜 체질이 변화한다는 것이다. 이러한 체질 변화를 통해 많이 먹지 않아도 살 수 있는 아주 행복한 몸으로 탈바꿈한다는 게 이 다이어트의 핵심이다. 이미 몇 차례 각종 다이어트를 시도해봤다가 이내 원래대로 돌아가는 체중 때문에 무기력만 학습했던 곰사장에게는 매혹적인 얘기가 아닐 수 없었다.

　섭취 열량이 급감하고 탄수화물 섭취도 줄면서 체중이 급격히 줄기는 했다. 하지만 꺼림칙한 구석이 적잖았다. 그 화학 물질의 상호작용에 의한 체질 변화라는 거. 의혹은 제시된 식단을 구하기가 정 힘들면 자몽 대신 오이를 먹어도 된다는 식으로 음식을 마음대로 조정해도 상관없음을 암시하는 단서 조항에서부터 시작되었다. 분명 자몽과 오이가 성분이 다를진대 화학 물질의 상호작용을 위해서라면 이런 식으론 곤란하다 싶었다. 물론 자몽과 오이의 성분이 비슷하다면 문제 될 건 없겠다 싶어 근거를 찾아보았다. 아무것도 없었다. 오히려 찾은 설명 중 하나는 '식이요법에 대한 연구서에 덴마크 다이어트라는 방법은 없으며, 덴마크의 어떤 병원에서 창안해낸 방식이라는 설에는 딱히 근거가 없다'라는 것이었다.

2주 동안의 식이요법으로 십여 킬로그램 줄었던 체중은 석 달 사이에 원위치로 돌아왔다. 이에 한차례 더 시도를 했으나 한 번 해서 몸이 익숙해진 까닭인지 이번에는 단기간에 체중이 줄어드는 효과조차 없었다. 적게 먹고도 행복하게 살 수 있다는 꿈의 체질은 일장춘몽으로 끝나고 만 것이다. 스스로 잘못한 건지 덴마크 다이어트의 주장이 근거가 없었던 건지는 정확히 모르겠지만 체질 변화를 부르는 화학 작용은 일어나지 않았다.

이 판국에 곰사장의 체중 조절 얘기를 왜 하느냐면, 사실 맥락은 없다. 체질 변화 얘기를 하려다 그냥 생각이 났다. 의미를 갖다 붙여보자면 사람이 체질을 바꾸려면 체내 화학 작용 따위의 고된 과정이 필요한 것처럼, 붕가붕가레코드도 지난한 체질 변화의 순간을 맞이했다는 정도가 될 것이다. 근본적으로 달라졌다는 건 확실했다.

레이블로서의 자각

레이블(Label)이라는 단어를 번역할 때 아무래도 원산지와 우리나라 음악 산업 환경이 다르기 때문에 일대일로 딱 떨어지는 번역어를 찾기는 쉽지 않다. 그래도 대충 비슷한 것을 찾으면 '음반 기획사' 정도일 것이다. 음반을 기획하는 회사. 이런 맥락에서 보면 설령 붕가붕가레코드가 창사 이래로 줄곧 스스로를 레이블로 규정했다고 하더라도 사실상 레이블이라 보기 힘든 부분이 많다. 초창기 붕가붕가레코드는 음반을 기획하는 회사라기보다는 알음알음 아는 사람들끼리 뭔가 작업이 생기면 그것을 받아 음반을 내는 동아리라 하는 게 정확하다. 그나마 기획의 요소가 있다면 "작업 좀 하고 있냐? 음반 내지 않을래?" 부추기는 정도. 그때까지만 해도 구성원의 90퍼센트 이상이 서울대 출신이고 학교 다닐 때 다들 알고 지냈던 사람들이었다는 게 이를 입증한다.

본격적으로 레이블로서의 자각을 하게 된 것은 2008년 7월 무렵이다. 2007년 하반기에 나온 '브로콜리 너마저' 음반으로 약간의 지명도를 얻은 붕가붕가레코드는 장기하가 《싸구려 커피》를 발매하는 한편 '장기하와 얼굴들'로 활동하면서 조금 더 알려지기 시작했다. 잘될 기미가 보이자 욕심이 났다. 이왕 회사라고 이름을 붙인 거 좀 더 회사처럼 해보면 좋겠다는 생각이 들었다. 그래서 다음 작업의 방향을 잡으면서 이번에는 생판 모르는 사람을 끌어들여보기로 했다. 아는 사람들의 작업만 우려먹는 건 언젠가 한계를 드러낼 테니 회사로서 지속성을 가지려면 외부 사람들을 끌어들여 음반을 기획하는 과정을 만들어야 한다는 생각이었다.

때마침 쌈싸페 숨은 고수 오디션이 있었다. 음원으로 심사하는 1차 오디션에는 수백 팀에 달하는 뮤지션들이 자신들의 작업을 올린다. 심사위원 평가와 함께 청취자들의 투표 결과도 심사에 반영하기 때문에 올라온 모든 음원은 일반인에게도 공개가 된다. 신인을 찾는 레이블의 입장에서는 더할 나위 없이 좋은 자리였다.

거기에 올라온 수백 개의 음원을 들었고, 몇 팀을 추려냈다. 그중 선택한 것이 바로 훗날 소녀들을 울면서 춤추게 한다고 명성을 날리게 되는 '치즈스테레오'였다. 흡인력 있는 기타 멜로디를 반복하는 간결한 구성이라는 점에서 작업이 쉬울 것 같았고, 레퍼런스로 우리들이 대부분 좋아하는 '산울림'을 언급한 것도 마음에 들었다(물론 나중에 정작 '산울림'을 별로 듣지 않는다는 사실이 밝혀지긴 했지만). 무엇보다 아직 별로 유명하지 않고 숨은 고수 1차 심사에서 떨어졌다는 점에서 꼬드기면 넘어올 것 같다는 게 결정적인 이유였다.

홍대의 한 카페에서 그들을 만났다. 착하고 순한 사람들이었다. 우리 레이블의 모토인 '지속가능한 딴따라질'도 상당히 마음에 들어 했다. 술을 많이 마시지 않고 말을 별로 하지 않는다는 점이 술 퍼마시고 말 엄청 해대는 레이블의 다른 멤버들과 잘 맞지 않을 것 같아 불안했지만 그 시점에 이 사람들처럼 우리와 맞는 사람을 밖에서 찾는다는 것이 쉽지 않아 보였다. 그런 생각이 들자 일사천리, 《싸구려 커피》 이후 다음 수공업 음반의 주인공으로 낙점했다. '치즈스테레오' 멤버들은 "쌈싸페 숨은 고수에서는 떨어졌지만 곰사장한테 됐다"라며 기뻐했다.

그래서 앨범이 나온 것이 2008년 8월 31일. '지속가능한 딴따라질 5탄'이라는 제목으로 레이블 공연을 개최했다. 그리고 이때 새로운 전기를 마련할 중요한 만남이 다시 한 번 이뤄진다.

상근자의 등장

붕가붕가레코드의 레이블 공연인 '지속가능한 딴따라질' 시리즈에는 전통이 있는데, 수공업 소형 음반 등 신상품을 출시한 팀이 주인공으로 마지막 순서에 선다는 점과 레이블에 속한 팀으로 라인업을 구성하되 한 팀은 외부 팀을 부른다는 점이다. 그런 전통에 따라 레이블 공연 5탄의 게스트로 곰사장이 한국에서 제일 사랑하는 밴드인 '구남과여라이딩스텔라'를 초청했다. 물론 음악도, 공연도 좋았다. 그런데 레이블 입장에서 가장 인상 깊었던 것은 매니저가 둘씩이나 왔다는 점이다. 우리는 공연에 따라가기는커녕 '공연 때 팔 음반은 왜 안 챙겨 가느냐'며 밴드를 구박하기 일쑤인데 매니저를 둘씩이나 보내다니. 역시 10년이 넘은 관록의 인디 레이블 카바레사운드로구나 싶었다.

공연은 성황리에 무사히 끝났다. 그런데 그때 따라왔던 매니저 중 한 명이 곰사장에게 연락을 해왔다. 술 사주고 고기 사준다고 해서 얻어먹는 맛에 만나보니 이 사람 얘기가 붕가붕가레코드에서 일을 하고 싶다는 것이다. 알고 보니 '구남과여라이딩스텔라'의 매니저로 일하고는 있지만 사실 이 팀은 매니저가 필요 없는 상황이라 딱히 할 일이 없다고 했다. 그러다가 이번 공연을 보게 된 것인데, 일단 팀들이 하나같이 다 괜찮은 데다 공연 돌아가는 걸 보니 뭔가 일할 거리가 많아 보였다고 했다. 가는 사람 안 막고 오는 사람도 웬만하면 안 막는 게 붕가붕가레코드의 방침이었던 데다 무엇보다 곰사장 보기에 사람이 상당히 괜찮았다. 결국 그는 카바레사운드와 우호적으로 결별하고 붕가붕가레코드로 옮겨오게 되었다. 붕가붕가레코드의 첫 상근자인 '너굴 실장' 명진이다.

그러니까 그동안 붕가붕가레코드에는 상근자가 없었다. 애초에 학생 신분으로 시작하기도 했고, 졸업한 뒤로도 생업으로 다른 직업을 가진 채 음악을 할 수 있는 환경을 만들려고 세운 레이블이다. 상근자가 있을 리 없었다. 이런 식으로 다들 양다리 걸치고 하던 중에 다른 직업 없이 붕가붕가레코드만으로 먹고사는 사람이 생겼다는 얘기다.

이런 변화는 어느 정도 예고된 것이었다. 차츰 주목받던 '장기하와 얼굴들'에게는 음악만 하면서 먹고살 만한 가능성이 보이기 시작했다. 만약 그들이 생업으로 음악을 택할 경우 레이블은 그 활동을 적절하게 뒷받침해줄 수 있어야 한다. 1년 전 '브로콜리 너마저'와의 슬픈 이별을 반복하고 싶지 않았다. 그러기 위해선 딱 이 일만 붙잡고 할 수 있는 사람이 필요했다.

이렇게 붕가붕가레코드는 근본적인 변화의 단계에 들어서고 있었다. 그리고 이후에 벌어진 상황은 이러한 변화를 더욱 가속화했다.

정착과 산업혁명

2008년 10월 3일 이후 '장기하와 얼굴들'이 쌈싸페에 출연한 동영상이 '장교주 부흥회'라는 명명 아래 인터넷을 통해 널리 퍼지면서 한 주에 백 장 정도 만들면 넉넉했던 수공업 음반 《싸구려 커피》의 주문량이 폭주하기 시작했다. 거짓말 안 보태고 찍어서 매장에 가져다 놓으면 짧으면 하루, 길면 이틀 만에 모두 동나버리는 상황이 되었다.

이전까지의 붕가붕가레코드는 '유목민'이었다. 매주 모여 CD를 찍어야 하는데 딱히 정해진 거점이 없었기 때문에 모이는 사람을 봐서 그때그때 장소를 정해야 했다. 나잠 수와 덕원이 사는 서울대 근처 애들이 나올 수 있다고 하면 서울대 근처에 장소를 잡아야 했고, 그 애들이 불가능하다고 하면 곰사장의 거점인 대전에서 찍어야 했다. 이렇게 장소가 정해지는 대로 CD와 케이스를 상자에, 포장에 필요한 장비를 검은 시장바구니에 담아 옮겨야 했다. 주문량이 적을 때만 해도 견딜 만한 일이었다. 그런데 일주일에 백 장이었던 주문량이 2, 3백 장에 달하자 재료를 모두 들고 다녀야 하는 게 부담이 되기 시작했다.

늘어나는 입을 더 이상 감당할 수 없는 유목민 부족의 상황이었다. '장기하와 얼굴들'의 노래 가사처럼 '소 먹일 풀 있는 곳을 안다는 선지자라도 나타나'면 모르겠으나 그런 사람이 나타날 가능성도 없고. 더욱이 장기하에 의하면 '선지자 따라갔다가 똥 된다'지 않는가. 결단이 필요한 순간이었다.

결국 정착을 하기로 마음먹었다. 명진의 제안에 따라 홍대 중심부에 20평짜리 방을 사무실로 얻었다. 2005년 쑥고개 연습실에 세 들었다가 보증금이 없어 방을 뺀 이후 처음으로 고정된 공간을 얻게 된 것이다. 그때는 녹음 작업을 하는 스튜디오였다면 이번에는 CD를 찍기 위한 공장이었다. 생산에 필요한 모든 재료와 설비를 한데 모으니 이제 따로 준비해서 들고 다닐 필요 없이 사람들만 모이면 작업을 할 수 있게 됐다.

정착을 하자 이번에는 생산 과정의 혁신이 이뤄졌다. 불법 CD 복제 산업이 낳은 잔재로 추정되는, 한 번에 일곱 장을 구울 수 있는 CD 복사기를 구입했다. 자잘한 아이디어들도 나왔다. 스티커를 여러 장 떼어서 보다 신속하게 붙이는 방법을 고안했고, 포장하고 비닐을 수축하는 과정에서 예전에는 CD를 넓게 펴놓고 했는데 쌓아놓고 한 장씩 처리하면 더 빠르다는 요령도 익히게 되었다.

이런 식으로 어느새 일주일에 천 장씩 쏟아지는 주문량을 감당할 수 있게 되었다. 말이 천 장이지 이거 웬만한 음반의 공장 초판 분량이다. 그걸 매주 손으로 만들어야 하는 상황이었다. 급격한 상황 변화는 붕가붕가레코드를 유목 사회에서 농경 사회로, 농경 사회에서 산업 사회로 급격하게 몰아넣었다.

변화의 극점은 2008년 12월 17일의 레이블 공연이었다. 장기하의 인기에 힘입어 그가 참여했던 '청년실업' 1집을 재발매하기로 했다. 2집을 내고 싶었던 곰사장의 로망이 상업적 마인드와 절묘하게 맞아떨어지는 순간이었다.

문제는 관객들이 엄청나게 몰렸다는 점이다. 바로 전에 했던 레이블 공연, 그러니까 2008년 8월 공연만 해도 전체 관객 수는 150명 전후였다. 그런데 이번에는 유료 관객만 5백 명이었다. 초대 손님까지 합하면 6백 명이 넘는 규모였다. 조사한 바로는 80퍼센트가 '장기하와 얼굴들'을 보러 온 것이었다.

갑작스레 네 배나 늘어난 관객을 기존의 스태프들로는 도무지 감당할 수 없었다. 예매라는 것을 처음 시도해본 상황에서 어떤 절차를 거쳐 예매 관객을 확인하고 입장시켜야 하는지 맨땅에서부터 시작해야 했다. 때문에 6백 명의 관객을 줄 세워둔 채 한 시간여를 기다리게 만들어야 했다. 하필 그날따라 동영상 재생이 말썽이어서 공연은 예정된 시각보다 40분을 넘겨서도 시작하지 못했다. 공연장이 있는 빌딩의 가게 주인들은 장사에 방해된다며 끝없이 항의를 했고, 가뜩이나 손이 부족한데 스태프들은 그 앞에서 쩔쩔 매야 했다. 어떤 블로그에 적힌 대로 '갑작스럽게 규모가 늘어남에 따른 붕가붕가레코드의 미숙함을 여실하게 드러내는 공연'이었다.

두 달 사이에 산업혁명을 이룬다는 것은 결코 쉽지 않았다. 하지만 이걸로 끝난 게 아니었다.

빡센 취미 생활에서 먹고사는 일로

29세 송대현은 붕가붕가레코드에서 이모저모로 특별한 사람이다. 그는 물냉면을 먹지 않는다. 반드시 비빔냉면만 먹으며, 육수는 반드시 잔에 따라서 따로 마셔야 한다고 생각한다. 그게 남자답다는 이유다. 역시 남자답다고 생각해서 그런지 그는 유독 과묵하다. 한편으론 늦게 배운 스윙댄스에 밤새 플로어를 달굴 줄 아는 열정도 있고, 장기를 둘 때면 제때 위협적인 포진을 펼칠 수 있는 배짱도 가지고 있다. 붕가붕가레코드의 다른 관계자들이 천성적으로 나불대기 좋아하면서 결정적인 순간에 우물쭈물 미적지근하기 일쑤인 것을 감안하면 '남자' 송대현의 특별함을 이해할 수 있을 것이다.

하지만 이런 것들은 어디까지나 사소한 것. 대현이 특별한 이유는 따로 있다. 그는 창사 이래 처음으로 이력서와 자기소개서를 제출한 사람이며, 최초로 정식 면접을 거쳐 입사가 결정된 사람이다. 무엇보다 입사와 동시에 구두로나마 임금 계약을 체결한 첫 번째 사람이다. 물론 우리 소속 팀들의 음악을 정말로 좋아한다는 점이나 음악에 대해 열정을 갖고 있다는 점, 그리고 술 마시면 평소의 과묵함을 잊고 역시

나 깔라되어 나불댄다는 점은 다른 관계자들과 다를 바 없다. 하지만 첫 번째 상근자인 명진만 하더라도 이전의 다른 관계자들과 마찬가지로 공동체와 직장 사이의 애매한 경계에서 일을 시작한 데 비해 그에게 붕가붕가레코드는 분명히 '대학 졸업 후 취직한' 직장이다.

한마디로 대현은 붕가붕가레코드가 그 두 달 사이에 맞이한 변화를 대변하고 있는 사람이다. 누군가에겐 여전히 노는 일에 지나지 않는 것이 다른 이들에겐 먹고사는 일이 되었다. 4년 동안 놀아보니, 노는 것은 이대로만 하면 웬만큼 될 것 같았다. 하지만 먹고사는 일을 시작한 건 아직 반년이 채 못 됐다. 입사 4개월 째, 단 하루를 제외하고 매일 출근하면서 최저 임금보다 조금 높은 임금을 받아온 대현에게 "5년 후에는 연봉 2400만 원을 보장해주겠다"라고 회사가 한 약속을 지키는 것, 이게 현재의 붕가붕가레코드가 맞닥뜨린 과제다.

본업으로 삼아야만 가능한 일이 생겼기 때문에 어쩔 수 없다. '장기하와 얼굴들'의 성공을 뒷받침하기 위해서 매니지먼트는 선택이 아니라 필수 사항이 되었다. 애초에 음반 제작을 제외한 나머지 실무를 도맡아하기로 했던 명진은 일이 마구 밀려드는 바람에 결국 매니지먼트만 맡을 수밖에 없게 되었다. 이에 상관없이 음반은 계속 잘 팔렸지만, 음반 유통도 돈 관리도 문제였다. 그래서 대현이 들어왔다. 하지만 얻어놓은 사무실을 관리하는 것은 여전히 문제였다. 이것도 문제고 저것도 문제로 남았다.

붕가붕가레코드의 빡센 취미 생활은 먹고사는 일로 변해가고 있다. 구성원의 과반수는 여전히 학생이고, '장기하와 얼굴들'을 제외한 다른 소속 뮤지션들은 아직 음악만으로는 먹고살 수 없는 상황이다. 그러니 투잡 뮤지션이 음악을 할 수 있는 환경을 만들어준다는 애초의 취지는 계속 유지해야 한다. 거기다 생계를 위해 지속 가능한 수입이 가능해야 한다는 필요가 더해진 것이다.

현재 회사 안에서는 두 가지 의견이 부딪치고 있다. 한쪽은 붕가붕가레코드의 벌이 구조 자체를 근본적으로 바꿔나가야 한다는 의견이다. 가뜩이나 좁은 한국 음악 시장은 예측할 수 없는 날씨에 흉년 풍년 좌우되듯 하는데 그나마 지분도 없는 인디 음악으로 아무리 잘해도 먹고살 만한 벌이는 힘들 것 같기 때문이다. 이런 생각은 고정적인 벌이가 가능한 다른 일을 벌여야 한다는 주장으로 이어진다. 고깃집에서 문방구에 이르는 수많은 아이디어들이 쏟아지고 있다.

반면 이걸로 돈 벌 생각 하지 말고, 벌이는 다른 일로 충당하면서 붕가붕가레코드는 작은 규모로 꾸준하게 음악을 할 수 있는 환경을 만들자는 의견도 있다. 애초 구상했던 대로 가자는 것이다. 일단 '장기하와 얼굴들'처럼 벌이가 되는 사람들을 받쳐줄 수 있는 환경은 만들지만, 굳이 이걸로 관계자 모두가 먹고살아야 한다는 생각은 버리자는 의견이다. 이쪽이 고민하는 것은 수공업 소형 음반의 새로운 판본이다.

음악만으로 충분한 수입이 보장되지는 않을 것이라는 판단은 같지만 그것을 헤쳐나가고자 하는 방식에서는 차이가 있다. 전자는 주로 붕가붕가레코드를 자신의 생계로 생각하는 이들이고 후자는 다른 생계 수단을 갖고 붕가붕가레코드 일에 접근하는 부류다. 이 두 부류의 사람들이 존재하는 지금의 상황에서 어느 한쪽으로 결론을 짓기는 쉽지 않다.

다만 분명한 것은 한 가지다. 2008년 10월, 과다한 스케줄로 그동안 다니던 월 88만

원짜리 직장을 그만두면서 장기하는 많은 고민을 했다. 생계를 위한 다른 직업을 가지고 음악 활동을 병행한다는 것은 예전부터 구상해왔던 자기 인생의 모델이었으니. 그런데 결국 마음속 한마디가 머리를 찔러왔다.

"가장 하고 싶은 것은 지르는 게 맞다."

이게 우리가 하고 싶은 일이다. 이제 정면으로 맞닥뜨릴 때다.

정말 별일 없었는지
- 정규 음반 발매 이후의 붕가붕가레코드

곰사장은 예전에 친구와 공중목욕탕에 갔다가 그의 등에 있는 살 튼 자국을 본 적이 있다. 그 친구 키가 꽤 큰 편인데 어릴 때만 해도 작은 축에 속했던 키가 몇 개월 사이에 갑작스레 크는 바람에 생긴 자국이라는 거다. 정작 그 친구 본인은 별로 개의치 않아 했지만―하긴 자기 등판을 본인이 볼 기회는 별로 없을 것이다―곰사장 보기에 주름 같기도 하고 상처 같기도 했던 그 자국이 다소 안쓰러웠다. 피부 탄력이 감당할 수도 없을 정도로 빨리 자라는 건, 주름을 남기기도 하고 상처를 남기기도 한다.

주름이 잡히기 시작하다

이전만 해도 '장기하와 얼굴들'에 관심을 보이는 사람들은 우선 음악이 좋다는 이들이었다. 매장 관계자부터 인터뷰하러 온 기자들, 리뷰를 올리는 블로거에 이르기까지 모두 음악에 대한 확실한 인상을 가진 사람들이었다. 그런데 어느 때부턴가 만나는 이들 중에 음악에 별로 관심이 없는 사람의 비중이 늘어나기 시작했다. 음악보다는 '장기하와 얼굴들'을 둘러싼 경제적 가치라든가 화제성 같은 데 관심을 가진 이들이었다. 음악을 좋아한다고는 하지만 얘기를 들어보면 정작 내용은 잘 모르는 이들, 자신의 의도대로 '장기하와 얼굴들'을 이용하고 싶어 하는 이들, 이른바 '업자'들이었다.

이전까지는 운이 좋았다고 할 수 있었다. 오래전부터 알고 지낸 사람들은 제쳐놓더라도, 본격적으로 활동을 시작할 무렵부터 만난 사람들은 모두 좋은 이들이었다. 그들 다수는 뮤지션들이었고, 그들이 하는 음악의 좋고 나쁨을 떠나 일단 좋은 사람들이었다. 특히 90년대 한국에서 인디음악이라는 개념이 처음 생기기 시작할 무렵부터 지금까지, 우리와는 전혀 다른 규모의 아수라장을 겪으면서도 살아남은 '크라잉넛' 같은 선배 뮤지션들과의 만남은 '굳이 남의 똥꼬 빨 필요 없이 저렇게 살면 되겠구나' 하는 지표가 되어주었다. 뮤지션들뿐 아니라 같이 일하자고 하는 이들도 모두 애정과 선의를 품고 있는 사람들이었다.

그러다가 갑작스레 단시간에 많은 '업자'들을 만나게 된 것이다. 그렇다고 만나는 이들을 불성실하게 대하거나 가식적으로 대한 적은 없는 것 같다. 기본적으로 소심해서 싫은 소리 하기도 듣기도 싫어하는 게 붕가붕가레코드 사람들이다. "떴을 때 잘하는 게 중요하다"라는 식의 얘기도 몇 번 들은 걸로 봐서 모든 이들을 충분히 만족시켜준 것 같지 않긴 해도, "뜬 것치고는 매사에 초연하게 구는 것 같다"라는 애기도 많이 들은 걸로 봐서 못한 것 같지는 않다. 하지만 확실히 마냥 재미있는 상황에서는 벗어나 있었다.

별일 없었다

정규 음반이 기다리고 있었다. 원래는 2008년 10월에 내기로 했던 음반이 스케줄에 쫓겨 몇 달이나 미뤄진 것이었지만, 어쨌든 "아직 더 보여줄 것이 남아 있다"는 설렘을 주는 새로운 개척지가 남아 있었다.

저녁에 공연하고 밤에 녹음해야 하는 상황이었음에도 작업을 하는 3개월여 동안 장기하는 무지하게 하고 싶었던 일을 풀타임으로 하면서 인생을 충실히 살고 있는 사람처럼 보였다. 《싸구려 커피》의 성공에 따른 부담이 아예 없었다고 하면 뻥이겠지만, 사실 거의 느끼지 못했다. 운이 좋았던 덕분에 될 만큼 됐으니 망해도 상관없다는 데 장기하와 붕가붕가레코드 모든 구성원들이 동의하고 있었다. 물론 이후 성공했기에 망정이지 망했으면 무지하게 슬펐을 것 같다는 생각이 들긴 하지만.

그렇게 2009년 2월, '장기하와 얼굴들'은 정규 음반 《별일 없이 산다》를 발매했다. 이렇게 저렇게 살면서 벌어지는 애기라는 전체 테마를 적절하게 갈무리하고 있다는 게 수록곡 제목인 '별일 없이 산다'를 음반 제목으로 택한 장기하의 설명이었다. 8개월 전의 첫 데모 작업 때만 해도 별로 좋지 않았던 노래가 정식 녹음을 거치고 나니 꽤나 괜찮게 여겨졌다. 게다가 '장기하와 얼굴들'을 둘러싼 상황에 적절하게 맞아떨어졌다. 그래, 이렇다 저렇다 애기가 많다. 뭐라 하든 상관없이 우리는 별일 없이 산다. 결과적으로 바깥에서 보는 '장기하와 얼굴들'은 성공적으로 쿨한 모습을 가지게 되었다. 최소한 바깥에 보이는 모습은.

하지만 정규 음반 발매 이후로 점차 장기하의 쿨함이 바닥을 드러내기 시작했다. 쿨함이 바깥에서 마음을 뒤흔들 때 그걸 적절하게 제어해서 자기 자신을 유지하는 것이라면, 이 무렵부터 장기하는 마음의 요동 자체가 사라지는 무덤덤한 상태에 가까워졌다. 하긴, 거의 1년 동안 수십 차례 공연에서 똑같은 노래를 연주하고, 수십 차례 인터뷰에서 똑같은 얘기를 해왔다. 안 해야 뭘 하고 싶다는 생각도 들 텐데 퇴근하고 나서 미처 충분히 버퍼링을 하기도 전에 출근을 해야 하는 것 같은 일상이 반복되었다. 장기하는 데뷔 초기 한창 클럽 공연을 할 무렵만 해도 새로운 섭외가 들어오면 뭔가 새로운 걸 한다는 기분이 들었는데 더 이상 그런 설렘이 느껴지지 않게 되었다고 한다.

점점 공연에서 멘트를 할 때 유머가 사라지기 시작했다. 물론 공연을 재미없게 한 적은 여태까지 한 번도 없었다. 하지만 예전처럼 아주 재미있게 하는 경우는 점점 드물어졌다. 함께하는 팀의 공연을 보면서 멘트를 주워 먹기도 하고 한 곡 분량의 멘트를 거침없이 하기도 하면서 "사회학 전공이라 사회를 잘 보는 것이냐"라는 칭찬과 함께 "사회 중독이냐"는 핀잔을 들었던 예전 모습은 학교 축제 등으로 매일 공연을 하다시피 한 5월 무렵에 이르자 자취를 감췄다. 주위에서 "행사하는 업자의 느낌이 나기 시작한다"라는 우려가 나오기 시작한 것도 이때였다.

장기하뿐 아니라 붕가붕가레코드 관계자들 역시 비슷한 문제를 겪기 시작했다. 사업상의 이유로, 어제 했던 일을 오늘 반복해야 했고 만나기 싫은 사람을 만나야 했다. 사실 사회 초년생이라면 누구나 겪어야 할 닳고 닳은 문제다. 그런데 나이 꽤 먹고 사회 진출한 물정 모르는 늦깎이 같은 우리에게는 그게 약간 더 힘들게 느껴졌다. 결국 일이 된 것이고 그것이 문제였다.

잔치는 끝났다

이런 와중에 한편으로는 '장기하와 얼굴들' 음반 팔아 번 돈을 쓸 생각에 마음이 부풀어 있었다. 다만 계좌에 물건 판 돈이 들어왔다고 해서 그게 모두 내 돈은 아니라는 사실을 미처 모르고 있었을 뿐이다. 수입 중 10퍼센트는 부가가치세, 물건 사는 사람이 낸 것을 판 사람이 맡아뒀다가 나중에 세금으로 납부해야 하는 돈이다. 잠시 맡아두는 것에 지나지 않는 돈이라는, 제대로 된 회사라면 절대로 모를 리 없는 이런 사실을 제대로 된 회사가 아닌 붕가붕가레코드는 모르고 있었.

결국 2009년 7월, 상반기 정산을 맞이하여 부가가치세를 내고 나자 폭탄을 맞은 기분이 되어버렸다. 한데 모여 통장에 찍힌 잔고를 바라보던 관계자들, 누군가의 입에서 이런 말이 흘러 나왔다.

"잔치는 끝났구나!"

언젠가 끝나게 마련이었던 잔치였다. 발매 시기에 반짝 팔렸다가 그다음에는 미미하게 팔리는 게 음반을 비롯한 문화 상품의 특성이니 쌀농사마냥 추수 때 거둬들여 한 해를 먹고 살아야 한다. 더욱이 내년에도 이렇게 풍년이란 보장은 없다. 내년이나 내후년 먹고살 것도 준비해야 한다는 생각에까지 이르면 압박은 더욱 커진다.

거의 모든 벌이를 순전히 '장기하와 얼굴들'에 의존하는 기형적인 구조가 문제였다. 물론 앞으로 계속 장기하가 노래를 팡팡 찍어내고 얼굴들이 미친 듯이 행사를 돌면 유지는 할 수 있겠다. 하지만 뭔가를 만들어내는 종류의 일은 이런 식으로는 힘들다. 쉴 시간이 있어야 뭘 만들어낼 수도 있다. 쉼 없이 자기를 소진하며 계속 돈을 벌어다 달라는 건 지속가능한 딴따라질이라기보다는 지속가능한 노동 착취다. 사실 이미 충분히 벌어다 줄 만큼 벌어다 줬다.

그렇다고 "'장기하와 얼굴들'의 영광이여 다시 한 번!" 이런 게 가능한 것도 아니다. '장기하와 얼굴들' 사례가 인디음악뿐만 아니라 대중음악 전체를 놓고 봐도 가장 이례적인 까닭은 마케팅에 들어간 비용과 노력이 거의 없이 꽤 큰 성공을 거뒀다는 점이다. '장기하와 얼굴들'의 수많은 일정이 그들의 매니저 역할을 하는 명진을 강철처럼 단련시키고 있으나, 여전히 붕가붕가레코드에는 뚜렷한 마케팅 수단이 없다. 마케팅 수단 따위를 별로 고민할 필요가 없었던 것이다. 나머지 팀들과 함께 붕가붕가레코드가 할 수 있는 건 이전 4년간 해온 것과 별반 다를 바 없다.

그나마 '장기하와 얼굴들'이 뚫어놓은 판로와 인맥들은 있다. 1년 전 처음 몇몇 매장에 장기하의 《싸구려 커피》를 비롯한 음반들을 들고 갔을 때 '뭥미?' 하는 표정으로 쳐다보는 직원들의 시선이나 심지어 "이걸 받아도 되는지 모르겠네요"라는 괄시를 더 이상 겪지 않아도 되는 상황 정도는 되었다. 공연하면 미디어 관계자들도 여럿 온다. 하지만 거대 인터넷 매장에서 첫 화면에 크게 노출되는 광고를 하기 위해서는 '장기하와 얼굴들'에 필적하는 화제성이나 광고비가 필요하다. 아직 알려지지 않은 팀들 경우에는 불가능한 일이다.

'치즈스테레오'의 경우 2009년 8월 현재 9월 발매를 목표로 한창 정규 음반작업 중이다. 그들 3인방에게 이번 음반이 가지는 의미는 크다. 밴드를 시작한 지 4년 째, 나이는 이제 30대 초반인데 알바로 생계를 유지하며 음악 활동에 전념하고 있는 그들이다. 작년 이맘때 나름 야심차게 내놓았던 수공업 소형음반은 별 반응을 얻지 못했다. 소속사라고 있는 게 인력이 없다는 핑계로 '장기하와 얼굴들'만 신경 써주고 자기네 뒷받침에는 소홀하니 그것도 영 불안해 하는 눈치다.

그래서인지 몰라도 '치즈스테레오'의 리더이자 곡 쓰기를 도맡아 하는 이동훈의 피부 상태는 급격하게 악화되고 있다. 소화기 계통이 안 좋아 병원을 다녀온 적도 여러 번이다. 자기들한테 주어진 시간은 많지 않은데 작업은 원하는 대로 나오지 않는다는 생각이 자꾸만 드는 것이다. 심지어 설령 원하는 대로 나온다고 하더라도 사람들이 그것을 사주지 않을 것이라는 생각도 든다.

"팔리지 않으면 이제 해체할 수밖에 없다."

잔치는 끝났고 현실로 돌아와 일을 해야 할 때가 왔다.

별일 없이 살기 위해 다시 원점으로

끝난 잔치 뒤에는 '장기하와 얼굴들'이 열어준 문 하나가 있었다. 그게 어디로 향하는지는 알 수 없었다. 천국으로 가게 될 것 같기도 하고, 지옥으로 갈 것처럼 보이기도 했다. 오로지 그 문 위에 적혀 있는 명패만 확실하게 보였다. 거기엔 '장기하와 얼굴들의 붕가붕가레코드'라고 적혀 있었다.

가장 쉬운 길이라는 생각이 들었다. 잘나가는 지금 상황에 동전의 뒷면처럼 '잘 안 되면 어떡하지' 하는 우려가 달라붙은 현실에서, 확실한 방법으로 가고 싶다는 유혹을 무시하기 힘들었다. 그렇다면 '장기하와 얼굴들'을 최대한 우려먹을까? 광고도 찍게 하고 버라이어티도 나가게 하기 위해 전력을 쏟자. 그들의 2집을 목숨 걸고 팔릴 만한 물건으로 만들어보자. 다른 소속 팀들은 '제2, 제3의 장기하와 얼굴들'이라는 딱지를 붙여 덤으로 파는 것이다. 그러나 우리는 이 문으로 들어가지 않기로 했다.

'장기하와 얼굴들'을 생각하지 않기로 마음먹었다. 그들은 우리에게 기회를 안겨준 복덩어리, 하지만 명백하게 해야 할 것은 이 복덩어리는 굴러 들어온 것이라는 점이었다. '장기하와 얼굴들'을 두고 이미 실패한 인디밴드 운운했던 기사인지 수필인지 하는 글이 있었는데, 내용이란 게 공중파 방송같이 영향력 있는 미디어의 똥구멍을 핥는 데 급급하여 정작 인디음악으로서 독자적으로 가져야 할 수단은 내다버리고 있다는 내용이었다. 일견 일리가 있어 보이지만 우리가 그랬던 적은 없다. '장기하와 얼굴들'의 성공이 인터넷과 미디어의 호의에 의한 것임을, 그들은 변덕스럽기 때문에 이것이 언제까지고 계속되지 않을 것임을 알 만한 머리는 있다.

우리가 똥줄 빠지게 고민하고 있는 것은 바로 그 '독립 음악으로서 독자적으로 가져야 할 수단'이다. 온전하게 우리 힘으로 해낸 게 아닌 만큼, '장기하와 얼굴들'에게 의존하는 것은 물론, 다른 팀들로 하여금 그 수준의 성공을 기대하는 것을 애초에 그만두게 하자는 생각을 하게 되었다.

'치즈스테레오'의 악화된 피부 상태, 이것은 이들이 '장기하와 얼굴들'이란 잘나가는 맏아들에 주눅 든 둘째 아들이기 때문이다. 나도 저렇게 되고 싶은데 잘 풀리지는 않는. 그렇다면 이제 자취방을 얻어 둘째 아들을 독립시켜야 할 때다. 당분간 초라한 자취방에 살게 되는 것을 감수하더라도 정말로 커나가기 위해 꾸준하게 자기의 기획 공연을 만들어 스스로의 힘으로 관객을 모아나가야 한다. 자신들을 모르는 관객을 찾아가서 만나는 야외 공연, 갤러리에서 전시와 맞물려 진행되는 멀티미디어 공연, 그리고 자신의 이름을 내걸고 하는 기획 공연까지. 남이 열어준 문으로 들어가기보다는 다른 문을 두드려보려는 것이다. 아니면 아예 벽을 뚫고 문을 하나 새로 내볼 수도 있다.

 쉽지 않을 게 뻔하다. '치즈스테레오'의 야외 공연이라면 민원 때문에 골치는 골치대로 썩으면서도 쉰 명을 바라지만 기껏 열 명 모인 공연이 되는 경우가 허다할 것이다. 다른 기획 공연의 흥행도 보장이 없다. 다른 팀이라고 별반 다를 게 없다. 하나둘씩 잘 안 풀리면 결국엔 생업으로 후퇴하는 수밖에 없을 것이다. 그렇다면 보다 원활한 후퇴가 필요하다. 한 걸음 물러서는 것을 힘들게 하는 것은 다음에 두 걸음 나가야 한다는 부담이 있기 때문. 그렇다면 한 걸음만 나가도 충분하게 반 걸음만 후퇴할 수 있는 방법을 만들면 된다. 일하면서 남는 시간에 만든 노래를 주말에 녹음해서 한 달 남짓한 시간에 음반 하나를 만드는 식으로 생업과 병행할 수 있다면 많은 것을 바라지 않고 음악을 할 수 있게 된다. 일보 전진을 위한 반보 후퇴. 그런데 이거, 바로 애초에 우리가 생각했던 그거다. 여전히 문제는 지속가능한 딴따라질이고, 수공업 소형 음반이다.

 이런 생각에 도달한 후 '장기하와 얼굴들'을 다시 집어넣으면 답은 뚜렷하게 보인다. 그들이 가는 길이 아무리 반짝반짝 윤이 나더라도 멍하니 그 길을 따라가면 안 된다. 우리가 가는 길이 그렇게 아름다울 리 없다는 게 소심한 체질에 어울리는 발상이다. 그렇다고 마냥 비관하겠다는 얘기는 아니다. 그러면 아마 걷기를 포기하고 주저앉게 될 테고, 그건 바라는 바가 아니다. 낙관과 비관 사이에 있는 방법으로 가겠다. 적극적인 소심함. 그러기 위해서는 좀 덤덤해질 필요가 있다.

달라진 주위 때문에 잔뜩 힘들었던 장기하에게 지탱할 힘을 줬다는 그의 노래 〈별일 없이 산다〉, 동시에 붕가붕가레코드의 길을 보여주는 노래이기도 하다.

난 별일 없이 산다. 매일 매일 신난다.

따지고 보면 굳이 애쓸 필요 없다. 회사를 시작한 지 4년 6개월 중 이런저런 일이 집중적으로 있었던 건 1년 6개월. 앞으로 딴따라질을 지속할 긴 시간에 비하면 짧은 기간일 뿐이다. 그리고 나머지 3년 동안, 별일 없이 살아왔다. 앞으로도 그럴 가능성이 높다. 그런 것을 너무 크게 생각한 탓에 감상에 젖어 쓸데없는 걱정을 하고 있다는 생각이 든다.

변한 걸 무시할 순 없지만 근본적으론 달라진 게 없다. 앞으로 딱히 기대할 만한 것도 없다. 이렇게 생각하면, 별 문제가 아니다. 무슨 일 생기면 그때 가서 생각하면 된다. 그러니 앞으로 우리는 적당히, 별일 없이 살 것이다. 여태껏 그래왔다.

part 4

어쨌든 당신이라서 하는 일이다

朋家朋家 解剖圖
THE ANATOMY OF BGBG BODY

혓바닥 곰사장
꼭 혼자서 영웅호걸이 될 필요는 없다.
오히려 같이 갔을 때 더 큰 일을 할 수 있다.
그리고 같이 가려면 묶어줄 사람이 필요하다.
그냥 내버려두면 묻혀서 잊혀질 꿈을
말로 만들어 붙들고 더 멀리 나가게 하는
사람이 필요하다. 내가 능력이 없으면,
능력 있는 사람하고 일하면 된다.

좌심실 양준혁
사는 사람은 자기가 아는 물건 중에
사고 싶은 것을 산다. 사고 싶은 것을
만드는 과정은 뮤지션의 몫. 그렇다면
파는 사람인 회사가 해야 할 일은?
사람들이 알게 만드는 것, 소통.
별다른 자본이나 기술 없이 음악을
만들고 파는 붕가붕가레코드의
생명을 유지하는 심장.

척추나잠수
노래를 만들면 녹음을 해보고 싶고,
가능하면 좀 더 낫게 녹음을
해보고 싶다. 녹음이 해결되면
믹싱도 해보고 마스터링도
해보고 싶다. 결국엔 남의 손을
빌리지 않고 끝까지 자기 손으로
해보고 싶다. 조립식 장난감처럼,
의외의 프로페셔널.

손가락깁기조
남들과는 다른 세계, 남들과는
다른 디자인, 남들과는 다른 감성,
그래서 부담스러울 정도로 독창적인.
사람들이 이런 것을 받아들여주지
않을지도 몰라 불안하지만 사실
이렇게밖에 할 줄 모른다.
부담스러워도 어쩔 수 없다.
자본도 기술도 경험도 없는
붕가붕가레코드가 처음 가진 자산은
바로 그런 디자인이다.

장딴지 강명진
밴드의 보컬, 드럼, 베이스, 기타들이
각각 제 위치가 있는 것처럼
음반을 배송하는 일은 '배송'이란
자리가 있다. 하물며 팀들과
늘 붙어 다니는 매니저에게는
최상의 공연을 위해 노래 부르는 이가
연습을 하고 기타 치는 이가
자신의 소리를 잡듯, 무대 아래서
남들이 봐주지 않는 이런저런
자기만의 역할이 있다.

꿈을 꾸게 하는 기술
- 대표 곰시장

　2004년 어느 날 곰사장이 인디 음반 기획사를 만들어야겠다고 생각하고 나서 그걸 기억나지 않는 꿈인 셈치고 잊어버렸다면 아무 일도 일어나지 않았을 테다. 오로지 붕가붕가레코드라는 이름밖에 없는 상황에서 이건 될성부른 꿈이었다. 하지만 우리는 이것을 그냥 흘려보내지 않았다.

　물론 꿈이 현실이 되는 건 쉽지 않았다. 시작하기로 마음먹은 후에 이어진 것은 별 볼 일 없는 몇 년이었고, 그나마 두어 번 존폐의 위기도 겪었다. 하지만 위기의 순간마다 또 다른 꿈을 꿨고, 그걸로 처음의 꿈을 더 풍성하게 만들어 지금에 이르렀다. 지금 붕가붕가레코드가 가진 모든 것들은 내버려뒀으면 개꿈이 되었을 몇 가지를 붙들어 실현해 만들어진 것들이다. 결국 모든 것은 꿈을 꾸는 일로부터 시작했다.

자뻑의 기원

옛말에 어린애는 《삼국지》를 읽게 하고 노인은 읽지 말게 하랬다. 어린애한테는 영웅의 기상을 불어넣어 주니 좋은데 노인한테는 잔꾀만 늘게 하여 좋지 않다는 얘기다. 하지만 어린애라고 마냥 괜찮은 건 아니다. 자기 주제도 모르고 스스로 영웅호걸의 자질이 있는 양 착각하게 만들 가능성이 있기 때문이다.

문제의 시초는 곰사장이 《삼국지》를 읽은 횟수가 세 자릿수를 넘는 순간이었다. 세 자릿수도 초반이 아니라 중반에 속하니 적지 않은 숫자다. 어렸을 때 한국어로 번역된 판본들을 대부분 읽어본 것은 물론이거니와, 심지어 가장 즐겼던 놀이가 거기 나온 인물들의 자(字)를 누가 많이 외느냐 하는 것이었을 정도다. 인간의 길 바깥에 있는 일, 이를테면 등장인물이 나고 죽은 날짜를 외는 놀이는 하지 않았으니 그나마 다행이랄까.

이렇다 보니 자연스레 곰사장은 인생의 목표라면 아무래도 천하통일 정도의 스케일은 되어야 한다고 생각하게 되어버렸다. 장래희망 란에 '영웅호걸'이라고 써넣는 낯부끄러운 짓을 하지는 않았지만, 스스로 특별한 종류의 사람이라 믿는 자뻑이 몸에 배어버렸다. 초등학교 때, 반장 같은 걸 뽑을 때면 당연히 자기가 그것을 맡아야 한다고 나댔던 것도 학교 전체 조회 때 대표로 상 받는 사람이 자기여야 한다고 믿었던 것도 다 그랬기 때문이다.

하지만 자기 주제를 파악하게 된 건 오래 지나지 않아서였다. 체육 시간 때문이었다. 뜀틀을 도저히 넘을 수가 없었다. 《삼국지》의 영웅호걸을 보면 다들 밥 먹듯 전쟁터에 나가는데, 이런 운동신경으로는 전장에 나가서 도저히 제 몸 하나 건사할 수 없을 것 같았다. 물론 실제로 전쟁을 하는 일은 없겠지만, 주위에서 앞장서서 누군가를 이끄는 것은 대부분 체육 시간에 기본 이상은 하는 친구들이었다. 자연스레 스스로 남을 이끌고 무엇인가를 할 만한 재능이 없음을 깨닫게 되었다. 물론 재능이 없다면 노력을 하면 된다. 뜀틀을 못 넘으면 매일 운동장에 가서 연습을 할 수도 있었을 것이다. 하지만 근성도 영 부족하다는 사실을 곧 깨달았다. 체육복을 갈아입는 것조차 귀찮았다. 결국 함부로 나대지 않기로 했다.

하지만 어렸을 때의 근성은 쉽게 버려지지 않았다. 뭔가 해야 한다는 생각이 가슴 한켠에 자리 잡고 있었다. 그래도 내 몸 어딘가 뭔가 대단한 자질이 숨어 있지 않을까 하는 생각과 함께. 적성에 걸맞지 않는 영웅호걸의 꿈, 뼛속 깊은 문제였다.

스스로가 특별한 사람이라는, 그래서 세상을 놀라게 할 뭔가를 할 것이라 믿는 자뻑 내지 강박은 좀 더 나이 들고서도 사라질 조짐이 보이지 않았고, 지금까지도 유지되는 듯싶다. 하지만 곰사장 나름의 길을 찾아 극복하고 있다. 능력 있는 이들을 꼬드겨 이용, 자신의 야망을 이루기로 한 것이다. 붕가붕가레코드의 대표 자리는 순전히 그렇게 얻어졌다.

음악을 하고 싶었지만

음악을 하는 이들 중 대다수는 십대 때 계기를 맞는다. 곰사장에게 그것은 중학교 다닐 때 친구가 빌려준 테이프였다. 한창 '야니'나 '조지 윈스턴' 같이 뉴에이지 고품격 음악을 즐겨 듣던 때였고, 그래서 "요새 미국에서 빌보드를 휩쓸고 있는 음악"

이라는 설명에 그저 그런 아이돌 부류라는 생각을 하며 왠지 깔보는 심정으로 그 테이프를 받아들였다. 그 음반이 '너바나'의 《Nevermind》였고, 때는 밴드의 리더 커트 코베인이 이미 자살해버린 1995년이었다.

《삼국지》에 이어 얼터너티브 록(Alternative Rock)이 곰사장의 마음속을 휘젓기 시작했다. 책을 읽어보니 사람들이 널리 들을 거라고는 생각도 안 하던 종류의 음악이 대학 방송국을 타고 서서히 인기를 끌기 시작했다더라. 그러더니만 나중에는 수백만 장이 팔리며 빌보드 차트에 오르고 유행 자체를 바꿔버렸다는 것이다. 그 앞머리에 있었던 게 '너바나'였다. 비슷한 계통에 속하는 음악을 여럿 찾아 들었다. 그런 음악의 기원을 찾아 70년대까지 거슬러 올라가 '섹스 피스톨즈'나 '클래쉬' 등의 펑크 음악을 듣기 시작했다. 복잡하고 과한 음악을 버리고 가장 기본적인 화음들로만 노래를 만든다는 '제 스스로 하기(Do It Yourself, DIY)' 정신을 접하게 되었다.

그럴싸해 보였다. 때마침 한국에서도 인디음악이라는 게 생기기 시작했다. 그 열기는 PC 통신을 타고 곰사장이 살던 머회의 변방 제주도까지 전해졌다. '노브레인'과 '위퍼'의 합동 음반인 《Our Nation 2》가 그가 처음 산 음반이었다. 그걸 한창 듣던 무렵 정말 결정적인 계기가 있었다. 멀리 서울에 있던 '노브레인'이 〈말 달리자〉의 주인공 '크라잉넛'과 함께 제주를 찾는다는 것이었다. 대번 공연장을 찾았다. 처음 찾은 클럽의 바닥은 온통 사람들이 흘린 땀으로 미끄러웠고, 그 위를 구르며 곰사장은 생각했다.

'정말 그럴싸한데!'

새로운 영웅의 길을 찾은 것이다. 때마침 친구가 자기네 집에 베이스 기타가 하나

뒹군다며 빌려줬다. 일부 중요한 부품이 녹슬었지만 소리가 나니까 됐다. 운 좋게 동료들도 있었다. 학교 악대에서 드럼을 치는 친구가 있었고, 어찌어찌하다 의기투합하여 개가 다니던 성당을 연습실로 밴드를 시작했다. 홍대 근처에 있는 이들 중 전세 버스 수십 대를 채울 만큼의 사람들이 겪었을 그런 종류의 경험이었다. 그런데 곰사장이 이들과 달랐던 것은 그 시작이 "음악이 가장 재밌어요" 같은 순수한 동기보다는 "세상을 바꾸는 밴드를 만들겠어"였다는 점이다. 자기가 하는 밴드가 음악계를 경천동지할 것이고 그럼으로써 스스로는 대중음악의 영웅호걸이 될 수 있을 거라는 과대망상을 품고 있었다.

밴드 활동은 나름 주목을 받았다. 하지만 밴드를 주목하는 건 오로지 한 줌의 사람들이었다. 다들 고만고만했을 뿐 별반 다를 게 없었다. 그렇게 1년, 점점 스스로의 주제를 파악하기 시작했다. 노래를 만들지 않는 이상에야 아무런 의미가 없다. 그런데 우리는 노래를 만들지 않잖아. 우리는 아마 안 될 거야. 우리가 동경하는 단순하고 좋은 음악이야말로 정말 많은 재능을 요구하는 경지였다.

결정적으로 스스로 음치라는 사실을 발견하고 말았다. 이전까지 적잖이 노래방을 다녔음에도 깨닫지 못했던 것을, 남의 곡을 아무리 들어도 음의 높낮이가 제대로 파악이 안 된다는 것을 밴드 활동을 통해 드디어 알게 되었다. 다시 깨달았다. 이번에도 자기 능력에 걸맞지 않은 꿈을 꿨다는 사실을.

그렇다고 완전히 포기할 수는 없었다. 1999년, 방학을 틈타 상경한 곰사장은 드디어 처음으로 홍대의 클럽을 찾아갔다. 지금은 사라진 클럽 '스팽글'에서 지금도 살아있는 밴드 '코코어'와 '허클베리 핀'의 공연을 봤다. 그런데 아무래도 흥이 나질 않았다. 마음속 성지였던 '드럭'을 드디어 찾았을 때도 마찬가지였다. 다른 관객들과 무대 아래를 함께 뒹굴면서도 만족스럽지가 않았다. 무대 위에 있거나, 최소한 무대 뒤에 있고 싶었다. 음악을 듣는 사람으로만 남기보다는 특별한 사람이 되고 싶다는 생각에 마음이 스산했다.

십대는 이런 식으로 끝났고, 들쩍지근한 기분으로 동경하던 인디음악의 중심지인 서울로 근거지를 옮겼다.

꼬드기는 기술을 배우다

하지만 막상 대학에 들어오니 홍대 클럽 가기가 영 귀찮았다. 천성적으로 게으른 탓에 1장에서 깜악귀가 언급한 바 있는 '서울대의 고립된 지정학적 조건'을 극복하지 못했다. 그렇다고 학교에 남아서 밴드 같은 걸 하지도 않았다. 마땅히 같이할 만한 애블노 없었고, 혼자 하기에는 능력이 딸렸다. 음악 활동과 점차 거리가 멀어지기 시작했다.

하지만 다른 일에서도 마찬가지로 재능을 발견하지 못했다. 학과 동기 중 학생운동에 관심 있던 사람이 혼자였던 탓에 불가피하게 과 학생회장을 하게 됐지만, 사람들 앞에만 서면 쪼그라드는 걸 어찌할 수 없었다. 학생 언론 일을 하면서는 스스로 '글빨'이 부족함을 처절하게 느꼈다. 축제 기획과 총학생회의 문화 사업을 하면서는 스스로 창의적이지 못하다는 사실 또한 깨닫게 됐다. 곰사장은 뭔가를 만드는 일에 영 재능이 없는 인간이었던 것이다.

그래도, 음악을 하고 싶었다. 학생 운동을 하면서도 음악에 대한 관심 때문에 그나마 관련이 있는 문화 운동 쪽으로 쏠렸다. 학생 언론은 음악 비평을 쓰기 위해 시작했다. 축제 기획과 총학생회의 문화 사업에서도 곰사장에게 가장 중요한 부문은 음악과 관련된 것이었다. 음악을 만들지는 못하지만 미련을 버리지 못해 음악의 언저리를 계속 맴돌기 시작했다. 그러다 방법을 찾았다. 학회장이니 과 학생회장이니 편집장이니 대학 생활 내내 무슨 조직의 우두머리를 하면서, 자리가 사람을 만든다고 한 가지 기술을 얻었다. 아래와 같이 말하는 데 조금씩 능숙해지기 시작했다.

"너 요새 시간 좀 있니?"

"네? 아, 뭐 딱히 바쁜 일은……."

"그럼 이런 일 좀 하지 않을래?"

"……"

"할 수 있지? 응?"

꼬드기는 기술이었다. 다른 사람에게 일을 시키지 못하면 자신이 덤터기를 쓸 가능성이 높아진다는 필사적인 상황이 소심한 천성에도 불구, 일하자는 얘기를 할 때만은 염치 불구할 수 있는 뻔뻔함을 갖게 해줬다. 꼬드기려면 일할 거리가 필요하다. 창의력이 부족한 곰사장으로서는 쉬운 일이 아니다. 그래서 주워 먹기로 했다. 학내 밴드들 창작곡을 모아 음반을 낸 깜악귀와 슬프니의 아이디어를 주워 먹었다. 그들이 냈던 《빼드빼드짠짠》의 후속작으로 2집과 3집을 냈다.

그러다 보니 사람들이 생기기 시작했다. 3집을 만들었을 무렵, 곰사장 주위에는 9, 덕원, 김 기조, 장기하같이 무엇인가를 잘 만드는 사람들이 남았다. 이들의 작업을 보면서 곰사장은 스스로의 무능력을 더욱 절실하게 느꼈다. 음악을 하려는 욕심은 완전히 버리게 되었다. 하지만 상관없었다.

'내가 능력이 없으면, 능력 있는 사람하고 일하면 되는 거잖아?'

꼭 혼자서 영웅호걸이 될 필요는 없었다. 오히려 같이 갔을 때 더 큰 일을 할 수 있을 것이다. 그리고 같이 가려면 묶어줄 사람이 필요하다. 곰사장은 스스로의 역할을 이렇게 자리매김하기 시작했다.

꿈을 꾸게 해야 한다

꼬드기는 일이 쉽지는 않다. 특히 괜찮은 사람일수록 쉽게 넘어오지 않는다. '왜 내가 굳이 너랑?' 이런 생각이 들면 끝장이다. 인생사 기브 앤 테이크. 제대로 꼬드기려면 줄 게 있어야 한다.

돈을 주면 문제가 간단해질 수도 있지만 돈이 없다. 그렇다면 다른 동기를 찾아야 한다. 곰사장이 찾은 방법은 '너랑 하면 내가 좀 더 나아질 수 있겠군' 하는 생각을 불러일으키는 것이다. 이를테면 처음 만났을 때의 김 기조, 특별한 디자이너가 되고 싶은 욕망으로 가득 차 있었다. 이걸 알아본 곰사장이 살살 꼬드겼다.

"음반 디자인 작업 해보면 좋은 경험이 될 것 같은데."

하지만 이것으로 충분하지 않다. 좋은 경험이 그냥 경험으로 남게 되면 결국엔 추억이 될 뿐이다. 좋은 경험이 구체적으로 어떤 도움이 되는지 납득시키지 못하면 같이 오래 일하기는 힘들다. 결국 꿈을 꾸게 하는 기술이 필요하다. 이 일을 통해 도달할 수 있는 곳을 상상하게 만들줄 알아야 한다. 이를 위해 곰사장은 말을 지어낸다.

"나랑 같이 일을 하는 것은 말이야, □□를 하기 위한 거야."

네모네모에 '붕가붕가 악단'을 넣어보자. 아마도 음악 하는 애들의 동아리로 끝나고 말았을 것이다. 대신 '붕가붕가레코드'를 넣어보자. '레코드'라는 이름을 붙이고 회사라고 지칭하는 순간, 동아리 운영비였을 돈이 자본금으로, 친구들에게 음반을 강매하는 행위가 세일즈로 둔갑하는 순간 이 일을 통해 더 먼 곳에 도달할 수 있으리라는 느낌이 온다. 할 만하겠다는 생각이 든다.

물론 말은 말일 뿐이다. 말 자체가 불타오르는 연탄이 되지는 못한다. 하지만 말도 불을 붙이는 번개탄 정도는 될 수 있다. 그냥 내버려두면 묻혀서 잊히고 말 꿈을 말로 만들어 붙들어놓을 수 있기 때문이다.

정작 곰사장 본인이 꾸는 꿈은 별 볼 일이 없다. 곰사장이 하는 일은 주위의 참신한 사람들이 꾸는 꿈의 가치를 판단하여 그것을 '혼자 힘으로 사랑하자', '지속가능한 딴따라질', '수공업 소형 음반'이라는 말로 구체화하고 그것이 될성부른 꿈임을 납득시키는 것이다. 그럼으로써 일을 하게 만든다.

붕가붕가레코드가 처음 꿨던 꿈은 계속 음악을 하고 싶다는 것이었다. '장기하와 얼굴들'의 성공은 음악만으로도 먹고살 수 있다는 꿈을 꾸게 했다. 지금 붕가붕가레코드는 여러 가지 꿈을 꾸고 있다. 음악 시장의 규모가 다른 일본 시장 도전부터 재미있는 영상을 만들어 인터넷을 휩쓸겠다는 야망, 좀 더 안정적인 수익을 얻기 위한 요식업 진출, 생활용품 제조와 판매까지.

곰사장이 하는 일은 그것에다 이름을 붙이는 것이다. 붕가붕가재팬, 붕가붕가비디오, 식당 '술탄 오브 더 디스코', 그리고 생필품 제조사 '기조실업' 같은 식으로 일단 이름을 지어주고 있다. 이런 꿈들 중 어떤 건 너무 위험하고 어떤 건 말이 안 되기도 한다. 하지만 일단 이름을 지어 붙이는 순간, 꿈은 기록이 되고 이뤄질 가능성은 높아진다. 이제 내용을 채워나가면 된다. 붕가붕가레코드의 시작이 그랬듯이 말이다.

딱히 하는 것도 없고 돈을 대는 것도 아닌 주제에 곰사장이 대표일 수 있는 까닭은 이런 식으로 지속가능한 딴따라질을 위한 번개탄을 찍어낼 줄 알기 때문이다.

부담스러울 정도로 독창적인
- 디자이너 김 기조

　태초에 디자인이 있었다. 음반 기획사로서는 좀 이상하기는 하지만 붕가붕가레코드의 태생이 그렇다. 이름이 지어진 순간 로고가 만들어졌고, 그것을 통해 회사는 눈으로 볼 수 있는 실체를 얻었다. 별다른 자본도 기술도 경험도 없는 상황에서 그래도 뮤지션들에게 음반 디자인은 잘해줄 수 있다며 자랑할 수 있었다. 디자인은 붕가붕가레코드가 처음에 가지고 있던 자산이었다.

　시작부터 완성도를 가지고 있었던 것은 아니다. 쓸 만한 건 독자적인 감각이었다. 그에 바탕한 특유의 음반 디자인은 다른 음반들 사이에 놓였을 때 붕가붕가레코드의 물건임을 느끼게 해주는 것이었다. 만들 때 뭘 참고하지 않는다. 그러다 보니 문제가 생긴 적도 있었다. 사람들이 이런 것을 받아들여주지 않을지도 모른다는 불안을 완전히 떨쳐버릴 수는 없었다. 하지만 사실 이렇게밖에 할 줄 모른다. 부담스러워도 어쩔 수 없다. 이것이 붕가붕가레코드 스타일이다.

남들과 다른 세계

붕가붕가레코드가 사원증을 맞춘다면 김 기조의 사원 번호는 1번이다. 곰사장이 붕가붕가레코드라는 개념을 처음 떠올리자마자 전화한 사람이 김 기조였고, 그 후 한 달 동안 붕가붕가레코드의 존재를 아는 것은 오로지 곰사장과 김 기조였기 때문이다. 그리고 지금까지 4년 동안, 가장 오랫동안 붕가붕가레코드를 함께해온 사람도 김 기조다. 물론 4년 중 최근 1년은 군에 복무하는 시기였지만 말이다.

이처럼 넘버원 사원, 넘버원 자산인 것은 참 좋다. 그런데 문제는 부담스러운 것에 있어서도 넘버원이라는 점이다. 식사 자리, 술자리, 잠자리 등 다양한 자리에서 보도블록, 간판, 우연하게 들른 가게의 천장이나 창문 따위에 대해 끝없이 불평이다. 도무지 매사에 묵묵하게 넘어가는 적이 없는 탓에 곁에 있기가 참 불편하다. 특히 그가 술이 좀 얼근해진 나머지 공공디자인 같은 주제에 대해 입을 열기 시작했다면…… '김 기조 월드'가 열린다는 신호다. 그때는 얼른 대피하는 게 좋다. 남들에겐 부담스러울 나름의 뭔가를 하나 정도는 가지고 있는 붕가붕가레코드 사람들마저도 감당하기 힘든 곳이 바로 김 기조 월드다.

술 마실 때는 이렇게 부담스러운 그의 자질이지만 창조적인 일을 할 때는 더없이 괜찮은 자질이 된다. 남의 흔적이 보이지 않는 세계란 독자적인 감각을 의미하기도 하니까. 지금까지의 그의 작업을 보면 누구의 영향을 받은 것인지 딱 잘라 말할 수 없다. 작업의 질은, 글쎄, 보는 사람이 판단할 일이지만, 최소한 독창적이라고는 얘기할 수 있다.

남들과 다른 태생

돌잔치 때 붓을 잡은 이래 지금껏 창작의 한길에 매진하여 어린 나이에 독자적인 세계를 구축했다. 이렇게 말할 수 있다면 아름다운 일이겠지만, 그런 사람이 붕가붕가레코드 따위에서 일을 할 까닭이 없다. 김 기조가 처음 미술 공부를 시작한 건 첫 돌로부터 15년쯤 지난 고등학생 때였다.

만화부에 들어간 것이 시작이라면 시작이다. 그림을 그리겠다고 사람들이 모였는데 있는 거라곤 미술 선생님과 학생뿐. 그나마 널찍했던 미술실마저도 그 자리에 자율학습실을 설치하겠다는 학교의 방침에 따라 포기해야 했다. 쫓겨 간 그곳에는 에어컨도 없었다. 한여름에 고등어를 사와서 정물화를 그리고 있자니 서서히 고등어가 상하기 시작해 그 비린내가 그림에 밸 정도였다. "반나절 정도는 괜찮다"라는 선생님의 견해에 따라 저녁반찬으로 그 녀석을 먹게 되었을 때, 일찌감치 냄새로부터 피신했던 친구들의 바쁜 젓가락질 사이에서 김 기조는 하루 종일 대면했던 모델에 대한 알 수 없는 애정으로 (그리고 냄새로) 가슴이 북받쳐 올랐다. 그 뒤로 한동안 고등어를 못 먹을 지경이었다. 학교 입장에선 천덕꾸러기에 지나지 않는 '자립형 사립' 미술부의 비애였다.

지역 입시 명문고의 핍박받는 잉여 학생. 이런 식으로 서서히 독립 예술에 눈을

떴다고 한다면 그 역시 아름다운 그림이겠지만, 이때만 해도 5년 후에 자기가 독립 음반의 디자인을 하고 있으리라고는 상상도 하지 못할 무렵이었다. 그보다는 그릴 거리가 한가득임에도 굳이 상할 게 뻔한 고등어를 한여름에 사다가 그림을 그렸다는 점이 지금의 김 기조와 닿아 있는 점일 테다.

그렇게 미술실에서 보낸 시간이 하루 이틀 늘어나 그해 겨울방학쯤, 결국 미대에 가기로 마음먹었다. 정해진 수순이라면 미대 입시생들이 다들 다니는 미술 학원을 가야 했을 텐데, 그는 반토막 미술실에 계속 머물렀다. 미술 학원을 다니는 이유는 기술적인 향상 이전에 자신이 그림을 잘 그리는지 못 그리는지, 뭘 잘하고 뭘 못 하는지 알아내 불확실성을 극복하기 위해서다. 그래서 미대에 가는 이들 대부분은 짧든 길든 모두 미술 학원에 다닌다. 하지만 그는 공모전에 줄줄이 낙방하여 서서히 불안해지는 와중에도 끝까지 미술 학원을 다니지 않았다. 달리 집안 형편이 안 좋았던 탓도 아니고, 제도권에 대한 반감도 아니었다. 단지 방과 후에 옹기종기 모이는 미술실의 분위기가 좋았기 때문이다. 끈기와 배짱을 쓸데없는 데 부리는 건 지금의 김 기조와 전혀 다를 바 없다.

입시 미술을 제대로 구경해보지 못했으니 대입 실기시험 때도 남들과 달랐다. 정확히는, 좀 후지게 달랐다. 착착착 접히는 3단 공구상자에 백 가지 색 물감을 갖추고 시험 보는 게 보통의 미대 수험생이라면 그가 갖고 간 건 24색 수채화 색연필이었다. 남들이 포트폴리오에 실린 작품들을 손수레에 싣고 오는 와중에 그는 달랑 세 권의 스크랩북을 제출했다. 초라하다 못해 뻔뻔할 지경이라 할 수도 있겠지만, 정작 본인은 잔뜩 쫄아 있었다는 점을 감안했을 때 바보짓이라 하는 게 좀 더 정확할 것이다.

하지만 남의 손길을 받지 않은 자기 세계를 만들 수 있었던 건 이렇게 다 남들이 하지 않을 바보스러운 짓을 일삼았기 때문이다. 그가 제출했다는 스크랩북 안에는 어릴 적 교과서나 공책 모퉁이에 했던 낙서를 오려낸 것들이 들어 있었다. 어린 시절부터 상상해온 것들을 하나씩 모아 붙이면서 그는 스스로 자기 확신을 다져갔다. 시키는 대로 하지 않고 자기 감각을 쫓아가는 게 맞다는 생각이 들었다. 하지만 그러면서도 '이번에 떨어진다면 그때는 미술학원에 가야지'라고 생각했다니, 결국엔 소심한 것이 김 기조다.

어쨌든 합격했고, 대학에 들어왔고, 만화 동아리 '순간이동'에서 어영부영 우두머리 노릇을 하던 중 곰사장을 만났다. 당시 축제를 준비하던 곰사장이 축제 만드는 과정을 보여준다는 취지로 스태프들을 인터뷰하면서였다. 구체적으로 무슨 얘기를 했는지는 기억이 잘 나지 않고 노려보는 듯한 눈에 짙은 눈썹, 그리고 상당히 야망이 많다는 게 곰사장이 받은 인상이었다. 김 기조 역시 곰사장에 대한 인상이 나쁘지 않은 데다 먹는 걸 좋아하는 것 같아 언젠가 뭘 같이 해보면 좋겠다는 생각이 들었다. 그리하여 전혀 생각도 하지 않았던 음반 디자인을 시작하게 되었다. 처음에는 싸움의 연속이었다.

"야! 이 음반의 핵심은 자취방 싸운드라니까!! 근데 왜 표지에 그런 말이 없냐?"

"그게 중요한 게 아니라니까요. 잘 알지도 못하면서."

곰사장이 보기에는 써야 할 말은 제대로 안 쓰고 그림만 그려놓은 게 아트 하는 것 같아 보여 영 미덥지 않았다. 김 기조가 보기에 곰사장은 디자인은 개뿔도 모르면서 지저분하게 말만 잔뜩 갖다 붙이면 되는 줄 아는 잔소리꾼이었다. 처음 작업을 시작한 이래 1년 동안은 계속 이랬고, 음반 표지부터 포스터 디자인까지 하나하나가 다 말썽이었다.

그러다 달라졌다. 곰사장은 굳이 제목을 왕땅하게 박아 넣지 않아도 디자인이 된다는 사실을 깨달았고, 김 기조는 공연 포스터라면 최소한 공연장 약도 정도는 들어가야 한다는 인식까지는 하게 되었다. 다들 투덕거리다 정이 붙는다면, 이들은 투덕거리면서 그냥 서로 내버려두게 되었다. 이런 식으로 하나둘씩 해내가는 과정에서 붕가붕가레코드 나름의 디자인이 만들어졌다.

남들과 다른 감성

"가장 좋아하는 디자이너가 누구세요?"

디자이너가 자주 듣는 질문 중 하나다. 그런데 김 기조는 그런 질문을 들을 때마다 할 말이 없어진다. 물론 정말로 좋아하는 디자이너에 대해 묻는 거라면 여럿 대답할 수 있다. 그러나 저런 질문의 대부분이 그런 것처럼 자신의 작업에 영향을 끼친 디자이너를 묻는 것이라면, 갖고 싶은 디자인은 있지만 닮고 싶은 디자인은 없는 그에게 이처럼 난처한 질문도 없다.

김 기조는 자신이 빠져들었던 작업물의 디자이너를 알지 못한다. 그가 영향을 받는 것은 길거리 간판들이나 옛날 문고판 서적, 재개발 예정지의 놀이터 같은 것들이기 때문이다. 누군가의 이름이 붙은 채 뭔가 심상치 않은 기운에 휩싸인 유명한 것들보다는 그냥 일상의 맥락에 툭 던져진 작업들이 그에게 영감을 준다.

그러니 "평소에 영감을 받는 것이 무엇이에요?" 하고 묻는 것이 옳다. 그러면 "7, 80년대 대단위 아파트 단지를 보면 영감을 받아요"라고 대답할 것이다. 자유로운 표현을 중시하는 요즘 풍조에서 그 획일적인 측면 때문에 디자인이 없는 물건들로 치부되는 게 대단위 아파트 단지다. 거기서 그가 매력을 느끼는 이유가 바로 그 획일성이다. 아파트처럼 거대한 물질을 대량생산으로 반복해 늘어놓을 수 있었던 우리 일상의 정신은 유리창 투성이의 최신식 건물에서는 이미 사라진 지 오래다. 그렇다고 문화재로 보존되는 한옥 동네에서 이를 느낄 수도 없다. 조선시대나 일제시대 건물들은 문화재로, 최신식 건물은 일상으로 자리매김한 가운데 그사이의 생활은 버려졌다. 아마 그것들도 한때는 최신식이라며 대접받던 것들이고, 지금의 최첨단 역시 똑같은 논리로 폐기될 것이다. 도려내진 일상에 대한 향수와 풍자가 뒤섞여 만들어진 애증은 그의 작업에서 중요한 테마다.

옛날 전화기 하나에 고풍스런 글자가 박혀 있거나('관악청년포크협의회' 1집) 70년대에 만들어진 듯한 집들이 다닥다닥 붙어 있는 동네 사진이 등장한다거나('청년실업' 1집) 하는 그의 작업들은 이런 감성을 재창조한 것이다. 하지만 향수에만 묻혀 있는 것은 아니다. 너무 강한 이미지라는 이유로 채택되지 않은 '눈뜨고 코베인' 2집 음반의 표지 작업 중 하나는 해부도를 보고 받은 영감이 '이야기를 전달하다'라는 콘셉트를 만나 태어난 이미지다. 옛것이든 현재의 것이든 상관없이 일상에서 끄집어낸 소재를 남들이 생각하지 않는 방향으로 표현해내는 게 그의 작업 포인트다. 고로 쓸모없어 보이는 옛날 라디오라든가 구식 전화기 따위를 옥션에서 적잖은 돈 주고 사 모으는 것을 우습게 보지 마시라. 다 나중에 어떤 식으로든 재창조될 것이다.

그리고 어차피 자기 돈 주고 사는 거니까. 다만 사놓은 물건만 벌여놓은 채 관심 가져달라고 들이대는 일만 없으면 더할 나위 없겠다.

남들과 다른 디자인

붕가붕가레코드를 보면서 키치라고 하는 사람 많다. 그러나 김 기조가 생각하는 키치는 예컨대 "유러피안을 지향합니다" 하면서 집 앞에 마차가 다니고 강가에는 부르주아풍 유럽인들이 나들이를 하고 있는 아파트 광고 같은 것이다. 아무리 고급으로 지어놓은 아파트라도 정작 실생활에선 베란다에 장독이 놓이고 현관 앞에는 분리 수거장이 있는데 말이다. '취향이 느껴지지 않는, 기존의 스타일에 대한 의식 없는 모방'이라는 키치의 원래 의미를 생각해보면, 고급스러움과 편안함, 효율성, 건설적인 지향 따위를 되는 대로 추구하다 생기는 이런 낯부끄러운 상황이야말로 키치다.

저렴하다고 키치인 게 아니다. 괴발개발에 엉성해서 저렴하게 보이는 것과 저렴하게 만드는 것은 분명 다른 문제다. 붕가붕가레코드 디자인에 돈이 많이 안 들기는 하지만 대충 만들지는 않는다. 더군다나 일부러 난잡하게 만드는 건 취향에 맞지 않는다. 오히려 붕가붕가레코드의 디자인은 열과 성이 들어간 정제된 작업이다. 예를 들어 김 기조의 주된 관심사이자 붕가붕가레코드 디자인의 특징인 한글 표현 방식은 돈 많이 들어간 주류의 음반들보다 오히려 완성도 있고 우아하다고 자부한다. 일상에서 가장 많이 접하는 매체들도 그냥 몇 가지 검증된 글자체를 의심 없이 가져다 쓰는 게 한글 디자인의 현실이라면, 그는 한 획 한 획 정성 들여 표현하며 손때 묻은 글자체를 만들어낸다.

남들하고 비슷하게 만들고 싶은 생각은 없다. 남들이 한글의 창제 원리에 입각하여 고민할 때 김 기조는 그 한글이 사용되는 일상의 맥락을 고려한다. 이 글자가 간판에 들어간다면 어떨까? 시간에 급히 쫓겨 아직 완성이 되지 않은 글자도 제 역할을 다 할 수 있을까? 이런 생각에서 글자의 획을 몇 개 생략해본다. 즉흥적으로 이뤄진 이런 실험으로 만들어진 것이 '장기하와 얼굴들'의 정규 음반에 들어간 〈정말 없었는지〉의 글자체다.

군대에서 휴가 나온 사이에 김 기조는 바로 그 《별일 없이 산다》의 표지를 디자인하고 있었다. 그런데 내일모레 귀대. 그러면 음반 나올 때까지는 디자인이 완성될 수 없는 피 말리는 상황. 그는 한가롭다 싶을 정도로 글자 만드는 데만 집중하고 있었다. 수록된 열세 곡의 제목 모두에 서로 다른 글자를 쓰고 싶다는 이유에서였다. 표지 디자인도 안 된 상태였다. 한가롭게 편의점 볶음 김치에 글라스 소주를 들이키며 작업 중이던 김 기조에게 곰사장이 말했다.

"미쳤냐?"

미친 건 아니었다.

그가 듣기에 장기하가 만든 노래는 일상에서 느끼고 겪는 이런저런 일들에 관한 것이었다. 그러다 예전에 찍었던 항공사진을 생각했다. 집들이 옹기종기 모여 있는 한 마을의 풍경. 요새는 보기 드문 '컴퓨터 세탁소'나 '전자오락실' 같은 것이 남아 있는 마을에 사는 사람들의 이야기라는 사실을 표현해보기로 마음을 먹었다.

'Compact Disc' 마크와 별표 하나만 들어간 마을 사진은 그렇게 표지가 되었다.

그리고 문제가 됐던 열세 개 노래를 위한 글씨체. 그가 장기하의 노래에서 받은 인상은 노래마다 화자가 다르다는 것이었다. 골목 가게에 걸려 있는 각양각색의 간판들처럼 각자의 이야기를 담고 싶었다. 노래 하나하나마다 다르게 만들어진 글자에는 나름의 깊은 뜻이 담겼다. 이렇게 나온 결과물은 시크함과 촌스러움의 경계에서 음반을 산 사람들로부터 이런저런 얘기를 끌어냈다. 다만 그렇게 시간이 촉급한 와중에 멀쩡한 붕가붕가레코드 로고의 선굵기 따위를 수정하는 걸 보면 확실히 짜증이 나긴 한다. 자기 세계가 있고 방향이 확실한 건 알겠는데, 그래서 그것이 붕가붕가레코드의 세계를 독특하게 만들어주는 것도 맞는데. 제발, 필요한 것 먼저 해주면 정말로 좋을 텐데.

의외로 프로페셔널
- 녹음 엔지니어 나잠 수

　붕가붕가레코드라는 이름은 우습게 보이려고 지은 것이다. 수공업 소형 음반은 저렴해 보이려고 내놓은 개념이다. 재밌게, 저렴하게. 우리의 욕심이다. 그런데 간혹 우습게 구는 것을 진지하지 않은 것으로 착각하는 사람이 있다. 저렴한 것을 후진 것으로 오해하는 이들도 있다.

　온전하게 취미 생활이던 시절부터 우리의 지향은 잘하는 것이었다. 잘해야만 했다. 다른 일 하면서 음악도 같이 하려면 틈나는 시간에 적은 돈을 들여 최선의 작업을 해내야 했다. 제대로 하고 있다기엔 아직 갈 길이 멀었지만, 여기서 머물지 않겠다는 각오는 확실했다. 하물며 이제는 점차 먹고사는 일이 맞물리는 시점이 되었다. 아무리 실없어 보여도, 아무리 돈을 안 써도, 우리는 진지한 마음으로 좋은 것을 만들려고 애쓰고 있다. 의외인가?

무 얼굴의 남자

평화란 게 무엇이고 왜 소중한지 깨닫게 되는 순간이 있다. 곰사장과 장기하가 나 잠수의 방에서 함께 밤을 새웠던 날이었다. 어딘가로 갈 일이 생겼고 다 같이 방을 나와 그곳으로 향하던 와중에 나잠수는 계속 떠들었다. 쉼 없이 떠들었다. 주요한 레퍼토리는 장기하의 노래 가사를 이상하게 바꿔 부르는 것이었다.

"땀이 차오른다. 씻자."

"닭이 차오른다. 먹자."

"똥이 차오른다. 싸자."

재미도 없고 의미도 없는 이런 소리를 끝없이 듣던 곰사장과 장기하, 특히 자신의 노래가 희롱당하던 장기하는 처음에는 그게 무슨 소리냐며 일일이 대꾸를 해주다가 그게 끝없이 이어지니까 결국엔 그저 묵묵히 듣고만 있게 되었다. 곰사장은 밤을 새워서 몽롱한지라 멍 때리고만 있었다. 이윽고 목적지에 도착했고, 나잠수를 그곳에 놓고 둘만 나왔다. 나잠수 없이 둘은 터벅터벅 걸으며 떨어지는 빗소리와 함께 침묵을 만끽했다. 그것이 바로 평화였고, 나잠수는 평화의 방해자였다.

이렇게 멀쩡할 때는 속없어 보이는 나잠수가 정작 술을 마시면 진지하게 변한다. 술자리에서 하는 그의 얘기 대부분은 살면서 느끼는 진솔한 고민들과 그가 하고 있는 일에 대한 것이다.

"앞으로 먹고살기 위해서는 좀 더 능력을 키워야 할 것 같다."

"이번에 '불나방 스타 쏘세지 클럽'의 작업이 제대로 되려면 마이크 앞에서 위축된 조까를로스의 기운을 북돋워줄 장치가 필요하다."

물론 레코딩 장비 따위의 얘기를 잔뜩 하면서 폭주하는 경우도 없진 않지만, 대개는 이런 식의 진지한 얘기들을 한다. 남들은 술 마시고 조리가 없어진다면 나잠 수는 술 마시면 오히려 조리있게 말을 하는 것이다. 술에 취했을 때 속이 제대로 드러난다는 속설이 맞다면, 평소에 실없어 보이는 나잠 수의 본질은 자신의 삶과 일에 심각하고 철저한 남자인 셈이다.

이런 이중적인 태도는 붕가붕가레코드의 공식 스튜디오이자 그의 주거지인 '쑥고개 213 스튜디오'에서 작업을 할 때 여실하게 드러난다. 시작하기 전에는 역시 예의 시덥잖은 개사를 해대며 실없는 소리를 하다가도 녹음만 들어가면 한마디 말도 없이 작업에 열중한다(물론 녹음하는 순간에 말을 하면 말소리가 들어가기 때문에 안 된다). 말을 해도 되는 녹음 중간에도 거의 말없이 상대방이 원하는 것을 적절하게 짚어내 수정하거나 새로 녹음하기 위한 준비를 한다.

평화의 파괴자라는 결점에도 불구하고 의외로 프로페셔널다운 나잠 수야말로 붕가붕가레코드가 적은 돈으로 썩 괜찮은 음반을 뽑아내는 데 일등공신이다.

남들보다 집요한 남자

누구나처럼 나잠 수의 시작도 메탈이었다. 중학교 때, 친구 누나가 갖가지 음악이 담긴 녹음 테이프를 줬는데 그중에 그를 사로잡은 건 메탈이었다. 음반을 사기 시작했고, '메탈리카' 5집의 〈Enter Sandman〉을 듣고 오르가슴을 느꼈다. 노래방을 전전하며 메탈을 계속하던 와중 밴드를 시작했다. 이 역시 여느 메탈 키드와 다를 바 없다.

다른 점이라면 남들보다 훨씬 집요했다. 다른 애들이 '메탈리카' 듣고 멈출 때 그는 원류를 향해 계속 파고들었다. '다이아몬드 헤드'와 '모터헤드' 같이 한국에선 근방 1킬로미터 이내에 아는 사람이 있을 확률이 10퍼센트도 채 안 될 옛날 메탈 밴드를 거쳐 외국에선 유명하지만 한국에서의 지명도는 바닥에 가까운 '아이언 메이든'에 도달했다.

나잠 수의 이런 집요함을 받아들일 만한 사람은 동년배 중에는 없었다. 그는 남의 곡만 베끼는 건 영 마음에 차지 않았다. 고등학교 때 결성한 '춘향이 밴드'라는 이름의 밴드에서 '메탈리카'의 명곡 〈Battery〉를 패러디해 〈Get the Lee('이몽룡을 잡아라'라는 뜻)〉라는 노래를 만들었으나 그의 밴드 동료들이 단호하게 거부해 합주조차 해보지 못했다. 결국 그는 밴드를 나와야 했다.

물론 '춘향이 밴드'의 〈Get the Lee〉를 연주하고 싶은 사람이 근방 1킬로미터 이내에 한 명이라도 있을 확률은 '모터헤드'를 아는 사람이 있을 확률의 절반도 안 될 것이다. 더욱이 '춘향이 밴드'가 나잠 수 나간 이후에 '너무 평범해서 안 쓰면 좋을 밴드 이름' 순위 세 번째쯤에 들어갈 만한 '록스타(Rock Star)'라는 이름으로 바뀌었다는 점을 감안해보면 농담 따먹는 천성의 소유자와 지극히 평범한 이들 사이의 결별이었던 것 같기도 하다.

스스로도 반은 장난이었다는 점은 인정하지만, 그렇다고 노래가 구리다고 생각하지는 않았다. 그 무렵부터 이미 자기가 만든 음악이 들을 만하다고 생각했다. 충분히 잘 만든다고 생각하지는 않았다. 그래서 미디도 배우고 녹음에 필요한 이것저것을 배우면서 기교를 배워나갔다. 대학 들어오면서는 좀 더 본격화되었다. 전설의 괴작으로 나잠 수 방에 놀러 갔던 사람이 한번 들어보고 다시는 들어볼 생각을 하지 않게 되는 '나잠 수(Nahzam Sue)' 1집 《Metropolitan Soul》의 기초가 잡힌 것도 이 무렵이다.

하지만 그의 음악 인생에 무엇보다 결정적으로 작용한 일은 군대에서 벌어졌다. 종교 활동 시간에 불교를 찾았는데, 거기서 '극단 우담바라'를 보게 된 것이다. 편성부터가 이상했다. 흔히 '오부리 기타'라 부르는 룸살롱 풍의 기타를 치는 보컬에 드러머와 아코디언 주자, 그리고 뜬금없이 대북이 낀 특이한 편성이었다. 노래는 불교와는 전혀 상관없는 뽕짝이었는데 한 번도 들어보지 못한 것으로 봐서 창작곡인 듯싶었다. 이렇게 요상한 아우라가 풍기는 가운데 심지어 아코디언 주자는 스님 중에 적당한 사람이 없어 차출됐는지 지긋한 나이에 평생 처음 악기를 만져본 사람처럼 계속 버벅댔다. 보다 못한 기타 보컬은 공연 중간에 드럼으로 가라고 그를 쫓아내기까지 했다. 이처럼 결코 좋은 평가를 받을 수 없는 잡다한 문화들이 모여 극심한 오리지널리티를 발휘하는 걸 보고, 나잠 수는 충격을 받아 그들의 모습을 육군 수첩에 그리기 시작했다. 심지어 음악을 하려면 이 정도는 해야겠다는 생각까지 들었다. 김 기조에게 전화를 했다. 잔뜩 흥분해서는 '극단 우담바라'에 대해 설명하던 나잠 수에게 김 기조가 말했다.

"붕가붕가레코드라는 것이 있다."

귀가 솔깃한 나잠 수는 붕가붕가레코드에 자신의 창작곡인 〈압둘라의 여인〉을 보낸다. 완성도가 높지는 않았지만 감명할 만한 센스를 품은 이 노래를 듣고 붕가붕가레코드 일동은 그에게 러브콜을 보낸다. 그리하여 2006년, 제대한 나잠 수는 붕가붕가레코드에 들어오게 된다.

책임감으로 기술자가 된 남자

지금도 그렇지만 막 들어올 때만 해도 나잠 수의 정체성은 기술자가 아닌 음악인이었다. 제대 후 본격적으로 화성학을 독학했고, 자기 생각보다 진도가 빨리 나가는 걸 보고 슬슬 음악에 자신감이 붙었다. 그런 그가 붕가붕가레코드의 녹음 기술자가 된 건 순전히 책임감 때문이었다. 2006년이라면 이전에 녹음을 도맡아 했던 9가 나가고 이 대신 잇몸으로 윤덕원과 곰사장이 녹음을 해보고 나서는 스스로의 역량에 좌절하던 시절이었다. 붕가붕가레코드에 필요했던 것은 녹음할 사람이었다. 녹음해줄 사람이 있어야 음반을 낼 수 있고 명색이 음반을 내야 음반 제작사였다.

물론 재미가 없었다면 하지 않았을 것이다. 사실 나잠 수는 예선부터 사운드에 관심이 있었다. 중학교 때 처음 노래를 만들기 시작하면서부터 동시에 컴퓨터로 녹음하는 법을 배웠고, 군대 있을 때도 미디 같은 것을 공부하면서 이런저런 기술을 습득하고 있었다.

나잠 수에게 녹음 기술은 조립식 장난감 같은 것이었다. 처음에는 그냥 조립하는 데 만족하다가 좀 더 잘 조립하고 싶어지고, 점차 어려운 난이도의 조립에 도전해보고 싶어진다. 어느 정도 되면 이번에는 색깔도 칠해보고 싶고, 나중에는 '오래된 전투기', '부서진 탱크'처럼 콘셉트를 잡아 자기만의 작품을 만들어보고 싶어진다.

딱 그런 과정이었다. 노래를 만들어보니 녹음해보고 싶고, 가능하면 좀 더 낫게 녹음을 해보고 싶다. 녹음이 해결되니 온전한 음반이 나오기 위해서 필요한 다른 과정도 해보고 싶다. 그래서 믹싱도 해보고 마스터링도 해본다. 결국엔 남의 힘을 빌리지 않고 끝까지 자기 손으로 해보고 싶다는 생각에 이르게 되는 것이다.

이렇게 한창 재미를 붙이던 와중에 또 한 번의 계기가 찾아왔다. 어느 날 곰사장이 전화했다.

"한번 같이 일해보면 많은 도움이 될 만한 사람을 소개시켜주마."

"누군데?"

"제대로 된 박자를 지향하는 사람인데, 콧수염이 있다."

장기하와의 작업은 이전과는 달랐다. 나잠 수가 가진 경험이라곤 녹음이라도 자기 노래나 아니면 자기 소속팀인 '술탄 오브 더 디스코'의 작업을 한 게 전부였다. 순전히 남의 작업을 해보는 건 처음이었다. 같이 작업을 하면서 장기하의 음악 세계와 철두철미한 태도에도 많은 도움을 받았지만, 자신의 기술이 실제 작업에서도 먹힌다는 자신감도 큰 수확이었다.

《싸구려 커피》 싱글이 이렇게 자신감을 줬다면, '장기하와 얼굴들' 정규 음반 《별일 없이 산다》는 훈련받은 기술자들이 뽑아내는 소리의 평균적인 수준에 도달할 수 있는 기반을 다져주었다. 이러한 경험으로 나잠 수는 붕가붕가레코드의 수석 엔지니어로 거듭났다. 수석 엔지니어보다는 테크니컬 디렉터(Technical Director)라는 호칭으로 불러주길 바라긴 하지만.

제대로 된 소리를 지향하는 남자

'장기하와 얼굴들'의 정규 음반 작업을 진행하던 당시 작업하는 모습을 취재하고 싶다는 매체들이 적지 않았다. 하지만 모두 거절했다. 나잠 수는 자신의 작업실을 공개하기를 꺼렸다. 자기 방에 장비를 갖다놓고 작업을 한다는 사실이 공개될 경우 홈레코딩이라는 딱지가 붙게 되고, 그렇게 되면 여기서 나온 작업물이 정당한 평가를 받지 못할 가능성이 있기 때문이었다. 자기 작업실을 공개한 건 음반이 나오고 한 달 후, 사람들이 홈레코딩에 대한 의식 없이 충분히 음반을 들었다는 생각이 들 무렵이었다.

홈레코딩은 사실 음질과는 썩 관련이 없다는 게 그의 지론이다. 단지 방이라는 작업 환경이 스튜디오보다 떨어질 수밖에 없다는 상식적인 발상과 함께 홈레코딩을 "집에서 했는데 이렇게 잘했어요"라는 식으로 자기 작업물의 질적인 문제를 합리화하는 수단으로 사용하는 음악인들 때문에 집에서 녹음하면 아무래도 음질을 한 수 접어놓고 듣는 세간의 인식이 생겨났을 뿐이라는 게 그의 생각이다.

하지만 이미 그의 '홈' 설비는 컴퓨터 한 대에 오디오 카드 설치하고 마이크 하나 물려 녹음하는 일반적인 수준을 넘어섰다. 붕가붕가레코드에서 인건비 대신 장비를 하나씩 사주겠다는 식으로 그를 꼬드기기도 했고, 스스로도 타오르는 바람에 소위 명기 중에 가격 대비 성능이 좋은 장비를 이것저것 사다 놓았다.

음향을 좌우하는 중요한 요소 중 하나인 방의 넓이나 구성도 별반 문제가 없었다. 가끔 헬리콥터 프로펠러 돌아가는 소리나 하이힐 신은 여인이 지나갈 때 나는 또각 또각 발소리 때문에 녹음을 방해받는 점만 제외하면 제대로 된 스튜디오는 못 따라가도 저예산으로 만든 스튜디오에 비하면 별로 떨어지지 않는 곳이다. 오피스텔이다 보니 상하좌우 모두 사무실이라 녹음을 하는 밤에는 사람이 없다는 천혜의 조건을 갖추고 있다는 점도 물론 큰 역할을 했다.

이런 수준을 갖추는 데는 적잖은 노력이 들었다. 장비 사는 것을 쇼핑하는 것처럼 생각하여 이것저것 쓸데없이 사는 사람들이 있는 반면, 나잠 수는 그것이 어떤 기능을 하는지 제대로 이해한 후에야 장비를 샀다. 이렇게 된 데는 곰사장 같은 문외한이 계속 갈궜던 탓도 있다.

"백만 원? 그럼 그거 사면 백만 원만큼 음질이 좋아지는 거냐?"
"일단 들어봐라."

그럴 때마다 꼭 백만 원어치는 아니더라도 곰사장의 막귀에도 느껴질 만큼 음질이 향상되었다. 적잖이 공부했다는 얘기다.

하지만 나잠 수는 근본적으로 좋은 음반이 나오는 데 레코딩이란 어디까지나 부수적인 과정이라고 생각한다. 무슨 마이크냐 어떤 모니터 스피커냐 이전에 노래와 연주 실력이 중요하단다. 물론 레코딩 자체를 예술이라 여기는 사람도 있고 나잠 수도 사운드 자체에 욕심을 내기도 하지만 기본적으로 듣기에 음질이 일반적인 음반과 별 차이가 없다면 일단 된다는 생각이다.

기술자이기도 하지만 그보다는 음악인 또는 제작자로서의 정체성이 강한 그에게 좋은 녹음을 위해서 가장 중요한 것은 음악인 스스로 자신의 역량을 최대한 발휘하게끔 하는 것이다. 기술적인 문제 못지않게 나잠 수가 중요시하는 게 현장 분위기다. 가장 최근에 나잠 수와 작업을 했던 '불나방 스타 쏘세지 클럽'의 리더 조까를로스와 작업을 할 때였다.

"워낙 합주 자체가 별로 없었고, 현장에서 라이브만 했던 밴드다. 녹음에 익숙할 리가 없지. 우리에게 무대는 연습장에 가까운 것이다. 이를테면 이완 맥그리거가 블루 스크린에서 스타워즈를 찍는 것과 비슷한 상황이었달까. 나중에는 어찌어찌 적응했지만 처음에는 적응이 잘 안 되더라."

이런 조까를로스의 말에 나잠 수는 공연장과 비슷한 느낌을 주기 위해 녹음실을 무대같이 꾸몄다. 어디서 새빨간 조명도 구해왔다. 사람들이 열광하는 사진도 가져다 붙여놓겠다고 하는 걸 말렸다. 조명을 설치해놓고 녹음을 진행했는데…… 갑자기 어디서 타는 냄새가 나고 연기가 났다. 정신을 차리고 보니 평소 나잠 수가 덮고 자던 이불에서 연기가 폴폴 나고 있었다. 조명이 너무 세 이불에 불이 붙은 것이다. 수위 아저씨도 깜짝 놀라 달려왔다. 한바탕 소동이 벌어졌다. 아저씨의 너그러운 훈방 조치로 큰 문제로 번지지는 않았지만 아찔한 순간이었다. 그래도 스튜디오를 무대로 만들어 음악인의 역량을 최대한 끌어내겠다는 나잠 수의 발상은 기특했다.

음악 사업을 지속하기 위해서 가장 중요한 것이 어쨌거나 돈을 버는 문제라고 했을 때, 독립 음반사 입장에서 돈이 벌릴 만한 구석이 많지는 않다. '장기하와 얼굴들'이 아무리 잘 팔려도 그 돈으로 관계자들을 다 먹여 살릴 만한 돈이 나오지는 않는다. 그렇다면 돈을 적게 쓰는 방법밖에 없다. 최저 비용으로 시장에서 요구하는 기본적인 퀄리티를 만족시키는 방법을 찾아야 한다.

이런 의미에서 스튜디오 대여비와 기술자 인건비를 절약할 수 있게 해주는 나잠 수는 지속가능한 딴따라질을 위한 필수 요소다. 그는 아직 스스로를 전문 기술자의 평균 수준에 미치지 못한다고 평가한다. 그리고 여전히 장비에 욕심내면서 곰사장을 꼬드기기 위해 장비의 회로 구조를 공부하고 있다. 아직도 성장의 여지가 있다는 점에서 앞으로도 필수 요소로서 중요한 역할을 할 것이다.

  그런데 여기엔 딜레마가 있다. 자신의 음악적 역량과 기술적 역량에 스스로 만족할 만한 작업의 실체에 대해 그는 '술탄 오브 더 디스코'의 《요술 왕자》 디지털 싱글 음반 표지 디자인을 얘기한다. 그런데 그 디자인, 비위 좋기로 유명한 붕가붕가 레코드 관계자들마저 차마 바로 보지 못해 은근슬쩍 눈을 돌리게 만들 지경이다. 그가 원하는 경지에 이르지 못하기를 바라는 게 중요한 기술자를 잃어버릴까 불안해서만은 아닌 것이다. 엔지니어로서든 뮤지션으로서든 프로가 되려면 제대로 되어줬으면 하는 바람이다.

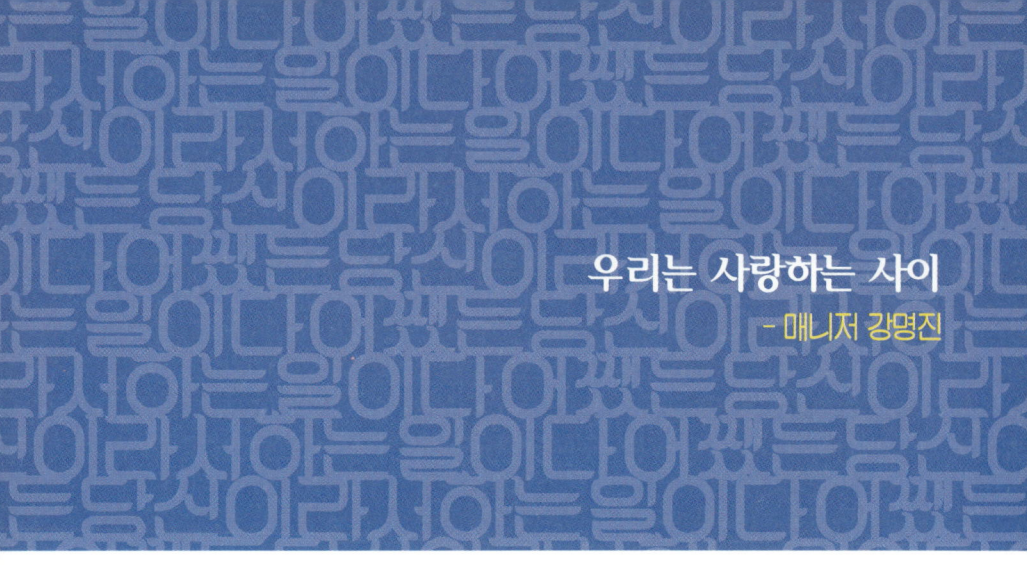

우리는 사랑하는 사이
- 매니저 강명진

"신파가 있어야 한다."

이 책이 잘 팔리기 위해서 무엇이 필요한가 물었을 때 나잠 수의 대답은 이렇게 간결했다.

좋게 말하면 침착하고 덤덤한, 나쁘게 말하면 소심하고 둔감한 게 붕가붕가레코드 사람들, 아무래도 신파를 만들어내기는 쉽지가 않다. 좋게 말하면 쿨하고 나쁘게 말하면 쿨한 척하는 이들의 일하는 모습을 지켜보고 있자면 열정이 전혀 느껴지지 않고 도무지 재미어 보이지 않아 대체 이 일을 왜 하고 있는 건지 의문이 들기까지 한다.

그러나 아무리 덤덤한 척해도 마음 깊숙한 곳에는 뜨거운 부분이 있다. 만약 회사에서 내놓는 노래들을 좋아하지 않는다면, 그리고 그 노래를 만드는 이들을 좋아하지 않는다면 결코 할 수 있는 일이 아니다. 붕가붕가레코드가 신파스러울 수 있는 부분은 바로 뮤지션들과의 관계다. 우리는 붕가붕가레코드의 음악을 사랑하고 있기 때문이다.

펑펑 울었다

고등학교 무렵부터 가만히 앉아 있지를 못했다. 머리에 떠오르는 것이 많아 주체할 수가 없었다. 끊임없이 뭔가를 하고 싶은데 몸은 책상에 묶여 있었다. 수업은 귀에 들어오지 않았다. 가끔 펑펑 눈물이 쏟아졌다. 그래서 뛰쳐나갔다. 뛰쳐나갔다고 뭘 할 수 있는 건 아니었지만, 그래도 교실에 있는 것보다는 나았다. 한 바퀴 돌고 오면 좀 진정됐다.

그런 애가 법대에 가서 고시 공부를 시작했다. 잘 될 리가 없다. 하고 싶은 건 쇼 비즈니스였고, 변호사는 방편에 불과했다. 하염없이 독서실에 앉아 있어야 했다. 그렇게 앉아 있다 보면 정작 떠오르는 것은 먼 미래에 하고 싶은 일들이었다. 고등학교 때 교실처럼 너무 답답했다. 역시 눈물이 났다. 뛰쳐나갈 수밖에 없었다. 또 하릴없이 신림동 고시촌을 한 바퀴씩 돌고 왔다.

그뿐만이 아니었다. 고시 공부를 위해서 필요한 것은 정확함과 냉정함. 주어진 텍스트 안에서 모든 것을 끝내야 한다. 하지만 판례를 볼 때마다 화가 났다. 말이 안 되는 것 같았다. 주위에 있는 다른 고시생들에게 물어보면 돌아오는 대답은 뻔했다. 시험 문제에는 '왜'가 안 나오니 그냥 거기서 끝내라고. 하지만 냉정하지 못한 그녀는 도저히 그러질 못했다. 그러다 보니 남들이 판례 열 개 볼 동안 자기는 한 개의 판례를 붙잡고 씨름해야 했다.

결국 포기했다. 그리고 화장품 회사에 들어갔다. 〈브리짓 존스의 일기〉의 주인공과 같은 나이였다. 그 영화에서 이전까지 아무것도 없었던 브리짓 존스는 서른세 살이 되어서 모든 것을 얻었다. 서른 세 살, 그녀도 그런 계기를 바랐다. 하지만 아무것도 없었다. 고시생 때는 그래도 미래에 훌륭한 사람이 될 거라는 희망이라도 있었는데, 그나마 그것마저도 없어졌음을 깨달은 순간 펑펑 울 수밖에 없었다. 한번 불이 붙으면 도무지 주체할 수 없는 감정에 기대 살아왔던 그녀에게 이젠 불붙을 거리조차 없었던 것이다.

하지만 한없는 나락으로 떨어졌던 그녀의 감정은 동시에 그녀에게 구원의 계기를 만들어줬다. 펑펑 울던 그녀가 이력서를 쓰기 시작한 것도 이성보다는 감정에 의한 즉흥적인 작용이었다. '원래 하고 싶었던 쇼 비즈니스를 해보자.' 두 군데가 눈에 띄었다. 음악은 별로였지만 사업 면에서 가장 성공한 대기획사 JYP 엔터테인먼트와 사업으로는 별 게 없지만 '페퍼톤스'와 '오!부라더스' 같이 그녀가 사랑하는 밴드들이 있던 카바레사운드. 둘을 재다가 결국 사업보다는 음악을 택하기로 했다. 막무가내로 자기를 들이밀었고, 결국 승낙을 받았다. 바로 그녀의 생일날이었다.

이처럼 고비고비마다 눈물이 맺힌 그녀, 가장 감정적이라 가장 즉흥적이고, 그 때문에 슬퍼지다가도 동시에 그것 때문에 행복해하는 명진은 붕가붕가레코드에서 유일하게 신파의 주인공이 될 자질을 가지고 있다. 아마 그랬기 때문에 녹록하지 않은 시간을 견딜 수 있었을지도 모른다. 감정적인 그녀는 붕가붕가레코드에 대한, 그리고 '장기하와 얼굴들'에 대한 가감 없는 애정을 품었고, 그랬기에 붕가붕가레코드의 첫 상근자로서, 남들이 가본 적 없는 길로 전진하는 '장기하와 얼굴들'의 매니저로서 최전선에서 모든 풍랑을 겪어낼 수 있었다.

바람이 불었다

카바레사운드를 선택하여 본격적으로 인디음악 판에 몸담으면서 명진의 새로운 삶이 시작되었다. 그러나 카바레는 10년이 넘은 전통의 레이블인지라 오랜 시간 동안 쌓아온 경험을 바탕으로 갖춰야 할 건 이미 대부분 갖추고 있었다. 신참이, 하물며 음악을 하지도 않는 사람이 그곳에서 할 일은 딱히 없었다.

소속팀 중 하나인 '구남과여라이딩스텔라'의 매니저를 맡기는 했는데, 딱히 성공에 대한 욕망 없이 지금 음악을 하는 것만으로 만족하는 이들에게 매니저가 필요한가 싶었다. 이런 고민을 하고 있자니 처음에 퉁명스럽기 이를 데 없던 멤버가 오히려 먼저 말을 해줬다.

"요새 힘들지 않으세요? 저희도 많이 힘들었어요."

자기 위치가 없어 외로워하는 게 딱 눈에 보인다는 얘기였다.

'고시나 다시 시작할까?'

하지만 바람은 다시 불었다. 8월 중순, '구남과여라이딩스텔라'에게 붕가붕가레코드가 자기들의 레이블 공연에 초대 손님으로 출연해달라는 요청을 했다. 붕가붕가레코드라면 이전부터 좋아하던 '브로콜리 너마저'의 예전 레이블 정도로 알던 곳.

관심이 있긴 했지만 인연은 없었던 곳으로부터의 영문 모를 초청이었다.

공연을 보러 갔다. '구남과여라이딩스텔라'의 순서는 다섯 팀 중 세 번째였는데, 원래대로였다면 공연을 끝내고 바로 갔을 판이었다. 그런데 사람이 워낙 많은 탓에 도저히 악기를 가지러 대기실까지 갈 수가 없어 그냥 눌러앉아 볼 수밖에 없었다. 그렇게 보게 된 게 다음 순서인 '장기하와 얼굴들'의 공연이었다. 그리고 그것은 그녀가 딱 보고 싶었던 바로 그런 공연이었다.

어쩌다 보니 뒤풀이까지 함께했는데 같이 술을 마시던 곰사장이 이것저것을 막 물어봤다. 자기네들끼리 뭘 딱 짜놓고 하는 것처럼 보였는데, 물어보는 내용을 보아 하니 전혀 그렇지 못한 듯했다. 심지어 음반 내놓고 아직 디지털 음원조차 유통을 하지 못한 상황이었다. 두근거렸다.

'여기라면 내가 할 일이 있을지도 모르겠다.'

이런 생각을 은연중에 품고서 바로 그다음 주에 인사미술공간에서 열린 '장기하와 얼굴들'의 기획 공연 〈얼굴 좀 봅시다〉를 보러 갔다. 공연 네 시간 전부터 주위를 맴돌았다. 본 공연 시간에는 스케줄 때문에 가봐야 해서 염치 불구하고 리허설을 구경했다. 리허설을 보고 다음 스케줄 장소로 가면서 또 펑펑 울었다.

'이 사람들과 같이하면 너무 너무 재미있을 거야. 그런데 나를 받아줄까.' 넘을 수 없는 4차원의 벽 너머에 있는 사람을 짝사랑하는 심정이었다. 다시 고시를 해야겠다는 생각이 들 정도였다. 변호사가 되어서 능력을 갖추면 받아줄지도 모른다는 생각이었다.

그런데 도저히 미련을 버리지 못해 계속 맴돌면서 지켜보니 애들 정말 허술하기

짝이 없었다. 사람들을 실어 나를 자동차는커녕 제대로 일할 직원도 없고, 사무실도 없이 사장이란 사람이 커다란 가방 들고 대전과 서울을 왔다 갔다 하면서 CD를 찍어 만드는 판이었다. 마땅히 돈이 있는 것 같아 보이지도 않았다. 빈틈이 보였다.

일단 자동차를 동원했다. 언제나 새벽까지 이어지다 지하철 안 다니는 애매한 시간에 끝나는 붕가붕가레코드의 술자리를 찾아다니면서 집으로 열심히 실어 날랐다. 두 번째 로비 수단은 고기였다. 고기를 사주겠다고 하면 곰사장은 백방 슬슬 기어 나왔다. 그렇게 얼마간 같이 일하고 싶다는 느낌을 살짝살짝 비치던 중 고기를 얻어먹어 흡족했는지 곰사장이 먼저 제안을 했다.

"동업할까요?"

큰마음 먹고 카바레사운드와 결별했다. 걱정한 것과 달리 따뜻하게 보내주는 카바레 사람들을 뒤로 하고 명진은 붕가붕가레코드의 첫 상근자가 되었다.

일이 너무 많았다

붕가붕가레코드가 명진에게 맡긴 일은 '음반 제작 이외의 모든 것'이었다. 슬슬 주목받을 무렵이라 일정이 생기기 시작한 '장기하와 얼굴들'의 매니지먼트부터 발매된 음반을 마케팅하는 일, 업무 관계로 협력업체를 만나는 것도 명진의 일이었다.

그때까지만 해도 괜찮았다. 사무실을 얻게 되자 마치 시집온 새댁 같은 기분이었다. 일은 뒷전이었고 사무실 꾸미는 데 열중했다. 하지만 일이 별로 많지 않았기 때문에 별로 문제 될 게 없었다. '저 사람 누구야?' 하던 관계자들의 생뚱맞은 표정이

'아아' 하면서 풀려가는 모습을 보는 것도 너무 재미있었다. 그러다 일이 터졌다. 앞서 얘기했던 '마의 월요일' 2008년 10월 13일, 네이버 실시간 검색어 순위에 '장기하'가 올랐고 그날 오전 10시부터 치킨 회사의 광고 섭외 전화를 시작으로 쉴 새 없이 전화가 걸려오기 시작했다. 이때부터 일이 생기기 시작했다.

사실 인디음악 판에서 음악을 하지 않는 사람이 설 자리는 많지 않다. 일부 주목받는 팀들을 제외하고선 매니지먼트라고 해봐야 클럽 공연을 같이 다니는 게 전부고, 마케팅이라고 해봐야 쓸 예산이 없어 웹 포스터 붙이는 정도다. 그런데 '장기하와 얼굴들'이 그 '일부 주목받는 팀'에 속하게 된 것이다. 그것도 매우 갑작스럽게 말이다.

업무 중 가장 큰 부분은 섭외다. 행사 같은 데서 섭외가 들어오면 일단 조건을 판단해야 한다. 돈을 얼마 받아야 하느냐의 문제다. 그런데 이게 까다롭다. 폐쇄적인 업계 특성상 얼마를 받아야 하는지 정해진 게 없는 상황에서, 자칫 많이 불렀다가는 돈 밝힌다고 욕먹고, 적게 불렀다가는 그게 시장 가격이 되어 다음부터 돈을 적게 받을 수밖에 없게 된다. 게다가 인디라니 일단 싸게 쓰고 싶어 하는 게 보통이다. 같은 관객 동원력을 가진 음악인이라도 인디니까 적게 받아야 한다고 생각하는 사람들이 있다. 이럴 때 싫은 소리를 해서 음악인이 먹고살 길을 보장해주는 것이 인디음악의 매니저가 해야 할 첫 번째 일이다.

일단 조건이 맞으면 이번에는 일정을 맞춰야 한다. 이것도 빡센 일이다. 인디음악인들은 알바든 정규직이든 두 가지 직업을 가진 이들이 대부분인지라 생업에 지장을 받지 않게 일정을 조정하여 행사 자체를 성립시키는 게 쉽지 않다.

일정이 맞아 행사에 가게 되면, 이번에는 주최 측과의 관계를 챙겨야 한다. 좋은 사람도 많지만 나쁜 사람도 적지 않다. 인디음악인을 음악인 취급해주지 않는 사람들이 나쁜 사람이다. 그런 사람들에게 음악인 취급받으려면 싫은 소리를 하는 수밖에 없다. 그런데 싫은 소리를 하더라도 적당히 웃음을 곁들이지 않으면 업계에 나쁜 소문이 퍼진다. 매니저의 일거수일투족은 자신이 돌보는 음악인의 이미지가 좋아지고 나빠지는 데 직결된다.

물론 타고난 매니저였다면 척척 잘해낼 수 있었을지도 모른다. 하지만 그런 천성이 어디 흔하겠는가. 명진이 차 열쇠와 전화기를 찾는 소리가 붕가붕가레코드 사무실의 기본 배경음일 만큼 조직적이지 못한 성품이기 때문에 체계적으로 일정을 관리하는 게 쉽지가 않았다. 싫은 소리를 하는 것도 힘들었다. 명진이 생각하는 자신의 성격 중 매니저로서 최악인 점은 사람이 싫어지면 그게 얼굴에 딱 드러나 보인다는 점이다. 매니저라면 실제로 속이 없거나 최소한 속이 없는 것처럼 보이기라도 해야 하는데, 남들보다 감정이 풍부한 명진에게는 쉬운 일이 아니었다.

경험 부족도 문제였다. 이런저런 일들을 판단할 때 예전에는 칼같이 알아서 하던 장기하가 음반 작업에 들어가고 나서는 명진에게 판단을 맡기는 일이 많아졌다. 가뜩이나 우유부단한 성격에 선택 자체를 잘하지 못하는데 이젠 판단의 근거조차 없었다. 그러다 보니 음향 준비가 안 되어 있거나 콘셉트가 애매한, 특히 금전적으로 애매한 공연에 팀을 출연시키는 일도 있었다.

이렇게 시행착오를 겪는 와중에 유일한 상근자로서 회사의 나머지 일들도 돌봐야 했다. 억하심정이 들었다. 다른 사람들은 다들 자기 일이 정해져 있고 그 일만 하면 되는데 왜 나는 나머지 일을 다 해야 하는 것인지. 이런 생각이 자기 능력에 대한 불신과 섞이면서 다시금 스스로의 존재에 대한 회의가 들기 시작했다.

'노래하는 재네는 아무도 대신할 수 없어. 그런데 나는?'

처음에는 다 같은 곳에 있는 것처럼 느껴졌던 애들이 점차 올라가는 와중에 혼자 제자리걸음 하는 기분이었다. 자기만 전문성이 없다는 느낌이었다. 남들보다 못한 것처럼 느껴지자 자존심에 큰 상처를 입었다.

다시 펑펑 울었다.

밴드의 일원으로서

3월 초순. 아직 쌀쌀함이 남아 있던 무렵이었다. 2월 27일에 '장기하와 얼굴들' 정규 음반 발매 단독 공연이라는 큰일을 치른 직후였다. 뭔가 사소한 문제로 팀과 다툰 명진은 차 안에 멍 때리고 앉아 있었다. 자기가 지금까지 해왔던 일들이 다 허무하게 어딘가로 사라진 느낌이 들었다. 장기하를 불렀다. 그의 노래 〈말하러 가는 길〉을 틀어놓고 서운한 것을 몽땅 말했다. 만약 이때 장기하가 냉한 반응을 보였다면 '장기하와 얼굴들'이고 붕가붕가레코드고 다 때려쳤을 것이다. 하지만 한참을 듣고 있던 장기하는 정말 미안하다는 얘기와 함께 그녀가 평생 잊지 못할 말을 했다.

"이 일은 당신 아니면 아무도 못한다."

이 순간 명진은 자신이 겪고 있는 모든 문제를 극복할 수 있는 방법이 솔직하게 말하는 것임을 깨닫게 되었다. 여기에 맛을 들인 명진이 섭섭한 게 있을 때마다 〈말하러 가는 길〉을 틀어놓고 얘기를 한 탓에 그 노래가 나올 때마다 장기하가 흠칫하는 기색을 보이는 등, 약발이 점점 떨어지기도 했지만. 어쨌든 문제의 해결이 같이 일하는 사람들과 어떠한 관계를 맺느냐에 있다는 사실은 확실해졌다. 특히 매니지먼트란 사람과 관계를 맺는 일이기 때문이다.

그러니까 중요한 것은 가장 좋은 관계를 만들고 만들어주는 일이다. 음악인이 외부에 나갔을 때는 거기 사람들과 친구가 되는 게 중요하다. 그렇게 친구가 되면 조금이라도 우리 애들을 좋아해줄 거라는 생각에서다. 그러다 보니 연예 기사 같은 것을 볼 때도 그냥 보이지 않는다. 굳이 우리 팀들이 아닌 다른 사람에 대한 기사라도 악의를 담아 쓴 걸 보면 '혹시라도 이 기자가 인터뷰하겠다고 하면 상종을 말아야지'라는 생각이 든다. 반면 기사를 쓴 상대방의 얘기를 충실하게 전달하려 애쓰는 기자를 보면 '이 사람이랑은 만나서 뭘 해보면 좋겠다'는 생각에 괜히 이메일이라도 한번 보내보는 식이다.

그중에서도 가장 중요한 게 음악인들과의 관계다. 붕가붕가레코드의 매니저는 밴드의 멤버가 되어야 한다. 애초 노래를 만들 줄 모르는 데다 음치였던 곰사장이 어떻게든 음악 하는 애들하고 어울려보려고 만든 조직이 붕가붕가레코드다. 노래를 만드는 일이 중요하기는 해도, 주문받은 음반을 배송하는 일이 없다면 기껏 만든 노래는 의미가 없다. 그러므로 밴드라고 치면 보컬, 드럼, 베이스, 기타가 각각 제 위치가 있는 것처럼 음반을 배송하는 일은 '배송'이란 자리가 있다. 하물며 팀들과 늘 붙어 다니는 게 매니저다. 최상의 공연을 위해 노래 부르는 이가 연습을 하고 기타 치는 이가 자신의 소리를 잡듯, 매니저는 무대 아래서 남들이 봐주지 않는 이런저런 자기만의 역할이 있다.

물론 이에 대해 모든 음악인들이 마냥 납득하지는 않는다. 가끔은 음악인이 어떻게 운전을 할 수 있느냐는 말로 운전하는 매니저를 속상하게 만드는 얘기가 나오기도 한다. 그러나 누구들이 그런 것처럼 음악인이 술 마실 때 밖에서 기다리고 있다가 술자리가 끝나면 집으로 모셔가는 식의 매니지먼트는 우리 방식이 아니다. 명진이 꽐라된 멤버들을 집에 태워다주는 건 마침 자기가 술을 안 마시기 때문에 해주는 동료에 대한 배려지 남 뒤 닦아주는 일이 아니다.

뒷받침해주는 사람

고시도 회사도 포기해 펑펑 울던 명진은 마음을 다잡고 카바레사운드에서 일하기로 마음을 먹고는 무작정 싸이월드 쪽지를 보내 실장님을 만났다. 만나고 나서는 정작 할 얘기가 없어 멀뚱멀뚱 앉아 있던 중 자신의 궁극적인 지향을 얘기했다.

"음악으로 돈을 벌고 싶은 생각은 없다. 음악인들이 자기 음악을 할 수 있게끔 돈을 벌어다 주고 싶다."

그녀의 어렸을 때 꿈은 특이하게도 비서였다. 물론 여자가 우두머리가 될 수 없다는 가부장적인 문화에서 자랐던 탓이 있지만, 스스로 누군가를 받쳐주고 싶다는 생각이 있었기 때문이다. 그리고 그것을 정말 잘할 자신이 있었기 때문이다.

물론 막상 시작해보니 자신했던 만큼 그런 일에 천부적이지는 않다는 걸 깨달았다. 관계를 맺을 때 스스로의 감정을 다루는 게 쉽지 않았다. 이게 고민이었다. 그런

명진에게 음악계의 한 선배는 이런 말씀을 해주셨다고 한다.

"지금은 경험이 부족할 수밖에 없다. 일단 1년은 두고 봐라. 네가 자질이 있는 매니저라면 굳이 무슨 척 할 필요 없이 자연스럽게 포용할 수 있을 것이다."

2009년 8월 현재 매니저 경력 10개월. 지금까지 그렇게 못해온 것은 아니고, 아직 애정은 식지 않았다. 그리고 그녀는 지금 붕가붕가레코드와 그 소속 음악인들이 관계 맺는 방식을 밑바탕부터 만들어가는 중이다.

살아남으려면 소통을
- 커뮤니케이터 양준혁

 붕가붕가레코드에서 일하는 사람을 세는 방법은 두 가지다. 보통은 실수(實數)만 헤아린다. 매주 운영회의에 참석하는 사람을 기준으로 하는 방법인데 이렇게 세면 붕가붕가레코드 관계자는 모두 여덟 명이다. 그런데 또 다른 방법, 그러니까 허수(虛數)까지 모두 세는 방식을 택하면 숫자는 꽤나 늘어난다. 서른 명 정도 될까? 사실 정확히 세본 적은 없다.

 이렇게 인원이 애매한 이유는 굳이 공식적인 가입이나 탈퇴 절차를 마련하지 않은 채 "오는 사람 안 막고 가는 사람 안 잡는다"는 식으로 일하기 때문이다. 주말에만 일할 수 있는 사람들을 위해서 일을 가르쳐주고 잘 쪼개서 나눠주고 해야 하는데 그러기에는 기존 관계자들도 자기 앞가림하는 데 급급하다. 그러다 학점 챙기고 취직 준비하고 주말에 근무할 일이 생기면 한두 차례 회의에 빠지게 되고 결국엔 떨어져나가게 된다. 그리고 몇 번 이러한 일이 반복되고 나면 남은 이들은 사람들이 들고남에 자포자기하고 말아 결국엔 '그만둘 거면 말 안 하고 그만둬도 상관없지'라고 생각하게 된다.

하지만 생업을 하면서 동시에 음악 활동을 가능케 하려는 게 지속가능한 딴따라질이니만큼 떨어져나가지 않도록 방지할 수 있어야 한다. 기존 관계자들이 아무리 정신이 없더라도 새로 들어온 이들이 무엇을 하려는지 먼저 물어본다면, 그리고 새로 들어온 이들이 자신이 무엇을 원하는지 먼저 얘기한다면 상황은 아마 좀 더 나아질 것이다. 결국 대화가 필요하다.

생존자

'일하다 뭣하면 지가 알아서 나가겠지 뭐.'

같은 학교 다니는 양준혁에게서 붕가붕가레코드에서 같이 일하고 싶다는 얘기를 들었을 때 곰사장이 아무 생각 없이 그러자고 했던 것도 이런 초연함이 몸에 뱄기 때문이다. 특히나 '장기하와 얼굴들'이 막 주목받을 무렵이라 회사에 여유가 없을 때였고, 덕분에 그때 들어온 몇몇은 이미 부적응을 드러내던 때였다. 솔직히 아마 오래 버티지 못할 것이라는 생각이 들었다.

하지만 준혁은 살아남았다. 2008년 9월 《싸구려 커피》 수공업 제작 현장에 출석하면서 붕가붕가레코드에 관여한 후 얼마 지나지 않아 하나둘씩 말을 놓으며 술자리와 담배 피우는 자리에 족족 나타나더니만 창립 멤버들로 하여금 어느새 몇 년 함께 일한 것 같은 기분이 들게 하면서 말이다.

　일도 썩 잘한다. 처음 맡은 일은 홈페이지를 정상화하는 것이었다. 붕가붕가레코드 홈페이지는 창사 이래 3년간 미완성인 채로 방치, 웹 2.0 시대에 붕가붕가레코드의 후진성을 여실하게 드러내는 상징이었다. 그동안 여러 사람이 손을 댔으나 다들 나가떨어지는 바람에 결국엔 회사까지 그만두게 만들었던 개미지옥이기도 했다. 하지만 홈페이지를 맡고서도 그는 살아남았고, 심지어 정상화하기까지 했다.

　그가 계란형 얼굴에 초승달 같은 미소로 보는 이로 하여금 저절로 친해지고 싶다는 마음이 들게 하는 그런 얼굴을 가진 건 아니다. 일을 똑 부러지게 하는 모습을 보고 있자면 왠지 똑똑해 보여서 부담스럽기도 하고, 한편으론 다소 재수 없을 것 같다는 느낌을 받을 수도 있다. 그럼에도 불구하고 그는 낯선 사람들 사이에 거침없이 끼어드는 친화력의 소유자다. 소심해서 뭔가 서로 말이 통하지 않는 일이 생기면 대화할 생각은 않고 꿍해서 속으로 앙심만 품고 앉아 있는 붕가붕가레코드의 트리플 A형들 사이에서 이러한 친화력으로 적절하게 중재 역할을 하며 앙금을 푸는 데 중요한 역할을 한다. 이런 식으로 곰사장의 끽연 후배는 이제 붕가붕가레코드에 없어서는 안 될 사람이 되었다.

　돋보이는 친화력을 가진 남자, 애물단지였던 홈페이지의 구원자, 할 일이 없을 때는 스스로 일을 찾아 하는 성실한 인물, 똑똑해 보이는 일면에 어리숙한 면이 적잖은 붕가붕가레코드 타입의 남자, 한국 프로야구를 대표하는 타자와 이름이 같은 남자. 하지만 삼성보다는 롯데를 사랑하는 어쩔 수 없는 부산 남자. 이게 양준혁이다.

한국 음악은 듣지 않았다

아무래도 인디 음반 기획사에서 일한다고 하면 어느 정도 음악에 대한 조예가 있을 거라는 기대를 받게 마련이다. 그러나 준혁은 붕가붕가레코드에 들어올 때까지 스물다섯 평생 인디음악을 들어보지도 않았다. 심지어 한국 음악 자체를 안 들었다. 관심도 없었다. 그렇다고 최신의 외국 음악에 빠삭하냐면 그것도 아니다. 그가 주로 들었던 음악은 '딥 퍼플'이나 '레드 제플린' 같이 케케묵은 70년대 하드록 음악들. 헤비메탈 광 나잠 수처럼 그쪽 분야를 깊게 팠느냐 싶지만 그것도 아니라 그중에서도 유명한 밴드들만 주구장창 들어왔다.

물론 스쿨 밴드 경험이 있긴 하다. 십대 때부터 드럼을 치기 시작하여 대학 초년까지 꾸준하게 밴드를 해왔다. 하지만 비범한 자질이 엿보이는 음악 활동은 아니었다. 그가 했던 밴드는 각기 다른 취향의 사람들이 모여 제비뽑기로 어느 때는 메탈, 어느 때는 기타팝 등 잡다한 음악을 카피했다. 여느 스쿨 밴드와 다를 바가 없었다. 대학 생활이 반쯤 지나갈 무렵엔 그나마도 그만두게 되었다.

그러다 붕가붕가레코드를 하게 되었다. 곰사장에게 얘기했던 동기는 다른 이들과 마찬가지였다. "음악 사업을 경험해보고 싶어요. 그리고 재미있을 것 같아요." 하지만 음악을 좋아하지도 않고 구체적인 비전도 없이 일주일에 다섯 날을 지방에 있는 대학원에 묶여 있으면서 주말마다 서울을 오가며 일을 하는 이유가 대체 무엇인지 궁금해진다.

음악이 절실했다. 붕가붕가레코드의 다른 이들이 음악을 찾아 듣는다고 해봐야 자기소개 취미란에 '음악 감상'이라고 적는 수준이었다. 하지만 그가 음악 감상을 적어 넣을 항목은 취미가 아니라 삶을 지탱할 수 있는 방법이다. 십대 중반에 집안이 어려웠다. 예민한 나이에 스트레스를 많이 받아 도무지 어떻게 견뎌낼지 감이 잡히지 않던 그때 친척이 운영하던 레코드 가게가 망했고 집에 음반이 굴러 들어왔다. 그때 잡았던 게 '딥 퍼플'이었고 그걸 계속 돌려 들었다. 이런 식으로 몇 개의 밴드를 찾았다. 이 밴드들의 음악이 그에게 돌파구가 되어주었다.

스물다섯에 인디음악은커녕 한국 음악 자체를 듣지 않았던 이가 갑작스레 음악 사업에 뛰어든 까닭은 그게 절실했기 때문이다. 다행히 이 회사에는 그의 마음에 드는, 썩 괜찮은 한국 음악을 하는 밴드들이 여럿 있었고 이제 그는 붕가붕가레코드의 음반들을 주구장창 돌려 듣고 있다.

키워드는 '소통'

준혁은 이제 붕가붕가레코드의 '기획 및 마케팅 이사'다. 입사할 때는 '인터넷'이라는 명확한, 그러나 동시에 이상한 직책명을 달았던 그가 4개월 만에 이사로 승진한 것이다. 이사회도 없는 회사에서 이사라니 남들 보면 비웃을 만한 붕가붕가레코드의 인사 방식이다. 고속 승진으로 점철되어 직함이 난무하나 어쩔 수 없다.

당연히 기획 이사라는 직함은 유명무실하다. 붕가붕가레코드에서 기획이라는 업무 자체가 그렇다. 현재의 회사는 뭘 기획하고 마케팅할 만한 깜냥이 못 된다. 자산도 없고 역량도 없다. 그나마 음반이나 공연 기획이 있는데, 이미 그걸 도맡은 곰사장이 실직자가 될까 두려운 나머지 쉽사리 내주지 않는다. 결국엔 그 스스로 일을 찾아야 하게 생겼다.

　회의에 몇 번 나가보니 문제가 명확하게 보였다. 평일엔 본업에 종사해야 하는 사람이 과반인 특성상 붕가붕가레코드의 회의는 주말에 이뤄진다. 제대로 된 회사라면 매일 아침 해야 할 일을 일주일에 한 번 몰아서 하는 셈이다. 그런데 이게 아주 난장판이다. 쓸데없는 얘기가 난무하는 건 그렇다 쳐도, 무슨 안건에서 의견이 부딪치면 끝없이 얘기가 늘어진다. 지극히 비효율적이다. 하지만 보다 심각한 문제는 이게 아니었다. 이러한 과정이 몇 차례 반복되면 사람들이 점차 피곤해진다는 거였다. 이러다가는 서로 얘기하기를 꺼리게 될 수밖에 없다.

　"싸우지 않는 연인은 이미 끝난 거나 마찬가지다."

　준혁의 지론이다. 그가 보기에 비효율성은 평등한 인간관계를 지향하는 붕가붕가레코드에서 불가피한 요소다. 모두의 얘기를 들어야 하고 모두가 납득해서 움직여야만 하기 때문이다. 그런데 서로 다른 생각을 가진 사람이 대번 허허 웃으면서 생각을 일치시킨다는 건 말도 안 된다. 자기 이익에 매달려서 개싸움하는 '분쟁'이라면 모르겠으되, 서로 다른 것을 드러내는 과정인 '갈등'은 자연스럽게 존재하기 마련이다. 서로 이해시키는 데 들어가는 시간이 많이 걸리더라도 일을 진행할 때 삐걱거리는 것을 막아 장기적으로는 오히려 효율적으로 변모할 수 있다.

　갈등을 중재하여 소통을 이루는 것이 붕가붕가레코드에서 준혁이 하는 중요한 역할이다. 아마 그가 중재하지 않았으면 소심한 주제에 고집은 센 곰사장과 명진은 대판 싸우다가 진작 파국에 이르고 말았을 것이다. 자기 얘기를 남들이 전부 이해할 거라 믿고는 이해가 채 안 된 상대방에게 구체적인 설명도 없이 화부터 내고 보는 곰사장에게는 얘기를 해줘야 할 부분이 뭔지 제대로 지적해줄 사람이 필요하다. 변덕이 심하고 고집이 세 자꾸만 이랬다저랬다 하는 명진을 위해서는 문제가 뭔지 차곡차곡 정리를 해줄 사람이 필요하다. 준혁이 바로 그런 사람이다.

안에 있는 사람들끼리의 소통만이 그의 관심사는 아니다. 물건 파는 것도 결국 소통의 문제다. 사는 사람은 자기가 아는 물건 중에 사고 싶은 것을 산다. 사고 싶은 것을 만드는 과정은 창작자, 즉 뮤지션의 몫이다. 그렇다면 파는 사람인 회사가 해야 할 일은? 사람들이 알게 만드는 것이다. 그런데 알게 만드는 데는 돈이 든다. 보이는 곳에 물건들을 전시해야 한다. 그러기 위해서는 광고비가 필요하다. 하지만 붕가붕가레코드는 돈이 없기 때문에 돈이 안 들게 알리는 방법이 필요하다.

돈 안 드는 홍보라 하면 대개는 인터넷 홍보를 떠올리게 마련이다. 하지만 인터넷으로 홍보하는 데도 돈이 든다. 협력업체 얘기를 들어보니 포털 사이트에 광고 하나 올려놓으려면 일주일에 백만 원 넘는 돈이 광고비로 빠진다고 한다. 형편이 좀 폈다고는 하지만 붕가붕가레코드가 감당할 만한 수준의 금액이 아니다.

그래서 생각해낸 게 '수공업 홍보'다. 고객을 일일이 찾아가는 것이다. '브로콜리 너마저' 멤버들이 자기네 이름으로 검색해서 나오는 블로그 같은 데 직접 리플을 달아주니 사람들이 엄청 좋아했던 것을 보고 얻은 아이디어다. 인터넷에서 '붕가붕가레코드'나 '장기하와 얼굴들', '아마도 이자람 밴드' 등으로 검색해서 나오는 글에 회사 관계자들이 직접 "들어주셔서 고맙다. 공연 한번 와달라"며 글을 올리는 것이다.

한 단계 더 나아가서는 사람들의 입과 손을 이용할 생각을 하고 있다. 물건을 산 사람이 아직 이 물건을 모르는 사람들에게 알리는 역할을 하도록 만드는 것이다. 돈을 줄 수는 없으니 자발적으로 그 일을 하게 만들어야 한다. 그래서 최근 생각해낸 게 일주일마다 붕가붕가레코드와 관련한 글을 쓴 사람들 중에 괜찮다 싶은 이를 선정하여 소정의 상품을 주는 방법이다. 우리가 자신들이 하는 일을 지켜보고 중요하게 생각하고 있음을 각인시켜 우리를 알리는 일에 좀 더 열심히 동참하게끔 하려는 구상이다.

당연히 중요한 것은 홈페이지다. 일단 누구나 원할 때 붕가붕가레코드의 정보를 얻을 수 있게 해야 한다. 하지만 이런 단순한 홈페이지를 넘어서 궁극적으로는 붕가붕가레코드 자체를 '미디어'로 만들고자 한다. 블로그를 만들어 글을 쓴다. 그걸 팬들이 읽으면 붕가붕가레코드를 좀 더 잘 알게 될 것이고, 그게 애정으로 이어져 "붕가붕가레코드의 물건이라면 무조건 산다"로 시작, 결국엔 주위 사람에게 "너도 붕가붕가레코드의 물건이라면 무조건 사라"라고 얘기하는 이로 발전해나갈 것이라는 아름다운 시나리오다.

2009년 8월 현재, 이렇게 해온 지 석 달째다. 백여 군데 블로그에 수공업 홍보를 하고 나면 두어 명 정도가 공연을 보러 오는 것 같다. 이틀에 하나 꼴로 붕가붕가레코드 블로그에 글이 올라오면 대충 하루에 하나 정도 댓글이 달린다. 아직 성공적으로 소통이 이뤄지진 않는다. 그래도 어쩔 수 없다. 현재로선 할 수 있는 게 이것밖에 없기 때문이다.

별이가 될 것 같진 않네

준혁이 붕가붕가레코드에 바라는 목표는 누구나 와서 무엇이든 할 수 있는 장이 되는 것이다. 그가 생각하는 이상적인 홈페이지는 꼭 회사 사람이 아니더라도 블로그에 글을 쓸 수 있게끔 만들어 우리와 비슷한 사람들이 함께 놀 수 있는 곳이다. 더 나아가서는 음반만이 아니라 비슷한 가치관을 공유하는 사람들이 모여 각자의 아이템을 서로 공유하면서 사업할 수 있는 기회를 제공하는 곳으로 붕가붕가레코드가 거듭났으면 좋겠다고 생각한다. 좀 더 많은 사람이 모여서 교류하는 궁극적인 소통의 장이 되었으면 하는 바람이다.

붕가붕가레코드의 수많은 몽상 중에서도 가장 꿈같은 얘기를 하고 있는 그는 정작 자기는 어찌 될지 잘 모르겠단다. 이렇게 되는 과정을 곁에서 지켜볼 수 있으면 좋겠다며 한쪽 발을 뺀다. 별이가 될 것 같지 않다는 생각에서다. 창작자가 되지 않는 이상 음악 사업으로 가족들을 먹여 살릴 것 같진 않다는 얘기다.

좀 더 정확하게는 자기가 이걸로 벌이를 해 먹고살면 안 된다는 생각에서다. 음악 시장이 조그마한 한국에서 음악 사업으로 벌어들일 수익이 얼마 되지 않는데 자기가 먹고살 만큼 떼 가면 여기 전념하는 사람들, 특히 창작하는 사람들이 가져갈 몫이 없어진다는 생각이다. 이런 생각으로 그는 열심히 공부해서 훌륭한 사람이 되어 돈을 벌면서 붕가붕가레코드의 곁에서 함께하고 싶다는 기특하나 쉽지는 않은 꿈을 꾸고 있다.

하지만 이렇게 말을 해도 준혁이 붕가붕가레코드에서 한 발짝 떨어져 지켜보는 날이 당장 올 것 같지는 않다. 가는 사람 안 붙잡는 주의라지만 그래도 필요한 사람이라는 판단이 들면 바짓가랑이를 잡고 늘어지는 것이 붕가붕가레코드다. 준혁이야 말로 필요한 사람이다. 그 스스로도 떠나지 못할 것 같다. 홈페이지 만들려고 들어왔는데 싸움을 말리는 일을 시작하더니만 결국에는 남들이 하지 않는 회사의 나머지 일들을 도맡아 처리하는 그의 성격상 회사에 할 일이 쌓여 있는 이상 쉽사리 발을 빼지는 못할 것이다.

붕가붕가레코드는 그에게 자연스럽게 절실한 일이 되어가고 있다. 마치 음악을 들을 때 그랬던 것처럼. 굳이 의식적으로 뭘 하고 싶다고 생각하기 이전에 자연스럽게 해야 할 일이 생겨 그 일들을 하고 있는 것이다. 나아가 그가 의식적으로 챙기고 싶다는 소통의 문제를 생각하면 할 일은 끝도 없다. 소통이야말로 별다른 자본이나 기술 없이 음악을 하고 팔고 그것을 사주는 사람들만 가지고 있을 뿐인 붕가붕가레코드가 생명을 유지하는 심장이기 때문이다. 심장은 계속 뛰어줘야 한다.

어쨌든 당신이라서 하는 일이다

part 5

진지한 얼굴로
시시덕거리는 딴따라질

붕가붕가레코드 입사 기준

곰사장: 리듬이 단순하면서도 구성이 극적인 음악이어야 한다.
나잠 수: 대중성과 음악적인 완성도를 추구한다.
윤덕원: 팔릴 만한 음악이어야 한다.
장기하: 하나마나한 것이 아니라 독특하고 의미 있는 노래여야 한다.
자격 요건: 이상을 모두 충족할 것. 비틀스?

가수와 노래를 짝지어 연결해보세요

석 to the 봉 to the 아~
오! 넌 나의 석봉아
네가 뭘 썼는지 눈이 있으면 봐~
넌 절대 따라올 수 없지
Ma 떡썰기 Skill 불 끈 채로 글쓰기 그건 내게 껌easy
산으로 기어 올라가 만들어
yo! 완벽한 궁서체

술김에 니 방으로 걸어 들어가지 않길 참 잘했어
분위기에 취해 니 입술에 키스하지 않길 참 잘했어
술 취해 니 이불로 기어 들어가지 않길 참 잘했어
분위기에 취해 니 입술에 키스하지 않길 참 잘했어

어느 날 늦은 밤에 걸려온 전화
너무나 외롭다던 그녀의 얘기
외로운 가슴을 내 가슴을 적셔달라고
수줍은 듯 나에게 애원을 하던
여동생이 생겼어 여동생이 생겼어
아빠도 모르시는 엄마도 모르시는
가끔씩 늦은 밤에 전화를 하는
여동생이 생겼어 여동생이 생겼어
그녀의 전화 번호 060-5882(오빠빨리)
통화를 하시려면 별표를 누르래요

제멋대로 구부러진 칫솔 갖다 이빨을 닦다 보면은
잇몸에 피가 나게 닦아도
당최 치석은 빠져나올 줄을 몰라
언제 땄는지도 모르는 미지근한 콜라가 담긴
캔을 입에 가져가 한 모금 아뿔싸 담배꽁초가
이제는 장판이 난지 내가 장판인지도 몰라
해가 뜨기도 전에 지는 이런 상황은 뭔가

공연은 들으러 오는 것이 아니라 보러 오는 것!!

don't stop, never give up, let's rock

"홍대 인디 씬의 예능선수촌."

(예능? 굳이 그걸 해야 하나?)
다시는 야구복을 입지 않겠다.

(예능? 음악이 중요하다.)
쓰레빠 신고 올라가는 일만
피하겠다.

즉흥과 우연을 겹쳐 쌓아
- 붕가붕가레코드가 팀을 얻는 방법

2005년 12월 31일에서 2006년 1월 1일로 넘어가는 자정 무렵, 우리는 지인의 자취방에 모여 술을 마시고 있었다. 새해라면 다소 경건해져도 괜찮으련만, 별 쓰잘 데 없는 얘기를 한다거나 의미 없는 행동을 일삼는 것이 평소와 전혀 다를 바 없었다. 짐 캐리와 그 친구들이 괴이한 동작을 반복하며 여기저기서 행패를 부리고 다니는 동영상을 보면서 "저거 괜찮은데?", "이거 괜찮다"는 식의 얘기를 나누고 있었다.

그 와중에 곰사장은 여느 때처럼 자기 몸무게를 못 견디고 머리를 받친 채로 모로 누웠다. 스스로는 '보살의 자태' 내지는 '르네상스풍'이라고 자랑하는 허리에서 엉덩이로 이어지는 곡선이 두드러지는 자세였다. 그것을 보고 그 자리에 있던 덕원이 시시덕거리기 시작했다.

"저것도 괜찮은데. 이거 무슨 왕 같지 않냐."

"그래. 이거 괜찮네. 무슨 황제보다는…… 그래, 술탄, 술탄 같다."

그러다가 누군가 영국 밴드 '다이어 스트레이츠'의 노래 〈Sultan of Swing〉을 언급했고, 짐 캐리와 친구들의 난동에 이어서 그 노래의 라이브 동영상을 보기로 했다.

"우리는 '술탄 오브 더 디스코'라고 하면 어떨까?"

한참 보다가 누군가가 얘기했다. 그럴싸했다. 가장 많은 아이디어를 쏟아내는 것은 역시 덕원이다. 쏟아져 나온 아이디어를 수습하는 것은 곰사장이다. 그 결과 "아랍 스타일의 복장에 터번을 쓰면 좋겠다"는 기본적인 시각적 콘셉트와 함께 음악적으로는 물론 디스코를 지향, "40명의 백댄서를 끌어들여 '술탄과 40인의 도적'을 만들자"는 계획까지 도출하기에 이르렀다. 이런 식으로 붕가붕가레코드를 이끌어나갈 새로운 기대주가 하나 만들어졌다. 그러나 가장 중요한 건 멤버였다. 누구도 이 팀을 책임지겠다고 나서지는 않는, 이름만 있고 멤버는 없는 '술탄 오브 더 디스코'의 탄생 과정이다.

이것이 붕가붕가레코드의 방식이다. 기본적으로 재미가 있으면 해볼까 싶지만 안 되면 그러려니, 한다. 즉흥적으로 시작하고 성립은 우연에 기댄다. 농사짓는 이가 천하의 근본이라면 레이블의 근본은 음악 하는 이. 레이블은 음반을 내는 곳이고 음반을 내려면 노래가 있어야 하며 노래가 있으려면 그것을 하는 사람을 찾아야 하는 만큼 음악인을 섭외하는 것은 레이블에서 가장 기본적인 일이다. 그 방면에서 붕가붕가레코드는 엉망에 가깝다.

하지만 최소한의 근성이 있다! 어떻게 우연히 일이 되겠다 싶으면 밀어붙이는 정도의 근성, 하는 것이 안 하는 것보다 무조건 낫다는 신조 정도는 있고, 그래서 일단 괜찮다 싶은 음악인이 꼬드김에 넘어왔다 싶으면 음반을 낼 때까지는 간다. 최소한의 전략도 있다. 이를테면 괜찮은 밴드의 멤버를 꼬드겨 솔로 작업을 부추기는 것? 뭐, 이것조차 안 했으면 진작 망했을 테다.

방법1: 꼬드기기

근성도 자본도 없는 곰사장이 여태껏 붕가붕가레코드의 대표 자리를 지킬 수 있는 비결은 '부추기고 꼬드기는 능력은 좀 있는 것 같다'는 평판 덕분이다. 정확하게 말하자면 용케 잘 꼬드겨서 돈은 안 주면서도 음반을 내게 만드는 걸 어느 정도 잘한다는 얘기다.

하지만 곰사장은 근면함과는 거리가 먼 인물. 클럽 공연을 열심히 보러 다니며 음악인을 섭외하는 일 따위는 적성에 맞지 않는다. 주로 아는 사람들이 그의 섭외 대상이다. 뭔가 노래를 만든다 싶으면 일단 음반을 내보자고 꼬드긴다. 다행히 주위에 음악을 하는 친구들이 꽤 있었다. 그들 대부분은 뭔가 명확한 방향을 갖고 있는 게 아니라서 "그런가? 한번 해볼까?"라며 응낙을 한다.

그렇게 넘어온 것이 '관악청년포크협의회' 친구들과 '청년실업' 3인이었다. 그들을 움직이는 건 거의 재미였다. 꼬드길 때면 곰사장은 언제나 "재미있을 것 같지 않나?"라고 물어봤고 상대방은 "그런가? 재미있을 것 같나?"라는 식으로 응답을 했다. 애초에 돈은 들이지 않는다는 콘셉트니 문제가 되지 않았고, 좀 빡센 취미 생활에 지나지 않으니 부담도 없었다.

물론 약간의 야심은 있었다. 우리 주위 애들이 하는 음악이 괜찮다는 생각, 좀 더 널리 들려주고 싶다는 생각이었다. 그리고 사람들이 우리 주위 애들의 음악을 널리 듣게 되면 뭔가 바뀔 거라고 생각했다. 하지만 사명감이라고 하기엔 근성이 부족하고 야심이라고 하기에는 막연한 마음. 음악을 하라고 권하는 이들이나 그에 넘어와 음악을 하는 이들도 마찬가지였다.

방법2: 직접 만들기

시일이 지나자 무작정 꼬드기는 것만으로는 한계에 부딪혔다. 일단 주위 사람 다수에게 여유가 없어졌다. 학생 때야 취미니 재미니 따지지만 점차 졸업이 가까워지면서 압박을 느끼게 되니 뭘 해보자며 한창 얘기를 하다가 시일이 지나면 흐지부지되는 경우가 많았다. 점차 주위의 인력 풀이 줄기 시작했다. 그렇다고 이 문제를 심각하게 고민하지는 않았다. 그저 '어떻게 되겠지' 정도의 생각. 그리고 실제로 어떻게 됐다. 직원들끼리 팀을 만든 것이다.

2006년, 그저 농담에 지나지 않았던 '술탄 오브 더 디스코'는 나잠 수의 제대 및 입사와 함께 생명을 얻었다. 나잠 수가 군대 시절 절친 김 기조를 통해 보내준 자작곡 〈압둘라의 여인〉을 듣고 '압둘라'와 '술탄'의 이미지가 일맥상통하는 면이 있다고 생각한 사람들은 나잠 수에게 '술탄 오브 더 디스코'라는 팀이 (이름만) 있으니 이 팀을 해보는 게 어떻겠냐고 제안했다. 따지고 보면 제안도 아니었다. 그냥 나잠 수네 방에 놀러 갔다가 즉흥적으로 나온 노래에 '술탄 오브 더 디스코'라는 가사를 붙였고, 그 결과 그냥 팀이 됐다.

  우연의 힘이 컸다. 나잠 수는 만약 '술탄 오브 재즈'나 '술탄 오브 포크' 같은 이름의 팀이었다면 그다지 흥미를 느끼지 못했을 것이라고 한다. 그때만 해도 나잠 수의 근본적인 취향은 메탈이었다. 그런데 '술탄 오브 더 디스코'라는 이름의 팀을 어쨌든 하게 되면서 디스코 음악에 관심을 갖게 됐고, 그 음악이 자신에게 매우 잘 맞는 음악이라는 사실을 발견했다. 2006년 1월 1일 우발적으로 튀어나온 '술탄 오브 더 디스코'라는 이름, 이전까지 붕가붕가레코드와 아무런 인연이 없던 시절 나잠 수가 작곡한 〈압둘라의 여인〉, 그리고 나잠 수에게 감춰져 있던 디스코에 대한 본능, 이것들이 절묘하게 맞물리면서 하나의 팀이 만들어졌다.

  이렇게 만들어진 '술탄 오브 더 디스코'가 붕가붕가레코드에서 갖는 의미는 심대하다. 일단 대표, 수석 디자이너, 수석 엔지니어, 수석 프로듀서 등 주요 임직원이 '술탄 오브 더 디스코' 멤버다. 그래서 세간에서는 "붕가붕가레코드의 높은 사람들이 장난으로 하는 것 같다"라는 평가를 내리기도 한다. 그리하여 나잠 수는 "술탄이 붕가붕가레코드 그 자체다(그리고 술탄의 리더인 자신이 붕가붕가레코드의 왕이다)"라고 주장하기도 한다.

  이후 '스핑크스와 북청사자들'이라는 팀을 만들어 리더인 스핑크스가 수십의 북청사자들을 이끌고 거리를 돌아다니며 음악을 하자, 그래서 스핑크스를 지배하는 파라오를 술탄의 라이벌로 키우자는 제안도 있었으나 너무 블록버스터라 결국 묵살당하고 말았다. 새벽 다섯 시에 술을 잔뜩 마신 사람에게 메탈 기타를 연주해주는 민폐를 끼치던 나잠 수는 메탈 밴드 '미스터 코리아'를 제안하기도 했다. 시대에 뒤

처진 첨단 남성들이라는 콘셉트로 1집 제목은 《The Internet》, 타이틀곡은 〈CD-ROM〉, 가사로는 "디스켓 육백 장의 용량!(육백 장, 육백 장)"이라는 것까지 제안됐으나 아직까지는 노래도 만들어지지 않았고 멤버도 없는 상태다.

아직도 시시때때로 덕원과 그 일당들은 참신한 아이디어와 재미없는 헛소리의 경계선 위에 있는 이런저런 제안을 한다. 그리고 여전히 나잠 수의 욕망 깊은 곳에는 '미스터 코리아'가 살아 숨 쉬고 있는 듯 보인다.

방법3: 멤버 몰려 막기

하지만 우연한 기회가 계속 찾아올 리 없다. 더 이상 우연에 기댈 수도 없게 될 무렵, 신천지를 발견했다. 남들은 다 그만두는 와중에 아직도 계속 음악을 하며 남아 있던 이들, 붕가붕가레코드 설립 당시에 이미 3년차 밴드였던 '눈뜨고 코베인'이 있었다. 깜악귀의 표현을 빌리자면 '시간이 지나자 자연스럽게 근육이 붙어' 꽤나 괜찮게 음악을 하는 밴드였다. 하지만 레이블에 뭐가 있는 상황이 아니었기 때문에 그렇게 근육 붙은 밴드를 그냥 끌어들이기는 뭣하고, 거기 멤버들을 개별적으로 공략해보자 싶었다. "밴드만으로는 못 푸는 욕구가 있지 않느냐. 그것을 붕가붕가레코드가 해소해주겠다." 바야흐로 '잘 나가는 밴드 멤버 솔로로 빼오기 전략'이 시작되었다.

1승 1패였다. 첫 번째 섭외 대상이었던 '눈코'의 리더 깜악귀의 솔로 작업 《The Best Toilet 1/3》은 레코딩 기술—심지어 문외한 곰사장이 녹음에 참여했다—과

편곡 능력의 부족으로 함량 미달이 되고 말아 결국 본인이 자체 절판하면서 패배가 확실해졌다. 하지만 2년 후인 2008년, 같은 밴드의 드러머를 빼와서 시도한 솔로 작업인 장기하의 《싸구려 커피》는 대성공을 거뒀다.

그런데 문제가 있었다. 솔로는 공연에 심대한 차질이 있다는 점이다. 물론 혼자 기타를 치면서 노래를 부를 수도 있겠지만 그러면 아무래도 소리에 김이 빠지는 데다가 대부분 하고 싶은 음악이 이미 밴드의 편성을 전제로 한 것이다 보니 밴드를 만들어줘야 했다. 그래서 연주자를 여기저기서 빼왔다. '아마도 이자람 밴드'의 기타리스트 이민기와 '브로콜리 너마저'의 전직 드러머 김현호, 거기다 이미 몇 개의 밴드에서 활동하는 정중엽을 빼와서 만든 것이 '장기하와 얼굴들'이다.

하다 보니 재미가 붙었다. '술탄 오브 더 디스코'에 장기하는 보컬이자 댄서 '장기에프'로 참여했고, 정중엽과 김현호는 각각 '보루네오 짜짜로니'와 '신밧드 달러맨디'라는 이름의 세션으로 참가했다. 깜악귀는 '청년실업'의 멤버 이기타와 묶여 '기타트윈스'라는 팀을 만들었다. '생각의 여름'이라는 이름으로 활동하기 시작한 박종현은 임시 멤버로 윤덕원과 이기타를 끌어들였다. '밴드 멤버 솔로 만들기' 전략은 급기야 '멤버 돌려 막기' 수준으로 발달해버렸다.

이러한 전략의 결과 적잖은 수의 음반을 낼 수 있었다. 하지만 부작용도 적지 않았다. 장기하는 '장기하와 얼굴들'의 활동이 바빠짐에 따라 결국 원래 하던 '눈코'에서 탈퇴해야 했다. 멤버가 겹치다 보니 소속팀이 총출동하는 레이블 공연이라도 할라치면 겹치기 출연은 기본이 됐다. 이 밴드가 일정이 생기면 저 밴드가 못 움직이는 식으로 서로 폐가 되는 경우도 생겨났다.

더 이상 뺄 사람이 없다는 것도 문제가 됐다. 세 번째로 시도했던 것은 역시 '눈코' 멤버로 베이스를 연주하는 슬프니. 그는 프랑스의 일렉트로니카 팀 '다프트 펑크'를 지향한다고 했다. 우리는 이 프로젝트에 슬프니의 본명인 '안승현'에 솔로 작업의 '솔로'를 붙여 '안솔로'라는 이름을 붙이고, 〈스타워즈〉의 캡틴 한 솔로의 분신인 추바카를 갖다 붙여 '안솔로와 추박하'라는 2인조 팀을 결성하기로 하면서 이름을 지어났다. 하지만 슬프니는 세상에서 가장 게으른 사람 중 한 명이라는 평가에 걸맞게 이후 1년째 "녹음을 배워야겠다"고 말만 하고 있다.

새로운 피가 필요했다.

방법4: (정상적으로) 밴드 섭외하기

레이블로서 밴드를 섭외하는 가장 정상적인 방법은 역시 클럽 공연을 보러 다니거나 데모를 받거나 하여 좋은 신인을 발굴해내는 것이다. 그런 정석을 붕가붕가레코드는 레이블 창립 이후 3년하고도 5개월이나 지나서야 처음 시도했다. '장기하와 얼굴들'이 약간 재미를 보던 상황이기도 했고, 오래된 피로 돌려막는 것만으로는 레이블의 지속이 힘들다는 판단 때문이었다.

그렇게 섭외한 첫 번째 팀이 앞서 말한 '치즈스테레오'다. 웬만한 무명 인디밴드는 다 지원한다는 쌈싸페 '숨은 고수' 오디션에 지원한 팀을 검토한 결과, 어떤 팀은 음악 스타일이 너무 과격했고, 어떤 팀은 다소 자폐적인 것이 마음에 안 들었으며, 어떤 팀은 우리랑 하기에는 너무 잘한다는 이유로 배제해야 했다. 그런 소거법에 따라 최종 결정된 것이 '치즈스테레오'였다. 이렇게 되자 사람들이 대답하기 난처한 질문을 하기 시작했다.

"붕가붕가레코드는 무슨 기준으로 팀을 선발하나요?"

몇 가지 기준이 있긴 하다. 일단 특이할 것, 연주력 같은 건 떨어지더라도 노래 자체는 괜찮을 것, 구성이 간결할 것, 공연이 재미있을 것, 일상에 밀착한 한국말 가사를 쓸 것 등등. 하지만 너무 애매하다. 과격하면서도 특이한 팀은 많잖아? 자폐적이면서도 일상에 밀착한 노래를 쓰는 팀도 적지 않을 텐데. 어떤 사람은 '치즈스테레오'의 영입에 대해서도 그들의 노래 제목인 〈한밤의 에스프레소〉를 인용해 "붕가붕가레코드와 '치즈스테레오'의 정서 사이에는 (장기하의) 〈싸구려 커피〉와 에스프레소만큼의 차이가 있지 않느냐?"고 말하기도 한다.

솔직히 말하자면, 잘 모르겠다. 결국 우리 듣기에 좋은 음악을 고르는 건데, 그 기준이 천차만별이다. 가사를 잘 듣지 않는 곰사장은 리듬이 단순하면서도 구성이 극적인 음악을 좋아한다. 나잠 수는 대중성과 음악적인 완성도를 추구한다. 덕원은 팔릴 만한 음악을 좋아한다고 하는데, 그렇다고 흔히 생각하는 그런 종류의 팝은 별로 좋아하지 않는다. 장기하는 "하나마나한 것이 아닌" 독특하고 의미 있는 노래를 좋아한다고 한다. 이 기준을 모두 충족하여 모두의 동의를 골고루 얻을 수 있는 팀은, 비틀스 아니, 곰사장은 비틀스를 별로 좋아하지 않는다니 그마저도 안 될 테다.

다행히 만장일치는 아니더라도 대다수의 동의를 얻은 팀들이 있다. '불나방 스타 쏘세지 클럽'은 그 압도적인 공연, 특이하고 웃기면서도 완성도 있고 심금을 울리는 노래로 적극적으로 끌어들인 경우고, '아침'은 데모 음원을 보내온 적잖은 팀들 중

음악적인 완성도와 특이함을 동시에 갖춰 레이블 구성원들의 가장 많은 찬성을 얻어 섭외한 팀이다.

어쨌든 갖가지 방식을 거친 결과 백 퍼센트 서울대 출신이었던 붕가붕가레코드에 속속 새로운 피가 섞여 이제는 40퍼센트 정도는 비서울대 출신이 되었다. 이런 체질 변화가 사실 쉬운 일은 아니었다. 대학 때부터 알고 지낸 친구들이야 아무렇게나 대해도 상관이 없지만 이제 본격적으로 업무를 위한 계약 관계가 생기기 시작했다. 그리고 여전히 절반은 서울대 출신들이다. 끼리끼리 노는 가운데 서먹서먹한 팀들도 생기게 되었다. 음주 중심의 인간관계는 술을 잘 마시지 않는 밴드들을 밀어 놓았다. 거기다 '장기하와 얼굴들'의 성공은 팀들 간에 보이지 않는 격차를 만들기도 했다. 뭐, 아직까지 심각한 문제가 생기지는 않았지만, 언젠가는 생길지도 모르겠다.

방법5: 종합판

현재 붕가붕가레코드의 소속 팀은 '술탄 오브 더 디스코', '장기하와 얼굴들', '치즈스테레오', '아마도 이자람 밴드', '생각의 여름', '불나방 스타 쏘세지 클럽', '아침'이다. 최근 함께 일할 의사를 밝힌 '눈뜨고 코베인'까지 총 여덟 팀이니 레이블의 규모로 봤을 때 적지 않은 규모다. 하지만 아직도 붕가붕가레코드는 신인을 찾고 있다. 붕가붕가레코드의 목표는 수공업 소형 음반 백 종 발매이기 때문이다.

요새는 아예 네 가지 방법을 병행하고 있다. 레이블 초창기 잠깐 활동하다가 그만두고 기자로 취업하여 최근에는 '심정은 어쨌거나 록밴드' 류의 칼럼을 연재하고 있는 기자놈은 몇 년째 섭외 대상이다. 배짱이 맞으면서 메탈 기타를 잘 치는 사람이 들어오면 나잠 수의 주도로 '미스터 코리아' 1집 《The Internet》도 나올지 모른다. '안솔로와 추박하'는 여전히 미련이 남는 프로젝트이며, 덕원은 심지어 다스 베이더가 나오는 뮤직비디오의 콘셉트도 구상해놓았다. 곰사장은 올해도 어김없이 시작된 쌈싸페 숨은 고수에 지원한 4백여 개 음원을 하나씩 들어보면서 차세대 기대주를 찾고 있다.

  신인 발굴에 게을러지면 안 된다. 지금 있는 팀들 잘 수습해서 오늘 먹고살 돈을 마련하고, 신인들 잘 찾아내 내일 먹고살 보험을 들어놓아야 한다. 그렇다고 '장기하와 얼굴들의 뒤를 이을 어쩌구' 같은 건 바라지 않는다. 우리랑 배짱이 맞으면서 소소하게라도 지속적으로 음악 활동을 이어갈 수 있는 팀이면 족하다. 물론 생계적으로는 건전해야 하니 다소의 대중성은 있었으면 한다.

지속가능한 딴따라들

붕가붕가레코드의 음악인들

술탄 오브 더 디스코

장기하와 얼굴들

cheezstereo

아마도이자람밴드

불나방스타쏘세지클럽

아침

생각의 여름

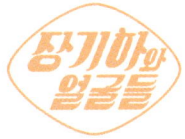

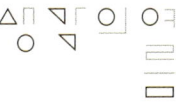

댄스 플로어의 풍운아들
술탄 오브 더 디스코

Member 압둘라 나잠(보컬·댄스) 무스타파 더거(보컬·댄스) J. J. 핫산(입식 및 좌식 댄스) 김덕호 아버지(유목민) 김덕호(공군 장병)

Profile

 1996년 유명 기획사 '분가분가'에서 2500 :1의 경쟁률을 뚫고 차세대 아이돌 그룹을 만들기 위해 나잠 수, 덕우엉, 김덕호 세 명을 선발했다. 이들은 기획사의 의도대로 사회와 격리된 채 혹독한 댄스 연습과 노래 연습에 몰두했으나, 1997년 IMF 외환위기에 휘말려 기획사가 망하고 대표는 해외로 도주하고 말았다. 이후 8년, 도망간 대표를 쫓아 세계 각지를 배회하던 그들은 중동 모처에서 왕년에 디스코의 제왕으로 일컬어진 바 있는 무하마드 B. 마니를 만나 잊혀진 전설의 음악 아라비안 펑키 소울을 전수받고 각각 압둘라 나잠, 무스타파 더거, 김덕호로 개명, '술탄 오브 더 디스코'를 탄생시키기에 이르렀다.

 이듬해인 2006년 귀국한 그들은 쑥고개에서 절치부심, 결국 주류 음악계에 등을 돌리기로 결심하고 인디 음악계 최초이자 최고의 립싱크 댄스 그룹으로 거듭나기로 마음먹었다. 주황색 터번과 화려한 퍼포먼스, 이국적이면서도 박자감 있는 음악으로 무장한 그들은 이후 댄스플로어를 휩쓸며 군계일학의 풍운아로 우뚝 서게 되었다. 이후 김덕호가 목수의 꿈을 이루기 위해 러시아 공군에 입대해버리는 바람에 복부 비만에 시달리는 시베리아 출신 유목민 김덕호 아버지와 석유 재벌 아니면 사기꾼일 것이라 알려진 J. J.(저질) 핫산을 영입했다.

현재는 활동을 중단하고 정규 음반 준비에 들어간 상태다. 이들의 정규 음반은 붕가붕가레코드 사상 최장의 제작 기간에 최대의 제작비를 들여 만들어질 예정이라 하는데, 일각에서는 그룹 멤버들이 모두 붕가붕가레코드의 운영진이라서 이성을 잃고 폭주하고 있다는 음모론이 제기, 이걸로 회사가 끝장날 것이라는 악담도 돌아다니고 있다. 어쨌든 "터번을 쓰더라도 음악은 괜찮은 것으로 하겠다"는 초심으로 돌아가 앞으로는 댄스의 비중을 대폭 낮추고 음악으로 승부하겠다는 리더 압둘라의 의지가 어디까지 관철될 수 있을지는 두고 봐야 할 일이다.

Discography
《요술왕자》 (수공업 소형 음반. 2007. 4)
《여동생이 생겼어요》 (수공업 소형 음반. 2007. 12)

한국 대중음악의 오래된 미래

Member 장기하(노래·기타·타악기) 이민기(기타·코러스) 정중엽(베이스·코러스) 김현호(드럼·타악기·코러스) 미미시스터즈(코러스·안무)

Profile

어렸을 적 소년 장기하는 자신이 음악처럼 말하고 있음을 깨닫게 되었다. 그래서 노래를 하기로 마음을 먹은 그는 '역시 가수는 얼굴이지'라고 생각하여 얼굴이 괜찮은 음악인들을 수소문하던 중 운 좋게도 실력마저 출중한 정중엽, 이민기, 김현호를 만나 '장기하와 얼굴들'을 결성하게 되었다. 그리고 우연하게 이름 모를 두 여인을 만나 "역시 가수에겐 율동이 필요해"라는 깨달음을 얻고 삼고초려, 어렵사리 거물 섹시 코러스단 미미시스터즈의 지원을 받게 되었다.

이를 통해 꽤나 그럴듯해 보이는 진용을 갖추게 되었지만, 밴드가 겉보기와 같은 것은 아니다. 철두철미함으로 다른 멤버들로부터 악마로 불리는 장기하만 해도 간혹 어이없는 실수를 저질러 사실은 바보가 아닌가 하는 생각이 들게 한다. 정중엽은 여러 밴드가 탐내는 뛰어난 기타리스트이자 베이시스트지만 정말로 안 웃긴다는 치명적인 단점을 가지고 있고, 이민기는 뼈 있는 말을 잘한다는 장점이 있지만 동시에 말에 뼈밖에 없다는 단점도 있다.

그나마 김현호가 멀쩡해 보이지만, 드러머라서 뒤에 가려 잘 보이질 않는다. 희대의 카리스마로 신앙의 대상이 된 미미시스터즈가 있어 그나마 괜찮은 외양을 유지하고 있다.

때문에 그들은 음악으로 승부한다. 옛날 사운드의 아련하고 흥거운 향취와 함께 독창적인 가사와 음률, 진지하면서도 화려한 안무를 특징으로 하는 '장기하와 얼굴들'은 수공업 소형 음반 《싸구려 커피》로 데뷔한 2008년, '10회 쌈지 싸운드 페스티벌 숨은 고수', 'EBS 스페이스 공감 9월의 헬로루키' 등에 선정되고 TV에도 여러 번 나가는 등 꽤나 주목을 받았다. 이어 2009년 2월에는 첫 정규 음반인 《별일 없이 산다》를 발매, 안 팔려도 어쩔 수 없지만 가능하면 잘 팔렸으면 좋겠다는 주위의 기대를 안고 활동을 시작했다.

그 결과 꽤 유명해졌고, 이런저런 일을 많이 겪고 있지만 "회사 들어간 신입 사원과 마찬가지"라며 별일 없이 산다는 의연한 태도를 보여주고 있다.

Discography
《싸구려 커피》 (수공업 소형 음반. 2008. 5.)
《별일 없이 산다》 (공장제 대형 음반. 2009. 2.)
《공연 실황 090227》 (수공업 영상 DVD. 2009. 5.)

소녀들을 울면서 춤추게 하는
cheezstereo

Member 이동훈(노래·기타) 최영휴(베이스) 하승우(드럼)

Profile

 2000년 처음 음악에 손을 댈 무렵만 해도 이들은 소위 '무허가 펍'을 전전하며 하루하루 젊음을 소진해가고 있었다. 그러던 이들에게 찾아온 첫 번째 계기는 "근육이라도 키우자"며 떠난 2006년의 MT. 이 자리에서 이들은 술 마시고 고기 많이 먹고 늦게 자고 담배 많이 피우는 등의 무위한 행위를 일삼던 중 "청자를 단숨에 흔들어대지 못해서야 못해서야!"라며 득도에 버금가는 순간을 맞이, "오로지 기타! 베이스! 드럼!"을 주창하며 간결 명료한 댄서블 싸운드를 터득하게 되었다. 이후 어지러운 오색 조명 아래서 맛깔 나는 리듬으로 플로어를 부산스레 달구는 특기를 얻었다. 그럼으로써 스스로 몸치라 자부하며 댄스의 세례를 단호하게 거부해오던 부류들에게 거부할 수 없는 충동을 불어넣어 플로어로 뛰쳐나가는 현상이 빈발하게 만들었다. 특히 소녀들을 울면서 춤추게 했다는 얘기들이 퍼지면서 점차 지명도를 얻기 시작했다.

 하지만 그들은 불운했다. 곰사장의 꼬드김으로 붕가붕가레코드에 들어왔으나 제대로 구실하지 못하는 회사로 인해 2008년 8월 수공업 소형 음반《Oh Yeah》를 내고도 별반 반응을 얻지 못했던 것이다. 노래도 나쁘지 않고 공연에서도 매번 적잖은 호응을 이끌어냄에도 불구하고 그것이 음반 판매량이나 유명세로는 이어지지 않아 고민이 많았다.

그리하여 한때는 '오예스'라는 치어리더 백댄서를 대동하고 야구복을 입은 무대를 선보이기도 했으나 'EBS 스페이스 공감'의 화려한 무대에도 불구하고 별다른 반응을 얻어내지 못했다. 그리하여 "다시는 야구복 입지 않겠다"고 선언, 초심으로 돌아가기로 마음먹고 잔기술로 승부를 보지 않고 음악적인 본원에 충실, 열심히 노래를 만들기로 결심했다. 그리하여 2009년 9월, 첫 정규 음반《Don't Work, Be Happy》를 발매했다.

Discography
《Oh Yeah!》(수공업 소형 음반. 2008. 8.)
《Don't Work, Be Happy》(공장제 대형 음반. 2009. 9.)

그녀의 목소리라면 내 마음 기꺼이
아마도 이자람 밴드

Member 이자람(노래·기타) 이민기(기타) 강병성(베이스) 이향하(타악기) 생선(드럼) 곰(드럼)

Profile

이들이 밴드로서의 면모를 갖추고 클럽 공연을 이어갈 무렵 프린지 페스티벌에서 연락이 왔단다. 포스터니 홍보니 해야 되는데 밴드 이름이 필요하니 알려달라고. 대답을 했단다. "글쎄요. 아마도, 이자람 밴드 정도?" 이렇게. 그런데 이게 그대로 밴드명이 돼버렸다.

하지만 이런 성의 없음에도 불구하고 이들은 결성부터 주목을 받았다. 이미 만 5세(1984년)에 데뷔하여 국악계의 신성으로 종횡무진한 바 있는 이자람의 존재 때문이었다. 판소리꾼인 그녀의 가창력은 의심할 필요가 없겠지만 포크록이란 장르와 만나면서 또 다른 소리꾼의 면모를 보여준다. 자신의 것 중 일부를 밴드의 몫으로 덜어내고 남은 단단하고 과장됨 없는 울림 말이다.

하지만 탄탄대로를 걸어온 것은 아니다. '아마도 이자람 밴드'가 5년이라는 적잖은 시간 동안 활동하면서 내놓은 공식 음반 녹음은 모음 음반에 참여한 것이 전부였다. 제의하는 이들이 적지 않았지만 천성적인 게으름 탓인지 음악적인 욕심 탓인지 계속 뿌리쳐왔다. 그러보니 정작 음반을 내고 싶을 때는 마땅히 낼 곳이 없게 되어버렸다.

이때 꽃핀 것이 붕가붕가 중창단 시절부터 맺어진 붕가붕가레코드와 이자람 사이의 오랜 인연이었다. 그리하여 지독하게 게으르기로 유명한 그들, 첫 번째 음반을 내놨다. 무한정 늘어질 것 같은 밴드를 다잡겠다던 애초 의도에 맞게 음반 발매와 함께 밴드의 활동도 왕성해졌다.

이렇게 발동이 걸린 '아마도 이자람 밴드'의 현재 가장 큰 목표 역시 정규 음반 발매다. 사실 4년 동안 만들어온 노래들이 있기 때문에 지금이라도 당장 내자면 낼 수 있는 상황이다. 하지만 붕가붕가레코드 이외에 다른 레이블과 작업하는 것도 포함해서 최고의 작업을 할 수 있을 만한 환경을 마련하기 위해 고심하고 있는 중이다. 붕가붕가레코드 입장에서는 소금에 잘 재워놓은 김장 배추를 남한테 넘겨주는 꼴이라고 생각할 수도 있겠으나, 오히려 시어머니가 잘 담근 김치의 조리법을 빼와 내년 김장하는 데 써먹을 수도 있다. 물론 떡 줄 사람은 생각도 않는데 김칫국부터 들이킨다는 옛말이 정확하게 들어맞는다면, 붕가붕가레코드는 망하는 거다.

Discography
《슬픈 노래》 (수공업 소형 음반. 2009. 2.)

Member 조까를로스(노래·기타) 후르츠김(멜로디언·건반) 김간지(드럼·타악기·랩) 유미(드럼·타악기) 까르푸황(베이스)

Profile

'불나방 스타 쏘세지 클럽'은 나약한 사나이들의 식어버린 청춘과 그로 인한 궁상에 치를 떨던 아티스트 조까를로스를 구심점으로 그의 의지에 동의하는 여러 음악인이 모인 정열의 느와르 마초 밴드다. 우주를 구성하는 3원소라는 '불나방', '별', '쏘세지'를 밴드의 이름으로 2005년 만들어져 여러 번의 교체를 겪은 끝에 현재 멤버로 정착했다.

야매 라틴 혹은 얼터너티브 라틴 음악을 근간으로 하는 그들의 음악은 "이젠 산으로 가고 있다"는 조까를로스의 선언으로 변화의 시기에 놓여 있지만, 인생을 관통하는 기승전결이 확실한 이야기에 광폭하게 강렬한 동시에 처연할 정도로 구슬픈 모순적인 정서는 굳건, 혼자 사는 여성 자취생을 중심으로 하는 관객층에 어필, 독립음악계에서는 상당한 지지를 얻고 있다.

자신들의 공연에 우연히 놀러온 조까를로스를 보고 '수염 난 사람이로구나'라고 생각했던 붕가붕가레코드 관계자들은 2008년 9월, 그들의 첫 공연을 보고 나서 광적이고 처절한

데 웃기고 귀여우면서 붕가붕가레코드와 센스마저 비슷한 그에게 완전 반해버린 나머지 곰 사장을 필두로 그가 은거 중인 초당을 삼고초려했다. 그 결과 2009년 1월 기존에 녹음했던 음원을 모아 EP《악어떼》를 발매했는데 한정 생산 천 장이 2개월 만에 매진, 될 것 같다는 판단 아래 6월 첫 정규 음반《고질적 신파》를 발매하기에 이르렀다.

조까를로스는 앞으로 자신의 행보를 '고질적인 음악인의 길'이라 설명한다. 일단 1집 가수로서 평민이 아닌 자신의 신분을 강조, 인맥 정리를 시작하고 몸값을 올리다 창작의 고통을 못 이겨 은퇴를 선언한다. 그러고는 에세이를 쓰고, 출간회에서는 은근슬쩍 솔로 앨범 쇼케이스를 하면서 복귀를 준비, 결국 흩어졌던 멤버들을 모아 재결합을 선언한다. 이 과정에서 제일 중요한 것은 "돈 때문에 다시 뭉쳤다"라고 밝히는 것. 이렇게 돈을 좀 벌면 요식업을 벌여 노후를 대비하고, 음악은 취미 생활로 간간히 미사리 등지에서 하는 것으로 마무리한다.

물론 진지하게 하는 얘기는 아닐 것이다. 진지하게 하는 얘기라면 소속사 입장에선 이모저모로 곤란하다. 하지만 어쨌든 "유명해지면 재미가 없어진다"라는 조까를로스의 사상은 여전히 변함이 없어 스타의 길로 가기 위한 억지스러운 노력은 하지 않을 것이라는 점은 확실해 보인다. 그의 상업적 잠재력을 감안했을 때 이 역시도 소속사에게 곤란하긴 마찬가지다.

Discography

《악어떼》(수공업 소형 음반. 2009. 1.)
《고질적 신파》(공장제 대형 음반. 2009. 6.)

정묘한 회색의 로큰롤

Member 권선욱(노래·기타) 김수열(드럼) 박선영(베이스) 이상규(기타)

Profile

"군대 때문에 대한민국 남자들은 안 돼"라는 핑계로 삶에 대한 뚜렷한 결정을 미뤄놓고 있던 권선욱은 2008년 여름, 막 제대를 하고 나서 고민에 본격적으로 맞닥뜨리게 된다. 과연 지금 이 세상에서 뭘 할 수 있을까 생각해봤지만 결국에는 뒤로 엎어지나 앞으로 깨지나 삶은 비슷하게 지속될 것 같다는 결론을 내리고 입대 전에 하던 음악을 계속하기로 마음먹었다. 그리하여 절친한 친구이자 음악적 동반자인 김수열을 찾아가 밴드를 제안했고, 그는 기다렸다는 듯 제안을 받아들였다.

그리하여 밴드가 시작되었다. 마이너스 에너지 일색인 자신들의 삶과 음악에 양의 에너지가 가득 찬 이름이라도 붙여야 무슨 변화라도 일어날 것 같다는 언령신앙의 발상을 기초로 밴드 이름을 '아침'으로 지었다. 이어 가련한 첫 인상과 연주할 때 보이는, 마치 세상을 다 내려놓은 듯한 표정으로 어필한 김수열의 후배 박선영이 베이시스트로, '모두 거치니까 한 놈 정도는 깔끔하게 해야겠다'는 생각으로 기타 세션으로 활동하던 이상규가 정식 기타리스트로 참여하여 현재와 같은 4인조 진용을 갖추게 되었다.

'아침'과 붕가붕가레코드의 만남은 그들이 보낸 데모 음원을 통해서였다. 무성의해 보였다. 데모를 보내는 다른 이들이 음원을 동봉하고 정성스레 자신들의 소개를 적어놓으며 심지어 입사할 때 사용하는 이력서를 함께 보내는 데 비해 이들은 "여기 가서 노래나 좀 들어 보슈"라는 느낌의 메일을 보내왔을 뿐이었다. 그런데 노래가 좋았다. 곰사장뿐만 아니라 나잠 수, 덕원, 장기하 등 평소 취향이 극도로 다르기로 유명한 사람들이 모두 좋다 얘기했다. 그러한 생각은 공연장에서 받은 종잡을 수 없는 인상에 의해 확신으로 발전했다.

회사와 같이 일을 하게 되면서 '아침' 멤버들이 가장 먼저 했던 얘기는 "큰 무대에 세워주십쇼"였다. 그러한 요구에 부응하여 붕가붕가레코드는 2009년 5월 '장기하와 얼굴들'의 이름값을 이용한 레이블 공연을 통해 '아침'을 큰 무대에 선보였고, 팬들로부터 꽤나 좋은 반응을 얻었다. 이어 7월에는 수공업 소형 음반을 발매했고, 오디션에 통과 한국에서 가장 큰 페스티벌들인 지산 록페스티벌과 쌈지 싸운드 페스티벌에 출연하는 등 의기양양한 활동을 보여 회사의 기대를 한 몸에 받고 있다.

Discography
《거짓말꽃》(수공업 소형 음반. 2009. 7.)

표현의 근본주의자
생각의 여름

Member 박종현(노래·기타)

Profile

처음에는 '치기 프로젝트'라는 이름으로, 그다음에는 '도반'이라는 이름을 거쳐 이제는 '생각의 여름'이라는 명칭으로 활동하고 있는 이 프로젝트는 노래를 부르고 기타를 치는 박종현이 홀로 끌어가고 있다. '생각의 여름'이라는 이름은 '생각의 봄' 사춘기(思春期)의 다음 시기를 가리킨다.

이제 와서야 음반을 내지만 따지고 보면 박종현은 붕가붕가레코드의 가장 오래된 뮤지션이다. '치기 프로젝트'라는 이름을 쓰던 2005년 무렵 '관악청년포크협의회'의 일원으로 붕가붕가레코드 창립 음반인 《vol 1. 꽃무늬 일회용 휴지/유통기한》에 참여했다. 그러나 음반을 발매하기 직전 군에 입대, 정작 제대로 된 활동은 하지 못했다. 제대 이후에는 홍대 인근의 클럽 '빵'을 중심으로 홀로 공연 활동을 계속해왔다.

예전부터 이 친구의 노래가 썩 괜찮다고 생각했던 붕가붕가레코드 관계자들은 예전 인연을 들어 "같이 작업하자", "같이 음반 좀 내자", "같이 안 할 거면 다른 데서라도 좀 내라"며 꾸준하게 음반 작업을 권유했건만 꿋꿋하게 "아직 때가 아니야", "굳이 내서 뭐해"라며 튕김으로 일관했다. 그리하여 어느 순간부터는 붕가붕가레코드에게 닭갈비 같은 존재가 되는 듯했다. 하지만 나이가 들면 철이 든다는 게 사실인지 아니면 더 나이 먹기 전에 음반을 한번 내봐야겠다는 생각이 든 건지 확실히 모르겠지만 결국 다시 함께하게 되었다.

그를 장난삼아 칭하는 문구는 '포크의 근본주의자.' 그의 지향에서 결벽에 가까운 부분을 놀리듯 부르는 말이다. 통기타와 목소리 이외의 요소를 사용하지 않는다는 고집을 부리기도 하고 "같은 내용을 쓸데없이 반복하는 것은 죄악"이라며 2절 쓰는 것을 극도로 기피하기도 한다. 붕가붕가레코드에서 보기 드문 간결함을 지향하는 뮤지션이다.

2009년 9월에 정규 음반이 나오지만 이미 전업 연구자로서 본업이 있는 박종현이 그걸 접고 음악에 뛰어드는 일은 없을 것으로 보인다. 그래도 벌인 일은 책임을 져서 회사 돈은 까먹지 않겠다는 생각으로 이전까지는 한 달에 한 번 하던 공연을 2백 퍼센트 늘려 앞으로는 두 번씩 한다는 의지를 보여주고 있긴 하다. 이에 9월부터 〈가을, 생각의 여름〉이라는 이름으로 매달 한 번씩 자신의 이름을 걸고 공연을 하겠다는 계획을 밝히고 있다.

Discography
《생각의 여름》 (공장제 대형 음반. 2009. 9.)

유머와 일상, 그리고 독특함
- 붕가붕가레코드의 음악 세계

붕가붕가레코드는 노래를 파는 집단이다. 그러니까 노래를 들어보면 붕가붕가레코드의 정체성을 알 수 있다. 사람들도 궁금해한다.

"붕가붕가레코드 음악의 특징은 뭔가요?"

대답을 얻고자 한다면 붕가붕가레코드와 함께 노래방에 가기를 권하고 싶다. 같이 일해온 지 4년, 노래방에 같이 간 경험은 손에 꼽을 정도다. 이렇게 한국인의 보편적인 놀이 문화와 붕가붕가레코드가 동떨어지게 된 까닭이라면 상식적으로 '역시 음악인들은 남의 노래를 부르기 싫어하는구나!'라고 생각하기 쉽겠지만 사실은 곰사장이 음치라서 노래 부르는 걸 극도로 싫어하기 때문이다.

어쩌다 가끔 노래방에 갔을 때, 바로 그때가 붕가붕가레코드의 음악 세계를 이해할 수 있는 단초를 얻는 순간이다. 나잠 수가 노래방의 왼편, 덕원이 노래방의 오른

편에 앉아 있을 때가 적절하다. 나잠 수는 '건스 앤 로지스(Guns & Roses)'나 '판테라(Pantera)' 등을 주 레퍼토리로 가끔 흥이 나면 살아 있는 전설인 '주다스 프리스트(Judas Priest)'까지 거슬러 올라가는 메탈 노래들을 무대 액션과 중간의 추임새까지 다 포함하여 부담스럽게도 불러제낀다. 그런데 덕원이 부르는 노래는 완전 딴판. 유재하나 유희열, 동물원 노래처럼 서정적인 80년대 말 90년대 초 한국 가요들이다. 자리에 조용히 앉아서 한껏 감정을 넣어가며 부르는 모습을 보면 좀 과하게 몰입한다 싶어 당황스러울 지경이다. 다른 사람이 노래를 부를 때면 추임새는 넣어주지 못할망정 그래도 어떤 노랜지 들어보는 게 예의건만, 각자 상대방이 노래할 때면 머리를 박고 노래 책을 열심히 뒤지고 있다. 헤비메탈의 전설과 80년대 서정가요 사이의 넘을 수 없는 4차원의 벽을 생각해보면 당연한 일이다.

이처럼 같은 회사에서 일하면서 심지어 같은 팀('술탄 오브 더 디스코')에 속해 음악을 하는 둘 사이에는 극명한 차이가 있다. 둘만의 문제는 아니다. 회사 사람들끼리 같이 자동차라도 타게 됐는데 누군가가 노래를 틀면 금세 다른 이들의 얼굴에 지루해하는 기색이 역력하다. 자기 취향이 영 아니라는 것이다. 결국엔 라디오를 틀고 공중파의 공평한 선곡에 맡기게 된다.

요컨대 서로 섞이지 않는다고 생각되는 게 용케도 어울려 있다. 이것이 바로 붕가붕가레코드의 음악 세계다. 물론 생판 다르다면 이렇게 섞일 수는 없을 것이다. 다른 음악에 아교 구실을 하는 몇 가지는 분명히 있다. 이 때문에 서로 다른 취향을 가진 이들이 서로의 작업을 좋아하고 있다. 따로 또 같은 것이 붕가붕가레코드의 노래들이다.

유머: 시시덕거리기

붕가붕가레코드라는 이름을 지은 순간부터 어쩔 수 없게 되었다. 귀여워 보이나 속에 품은 음란한 뜻 때문에 듣는 이로 하여금 저절로 "풋!" 하는 반응을 자아내는 이름을 가진 주제에 한껏 무게 잡고 진지한 척하는 건 불가능한 일이다. 자초한 일이다. 우리가 생겨먹은 게 끝없는 농담 따먹기를 즐기는 종류의 사람들이다 보니, 평소의 모습을 드러내다 보면 결국 노래에도 농담이 들어갈 수밖에 없다.

물론 농담에도 여러 종류가 있다. 이를테면 '장기하와 얼굴들'의 노래가 품은 유머의 기운은 은근하다. 한창 노래를 만들 무렵에 '유목민이 크게 낚인 얘기'라는 코드네임으로 불렸던 〈아무것도 없잖어〉는 노래만 놓고 보면 아주 재미나지는 않지만 장기하 특유의 무표정한 표정과 눙치는 듯한 창법이 어우러져 듣는 이에게 '피식' 하는 웃음을 자아낸다.

> 초원에 풀이 없어 소들이 비쩍 마를 때쯤
> 선지자가 나타나서 지팡이를 들어 "저쪽으로 석 달을 가라"
> 풀이 가득 덮인 기름진 땅이 나온다길래 죽을 똥 살 똥 왔는데
> 여긴 아무것도 없잖어
>
> 푸석한 모래밖에는 없잖어
> 풀은 한 포기도 없잖어
> 이건 뭐 완전히 속았잖어

되돌아갈 수도 없잖어

하지만 유머라고 하면 역시 빵 터지는 게 제맛이다. 듣는 이들이 붕가붕가레코드에 기대하는 것도 그러하고, 우리의 적성에 맞는 부분도 이런 종류다. 이러한 유머를 보여주는 이들이 바로 존재의 기원 자체를 농담에 두고 있는 '술탄 오브 더 디스코'다. 그들의 대표곡인 〈여동생이 생겼어요〉를 들어보면 단번에 이해할 수 있다. 지하철에 뿌려지는 전단지 따위를 수집하는 게 취미인 무스타파가 음란 폰팅 광고 문자에서 영감을 얻어 압둘라와 함께 만들었다는 이 노래의 핵심 부분은 이렇게 전개된다.

어느 날 늦은 밤에 걸려온 전화
너무나 외롭다던 그녀의 얘기
외로운 가슴을 내 가슴을 적셔달라고
수줍은 듯 나에게 애원을 하던

여동생이 생겼어 여동생이 생겼어
아빠도 모르시는 엄마도 모르시는
가끔씩 늦은 밤에 전화를 하는

여동생이 생겼어 여동생이 생겼어

> 그녀의 전화 번호 060-5882(오빠빨리)
>
> 통화를 하시려면 별표를 누르래요

이 노래의 핵심은 '나이 어린 여동생과의 연애'라는 식으로 홀로된 남성들의 로망을 자극하며 슬슬 떡밥을 던지다가, 음란 폰팅 번호 "060-5882"라고 외쳐버림으로써 순식간에 낭만을 외설로 반전시켜버리는 데 있다. 냉장고엔 간장게장밖에 없고 바닥에는 휴지꽃만 피어 있는 궁상맞은 청춘의 일상을 묘사하는 모든 가사는 오로지 이 부분 하나를 위해 씌어졌다. 한 번에 빵, 이 노래의 콘셉트다.

구성을 짜서 분위기를 자아내다가 한마디 툭 던져 터뜨리는 것은 사실 개그계에서는 전형적인 기법이라고 한다. 은근한 유머의 전문가라는 장기하도 이런 맛을 모르진 않는다. 관객의 웃음을 백발백중 자아내는 〈싸구려 커피〉의 한 대목이다.

> 언제 땄는지도 모르는 미지근한 콜라가 담긴 캔을
>
> 입에 가져가 한 모금
>
> 아뿔싸 담배 꽁초가

하지만 붕가붕가레코드에서도 유머로 가장 출중하다 하면 역시 '불나방 스타 쏘세지 클럽'을 이끄는 조까를로스다. 술탄이나 장기하의 유머에 아무래도 통밥 좀 굴린 느낌이 있다고 한다면, 조까를로스의 유머는 갑상선이나 췌장 근처 샘에서 분출되는 호르몬에 의한 신진대사 같은 자연스러운 느낌이 배어 있다.

그의 야심작 〈석봉아〉를 듣기 위해서 머리를 쓸 필요는 없다. 이 노래를 들은 조까를로스의 오랜 지인이 던진 한마디가 있다.

"〈석봉아〉 이 노래는, 정말 아무런 의미도 없어."

굳이 한 번에 터뜨리기 위해 응축시켜놓을 필요가 없다. 아예 노래가 통째로 농담 따먹기다. 익숙한 전통 설화를 횡키한 스타일의 노래에 얹어놓고는 홍서범의 〈김삿갓〉과 '육각수'의 〈홍보가 기가 막혀〉의 뒤를 잇는 민속 그루브라 눙치는 것도 그렇고, 후렴구에 '석봉아'라는 구절을 주구장창 반복적으로 넣어놓은 게 "후크송이자 석봉 토스트의 광고를 겨냥한 것"이라는 설명도 그러하다.

> 심청아 어서 인당수에 빠지거라
> 니 애비가 너를 젖동냥해서 힘들게 너를 키워놨으니
> 콩쥐야 이 독에 물을 가득 채우거라
> 그러지 않으면 오늘밤 잔치에 올 생각 하지 마
> 춘향아 오늘밤 나의 수청을 들어라
> 그러지 않으면 너의 목이 남아나지 않을 테니까
> 석봉아 불을 끈 채로 글을 쓰거라
> 이 어미는 그동안 이 떡을 다 썰어놓을 테니까
> (랩: 너는 글을 쓰고 나는 떡을 썰고)
> 석봉~아아 석봉~아아 석봉~아아 석봉~아아

그런 노래를 온 힘을 다해 열창하는 데서, 그리고 막판의 절정에 멤버 김간지의 랩이 어우러지면 비로소 이 커다란 농담은 완성된다.

> 석 to the 봉 to the 아~
> 오! 넌 나의 석봉아
> 네가 뭘 썼는지 눈이 있으면 봐~넌
> 절대 따라올 수 없지
> Ma 떡썰기 Skill 불 끈 채로 글쓰기 그건 내게 껌easy
> 산으로 기어 올라가 만들어
> yo! 완벽한 궁서체

일상: 주요한 테마

붕가붕가레코드의 음악인들이 노래를 만드는 동기는 각자 다르다. 장기하나 이자 람은 주로 인간관계를 테마로 좋고 안 좋은 기분을 표현하는 것 같다. 반면 '술탄 오브 더 디스코'의 압둘라와 무스타파에게 실연의 상처 따위는 관심사가 아니다. 실 연을 해도 노래가 안 나온다. 농담 따먹기 하다 웃긴 게 생각나면 그걸 콘셉트로 지 어낸다. '불나방 스타 쏘세지 클럽' 조까를로스는 타인이 처한 인상적인 상황을 보 고 그가 그 상황에 왜 처했을까 하는 생각에서부터 가사를 쓰기 시작한다. 노래 하 나하나에 이야기를 담는 그 특유의 노래는 '영화 포스터를 보고 영화의 내용을 상상하는 것'과 비슷하다는 그의 작법을 통해 만들어진다.

그런데 접근하는 방법은 다르지만 택하는 소재의 정서는 비슷하다. 주로 일상에서 느껴지고 보이고 포착되는 것들이다. 살다 보니 보이는 상황을 근거로 이야기를 만들어내는 조까를로스의 노래는 그 자체로 일상에 관한 얘기다. 대표적인 것이 〈미소녀 대리운전〉이다.

>절친한 친구의 연봉 자랑에 마음 상한 최 과장님
>오늘도 술에 거하게 취하셨군요 애꿎은 전봇대에 화풀이를
>
>집에 가면 토끼 같은 자식들은 컴퓨터 하느라고
>지 방에서 나오지도 않고
>내 마누라는 (그동안) 모아놨던 잔소리를 늘어놓겠지
>그래도 보잘것없는 나를 받아주는 곳은 오로지 집구석뿐
>어서 돌아가야 하는데 나는 지금 몸을 가눌 수 없이
>술에 취해 있다네

〈비가 축축〉에서 연애에서 느끼는 밀고 당기는 기분을 추상적인 말로 늘어놓는 대신 이자람이 노래하는 것 역시 일상의 정서다.

>술김에 니 방으로 걸어 들어가지 않길 참 잘했어

> 분위기에 취해 니 입술에 키스하지 않길 참 잘했어
> 술 취해 니 이불로 기어 들어가지 않길 참 잘했어
> 분위기에 취해 니 입술에 키스하지 않길 참 잘했어

심지어 콘셉트에 따라 인공적으로 노래를 만들어내는 '술탄 오브 더 디스코'마저도 소재는 일상이다. 그렇게 만들어진 노래가 〈일요일 밤의 열기〉다.

> 술과 함께해 (금요일) TV만 보는 (토요일)
> 자다 보니 일요일 밤이
> 지난 수년간 내 세월은 모두 다 어디로 갔나요
> 하고 싶은 일도 많았는데 이미 지나가버린 주말
> 듣고 싶지 않은 내일 아침 (악)
> 박 과장의 잔소리

다들 뜬구름 잡는 얘기는 적성에 안 맞아 한다. 듣는 이에 상관없이 자기표현 동기를 우선하는 것도 물론 한 가지 방향이겠지만 이들은 자신의 노래가 듣는 이에게 공감을 불러일으켜야 한다고 생각한다. 알아들을 수 있게 얘기를 하려다 보니 시선이 자꾸 일상으로 향한다.

문어적인 표현보다는 구어적인 표현을 중시하는 것도 이러한 까닭에서다. 이러한 의도 때문에 설령 추상적인 감정과 상황을 소재로 하더라도 표현은 사람들이 흔히 말하는 것들을 쓴다. 이를테면 '장기하와 얼굴들'의 〈달이 차오른다, 가자〉. 들뜬 소년의 열망을 달이 차오른다는 추상적인 상황에 기대어 나타내는 이 노래의 가사는 모두 입에서 자연스레 흘러나오는 말들로 이뤄져 있다.

말을 하면 아무도 못 알아들을지 몰라
지레 겁먹고 벙어리가 된 소년은
모두 잠든 새벽 네 시 반 홀로 일어나
창밖에 떠 있는 달을 보았네

하루밖에 남질 않았어
달은 내일이면 다 차올라
이번이 마지막 기회야
그걸 놓치면 영영 못 가
오늘도 여태껏처럼 그냥 잠들어버려서
못 갈지도 몰라
하지만 그러기엔 소년의 눈에는
저기 뜬 달이 너무나 떨리더라

목록함: 독창과 관습의 절충

일찍이 장기하는 어떤 노래를 하고 싶냐는 사람들의 물음에 이렇게 답했다.

"자기 감정을 솔직하게 표현하는 걸로는 충분하지 않다. 하나마나한 노래가 될 수도 있다. 하나마나한 노래는 만들고 싶지 않다."

붕가붕가레코드도 마찬가지다. 남들과 같이 하려고 했다면 애초 시작도 하지 않았을 것이다. 주위 사람들이 열심히 작곡과 연주 기술을 연마하고 있을 때 어줍지 않은 솜씨로나마 일단 노래를 만들려고 했던 것도 그렇고, 다들 외국 록 음악의 영향권 아래에 있는 걸 당연하게 여길 때 우리는 한국 가요로부터 영향받았음을 숨기지 않았던 것도 그런 이유에서였다. 물론 이게 시덥지 않게 자존심 부리는 일일지도 모른다. 결국엔 노래로써 판가름 지을 수밖에 없다.

그중에서 괜찮게 됐다 싶은 게 장기하의 〈싸구려 커피〉다. 6년 전 장기하는 《뻔짠》 2집에 수록된 〈만약 니가 아주 나쁜 놈이라면〉이라는 노래에서 말하듯 노래하는 방법을 자기 스타일로 지향하기 시작했다. 그동안 자기 억양의 특이점, 특정한 발음을 길게 한다거나 아니면 작은 소리로 한다거나 하는 점을 연구했고, 그걸 노래에 반영하려고 노력했다. 그가 노래를 만들 때 가장 신경을 쓰는 것은 노래에서 한국어를 얼마나 자연스럽게 표현하느냐였다. 그리고 어느 정도 완성된 결과물이 바로 〈싸구려 커피〉 중간 부분의 랩이다.

> 뭐 한 몇 년간 세숫대야에 고여 있는 물마냥
> 그냥 완전히 썩어가지고 이거는 뭐 감각이 없어

비가 내리면 처마 밑에서 쭈그리고 앉아서 멍하니 그냥

가만히 보다 보면은 이거는 뭔가 아니다 싶어

비가 그쳐도 히끄무레죽죽한 저게 하늘이라고

머리 위를 뒤덮고 있는 건지

저거는 뭔가 하늘이라고 하기에는

뭔가 너무 낮게 머리카락에 거의 닿게

조금만 뛰어도 정수리를 꿍 하고 찧을 거 같은데

벽장 속 제습제는 벌써 꽉 차 있으나 마나

모기 때려잡다 번진 피가 묻은 거울 볼 때마다 어우 약간 놀라

장기하한테 이런 가사를 그대로 말해보라고 하면 노래에서 랩을 할 때와 거의 차이가 없다. 자기가 말하는 방식이 그대로 노래가 된 것이다. 그래서 오랫동안 같이 지낸 이의 말투가 전염되듯 이 노래도 자꾸 듣고 있자면 장기하 특유의 "뭐 한~"이나 "뭔가~"와 같은 말투가 듣는 이에게 자연스레 배기도 한다.

그런데 이렇게 단순히 자연스럽게 그냥 말을 하는 것 같으면서도 군데군데 적절하게 운율을 배치했다. 더불어 듣는 이가 미처 눈치채지 못한 사이에 가사의 밀도가 높아지면서 서서히 긴장감을 고조하는 반주와 어우러지는 은근한 기승전결의 구성도 만들어놓았다. 결코 쉽게 나온 노래가 아니다. 노트를 쓰기도 힘들었던 환경에서 끊임없이 머릿속에서 지웠다 썼다를 반복하여 만들어진 노작이다.

그러나 사실 붕가붕가레코드 노래가 마냥 독창적이지는 않다. 저렇게 독창적인

스타일을 지향하는 장기하의 노래는 분명 한국 가요의 전통과 맞닿아 있다. 그의 노래에서 '산울림'의 김창완이나 '송골매'의 배철수, 혹은 송창식 같은 이들을 떠올리는 사람들이 대부분이지만, 그들뿐 아니라 70년대 한국 가요의 전반적인 분위기가 그에게 영향을 주었다. 더불어 '블러'나 '토킹 헤즈' 같은 외국 밴드들의 영향도 간접적으로 받았다. 그런 면에서 일부 노래를 제외하고는 그의 노래가 너무 관습적이라는 얘기를 하는 사람들도 있다.

붕가붕가레코드 노래들을 전부 놓고 보면 좀 더 확실해진다. 디스코라는 장르의 문법에 충실하려고 하는 '술탄 오브 더 디스코'나 영향받은 외국의 밴드 이름들이 자연스레 연상이 되는 '치즈스테레오'나 '아침' 같은 팀의 노래를 두고 이전에 없던 새로운 노래라 하기는 힘들다. Am로 시작해 E로 끝나는 전형적인 코드 진행을 '고질적인 머니 코드'라 부르며 끊임없이 사용하는 조까를로스 역시 음악적으로 새로운 것은 아니다. 붕가붕가레코드의 음악이 독창적이라고 하는 얘기는 인디음악을 접해보지 못한 사람들이 기존에 자신이 듣던 음악과 다르니까 신기하다며 붙여준 내용 없는 수사에 불과하다. 한국의 인디음악만 보더라도 붕가붕가레코드 노래들보다 독창적인 것들은 수두룩하다.

붕가붕가레코드에는 독창적이라기보다는 독특하다는 말이 좀 더 어울리는 듯싶다. 세상에 없던 무엇이라기보다는 그저 남들과 다르다는 느낌이다. 남들이 동시대의 외국 음악에 영향을 받는다면 '술탄 오브 더 디스코'나 '장기하와 얼굴들'은 남들이 별로 손대지 않던 6, 70년대 대중가요에서 자신의 영감을 찾아낸다. 같은 외국 음악에 영향을 받는다고 하더라도 '치즈스테레오'는 그걸 자신들에게 어울리는 간결한 방식으로 바꿔 차이를 나타낸다. '아침'의 노래를 듣고 있으면 몇몇 외국 밴드의 이름을 지워버릴 수 없지만 그래도 딱 이것이라고 얘기할 수 없는 까닭도 그 요소들을 자기 나름의 방식으로 배합해서 독특한 정서를 표현하기 때문이다.

전체적인 맥락을 봐야 한다. 조까를로스의 노래가 전형적인 진행에도 불구하고 남다르게 들리는 건 그 노래에 신파와 유머 사이를 종횡무진하는 이야기가 담겨 있어서 그렇다. 촌스럽게 슬프지만 동시에 유쾌하다고 느껴지는 무엇은 신파면 신파, 개그면 개그, 이런 식으로 딱 떨어지기를 요구하는 한국 사회의 관습에서는 찾아보기 힘든 것이다. 노래, 퍼포먼스, 태도, 이런 요소들을 종합해야만 붕가붕가레코드의 남다른 면을 제대로 볼 수 있다.

오해: 춤을 추니까 노래가 구리다

음악을 접근함에 있어서 자극을 택하는 것은 당장의 화제 획득에는 효과적이지만 미래를 기약해주지 않을 위험이 존재한다. 개별적 움직임이었겠지만 어느덧 비주류와 인디의 희망과 미래로까지 거론되면서 파급의 몸집이 불어난 장기하와 얼굴들의 앨범이 그러하다.

(중략) 신보를 통해 접하는 어떤 곡도 '싸구려 커피' 이상의 귀에 감기는 매력을 발견하기 어렵다. '달이 차오른다, 가자'나 '나를 받아주오' 등의 편곡에서 보이는 수준급 센스나 곡 구성 그리고 신(新)빈곤층의 쓰디쓴 경제 현실을 반영한 노랫말은 인상적이지만 앨

범의 견인력은 독특함, 거기서 그치고 만다. 만담과 유머에 상당 부분 매몰되어 있다.

위대한 음악을 판가름하는 것은 음악적으로 결정되는 것이 아닌 비음악적 혹은 사회적 환경이지만 그것이 음악적이냐 아니냐는 음악적 기준에 따른다고 본다. 자극과 변칙을 통해 일시적으로 올라설 수는 있을지 몰라도 오래 축적된 음악적 미학이 홀대되면 생명력은 기대할 수 없는 것이다.

대중음악 평론가 임진모가 비평 사이트 〈이즘(IZM)〉에다 '장기하와 얼굴들'의 《별일 없이 산다》를 평가하며 쓴 글이다. 이 글에서 이 음반의 특징으로 포착한 일상, 유머, 독특함은 앞서 얘기한 붕가붕가레코드의 음악적 특징이다. 그러니 어찌 보면 이건 장기하와 얼굴들을 넘어 붕가붕가레코드의 음악 전체에 대한 평가로도 볼 수 있다. 그런데 우리가 이것에 "매몰되어" "거기서 그치고 만다"고 한다. "음악적 미학"을 홀대하여 "생명력을 기대할 수 없다"는 결론으로 이어진다. 처음 들어보는 평가는 아니다. 적잖은 사람이 붕가붕가레코드의 음악을 두고 미숙하다는 얘기를 하면서 유머라든가 퍼포먼스 같은 음악 외적인 데 기대고 있다는 얘기를 한다.

물론 우리 노래들이 음악적으로 완성된 것은 아니다. 취미로 음악을 시작해서 아직 10년도 넘지 않았고, 2집을 내본 경험조차 없으니 사실 풋내기라 해도 무방하다. 음악적으로 미숙하다는 평가는 정당하다. 스스로도 그렇게 생각한다. 하지만 우리가 음악적인 부분을 무시했던 적은 없다.

'장기하와 얼굴들'이 주목을 받게 된 데는 분명 〈싸구려 커피〉의 랩과 미미시스터즈의 퍼포먼스로 대변되는 유머와 독특함의 역할이 크다. 하지만 어디까지나 이건 하나의 장치일 뿐, 그들이 하려고 했던 것은 음악이다. '가자'는 의미를 표현하기 위해 넣은 〈달이 차오른다, 가자〉에서 팔을 휘젓는 안무를 보고 해파리춤이라며 즐거워했던 것은 보는 이들 스스로였다. 정작 그런 이들은 "춤 웃긴데 노래도 좋네"라며 노래를 들었다. 오히려 퍼포먼스와 유명세 따위의 음악 외적인 요소만 보고 음악적인 부분을 넘겨짚어버린 건 다른 사람들이다. 그래서 장기하는 시니컬하게 얘기한다.

"춤춘다고 노래가 구리다니 말이 되냐? 정작 그러면서 노래 자체가 어떻게 구린지 얘기는 안 하더라."

립싱크 댄스 그룹이라 위악적으로 굴며 터번을 뒤집어쓰고 다니는 '술탄 오브 더 디스코'의 근본에는 유머가 깔려 있기는 하지만, 오히려 노래를 쓰는 압둘라의 작법은 6, 70년 대 빌보드 차트에 올랐던 팝 음악의 방식에 천착하고 있고, 점차 나아지고 있다. '불나방 스타 쏘세지 클럽'의 노래는 웃기지만 그것을 편곡하고 연주하는 조까를로스 이외의 멤버들은 제대로 음악적인 훈련을 받은 사람들이다. 차라리 "음악적으로 전형적이라 별로" 혹은 "잘하지 못해서 별로"라고 하면 모르겠지만, "음악을 무시해서 별로"라고 하는 건 온당하지 않게 느껴진다.

요컨대 우리는 ①유머러스한 기운을 유지한 가운데 ②듣는 이가 알아들을 만한 내용을 ③독특한 형태로 담아낸 ④'음악적'인 노래를 지향한다. 단순하게 이해하려는 것은 도움이 되지 않는 것 같다. 퍼포먼스, 웃긴 거, 이런 데만 해당하는 얘기는 아니다. 〈싸구려 커피〉의 가사를 놓고 장기하를 "88만원 세대의 대변인이다" 혹은 "가짜 대변인이다"라고 재단하면 마음은 편하겠지만 그의 작업 중 절반인 사랑 노래들은 제대로 들을 수 없다. 〈석봉아〉 같은 노래를 한다고 해서 '불나방 스타 쏘세지 클럽'을 "키치다"라고 평가하면 역시 마음은 편하겠지만 그때부터 조까를로스의 구슬픈 노래는 들리지 않는다.

  오히려 곰사장은 최근 소속 뮤지션들이 점차 '잘하게' 되면서, 음악적인 면으로 치우치면서 다른 부분을 잃어버리고 있다고 느껴져 불안하다. 그가 생각하기에 붕가붕가레코드의 모든 노래 중에서 가장 기가 막히다고 생각하는 것은 노래의 내용과 상관없이 주위에 있는 책을 무작위로 뽑아 만들었다는 '술탄 오브 더 디스코'의 〈왕위 쟁탈〉 랩 부분. 나름대로 정교하게 짠 노래의 구성이라든가 잘 짜인 베이스 라인을 한순간에 허무하게 만들어버릴 정도로 말이 안 돼 작곡자인 압둘라조차 부끄러워하는 이 대목을, 곰사장은 세상에 그 누구도 이렇게 말도 안 되는 가사를 입에 잘 붙게 써 내지는 못할 것이라고 생각한다. 그러니 사람들이 붕가붕가레코드를 우습게 보게 된 주요 혐의는 붕가붕가레코드 스스로에게 둬야 하는 건지도 모르겠다.

    술탄은 약장수와 개장수와 베샤멜 소스와
    원더브라 에이컵 오브 콘크리트
    술집에 땅 차서 전세 사는 아들
    오빠 사는 언니 백두산 설악산 그대 모습에
    나는 어메 취해버렸네
    돈까스가 어떻게 생겼는지
    너는 정말 알고나 있니
    너는 알고나 있니

파는 물건들
붕기붕가레코드의 음반들

수공업 소형 음반과 공장제 대형 음반

　수공업 소형 음반은 생업에 피곤한 음악인들의 지속가능한 딴따라질을 가능케 하기 위해 '보다 싸게, 보다 쉽게, 보다 들을 만하게'라는 기조로 제작되는 붕가붕가레코드의 독자적인 음반 형태. 80퍼센트 정도 손으로 제작되는 ─ 케이스와 공CD는 기성 제품을 사용 ─ 수공업품으로, 원래는 공연을 통해서만 팔기로 했으나 매장에서 사고 싶다는 대중들의 아우성에 힘입어 특별히 매장 판매를 개시. 아무래도 손으로 만들다 보니 물량이 딸려 조기 절판 가능성 높음. 자기 음악으로 빠른 시일 내에 대중들과 만나고자 하는 야망 넘치는 음악인들을 원하고 있다.

　한편 수공업 소형 음반으로 어느 정도 경험과 지명도를 확보한 이들에게 더 많은 대중들과의 만남을 주선하기 위해 고안해낸 형식이 바로 공장제 대형 음반이다. 말이 고안이지, 사실 일반적으로 공장에서 만들어지는 음반과 별반 다를 바 없다. 어쨌든 "가늘고 길게 가더라도 굵게 가야 할 때도 언젠가는 생기는 법"이라는 철학 아래, 되겠다 싶은 음반을 기계의 힘으로 대량생산한다.

현장 검증: 봉가봉가레코드의 수공업 소형 음반 제작 공정
"CD 찍는 기계가 낫지 내가 CD 찍는 기곈지도 몰라"

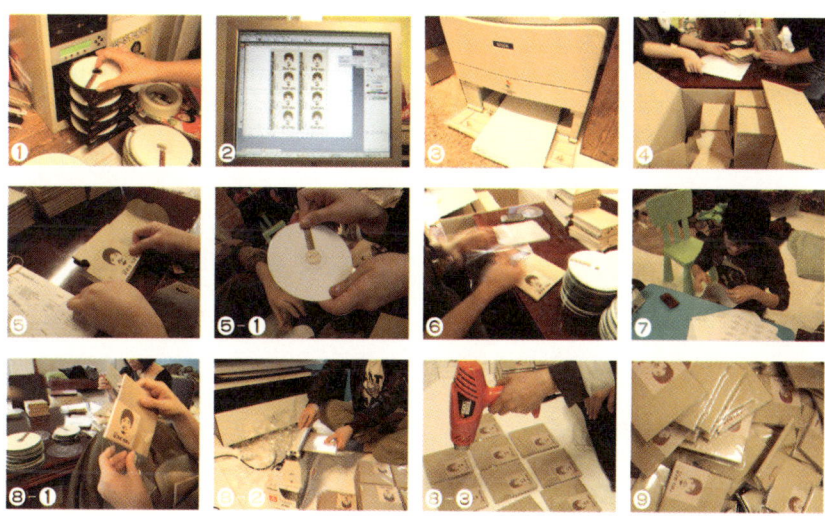

❶ CD를 구워야 한다. 일곱 장을 한꺼번에 구울 수 있는 기계를 사기 전에는 일일이 한 장씩 구워야 했다. 불량이 있는지 점검할 시간은 없다. ❷ 디자인 해놓는 것을 잊지 말아야 한다. 제작 들어가기 30분 전에야 "어이쿠, 깜박 했네" 하면 관계자들에게 매를 맞기 십상이다. ❸ 인쇄는 폼텍 사의 라벨지를 사용. 기계가 고장난다는 이유로 인쇄 가게에서는 안 해주기 때문에 직접 인쇄해야 한다. 인쇄 상태가 그때그때 달라 가끔 "초판과 똑같은 CD를 원해요" 하는 사람들 있으면 매우 곤란해진다. ❹ 백 퍼센트 수공업이라고 할 수 없는 이유는 케이스는 공장에서 사다 쓰기 때문이다. 아마 케이스까지 손으로 만들었다면…… 우리는 죽었을 것이다. ❺ 스티커를 붙인다. CD의 완성도를 좌우하는 주요한 공정이다. 풋내기와 숙련자의 차이는 여기서 난다. ❻ 이처럼 손이 보이지 않을 정도라면 그는 CD를 3천 장 이상 만들어본 숙련자. ❼ 뮤지션은 뮤지션이고 직원은 직원, 이런 구분은 존재하지 않는다. 장기하의 《싸구려 커피》는 장기하가 직접 만든다. ❽ 완성된 CD를 비닐에 넣고 포장하는 마지막 공정. 열풍기로 비닐에 뜨거운 바람을 쐬면 수축 비닐은 알아서 쪼그라들어 보기 좋은 완제품에 이르게 된다. ❾ 이런 식으로 만들어낸 CD가 만 장을 넘는다. 옹케도 해냈다.

공장제 대형 음반 No. 1 - 붕가붕가레코드의 창세기

관악청년포크협의회 《vol. 1 - 꽃무늬 일회용 휴지 / 유통기한》

2005. 2. (절판)

01. 밤새 02. 꽃무늬 일회용 휴지 03. 4 04. 습기 05. 유통기한: 입대 61일 전 06. 말 07. 과수원길 08. 간격은 여전히 한 뼘 09. 비밀 10. 내 모습 11. Be my... 12. 꿈만 같던

"다시, 포오-크의 시대다!"

無예산 아나로그 手工業 메쏘오드로 만들어진 新세대 뉴-웨이브 포오크. 21세기를 살아가는 대학생들의 낭만 보고서.

붕가붕가레코드의 조악하던 시절이 그대로 녹아 있지만, 동시에 조악함을 무색하게 하는 노래의 힘을 느낄 수 있는 음반이기도 하다.

9, 그린티바나나, 치기 프로젝트, 언팩트 그레이(Unpacked Grey), 이렇게 네 명의 뮤지션이 참여했는데, 9는 이후 붕가붕가레코드를 떠나 튠테이블 무브먼트의 사장이 되고 그린티바나나는 덕원으로서 '브로콜리 너마저'를 만들어 히트를 친다. 치기 프로젝트는 '생각의 여름'이 되어 현재는 정규음반을 준비하고 있다. 언팩트 그레이는 현재 금융 산업에 종사하고 있으며, 3년에 두어 번 전화하는 사이가 되었다.

공장제 대형 음반 No. 2 - 봉천동 쑥고개엔 포크 같은 비가 내린다

청년실업 《기상 시간은 정해져 있다》

2005. 5. 초판 발매. 2008. 12. 재발매

01. 쓸데없이 보냈네 02. 냄새나요 03. 기상 시간은 정해져 있다 04. 어려워 05. 군바리의 관계를 종식시키자 pt.1 06. 군바리의 관계를 종식시키자 pt.2 07. 미토콘드리아 08. 못 만날 거야 09. 넌 어제와 같은데 10. 人生有想 2005 11. 포크레인 12. Wanted 13. 이 세상은 지옥이다 14. 쉽게 반해버렸네 15. 4차원의 세계는 언제나 시작이다

무엇보다 이들을 이루는 8할은 즉흥이다. 의미심장해 보이는 이름은 우연히 지나가다 본 신문 기사 제목에 포함된 단어였을 뿐이다. 그렇다고 막 나가자는 심보는 아니었다. 이전부터 노래하고픈 것이 있었고 때마침 통기타와 저예산 레코딩 기술과 값싼 리버브가 있었다.

일상에 대한 유머러스한 스케치부터 무의미와 4차원을 넘나드는 이들의 노래는, 얼핏 들으면 장난 같지만 썩소 날리고 돌아서보면 가슴에 뭔가를 짠하게 남긴다. 겉으로는 단순하나 속으로는 아주 곪아터질 듯한 청춘들이 이들의 노래를 듣는 순간부터 따라 부르고 싶은 부분을 쉽게 찾아내는 이유도 바로 이 때문이다. 이런 식으로, 청년실업의 노래는 우리 세대의 구전 가요다.

초기 수공업 소형 음반 - 절판 4종 세트

하도《첫 차》, 굴소년단《Today Mode》
브로콜리 너마저《꾸꾸꾸》, 깜악귀《The Best Toilet 1/3》

2005.08. ~ 2006.02.

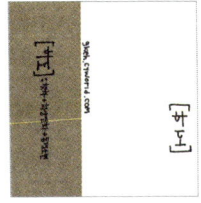   

    포장 기술이 없던 초창기에 만든 수공업 소형 음반들은 매장에서 판매할 수 없었다. 오로지 공연을 통해서 열 장, 스무 장 정도 찍어서 판매했는데 하필 이 시기는 붕가붕가레코드의 암울기, 기획 공연을 하는 횟수가 1년에 평균 1회 정도에 불과했다. 그래서 초판만 따진다면 전 세계에 열 장밖에 존재하지 않는, 심지어 관계자들조차 보유하고 있지 못한 희귀한 아이템들이다.

    물론 '청년실업' 음반처럼 회사가 어느 정도 형태를 갖추고 포장 기술을 보유하게 된 다음 재발매를 할 수도 있었을 것이다. 그런데 문제는 다들 재발매가 불가능한 사연이 있었다. '하도'와 '굴소년단'은 9가 영입한 뮤지션들인데 그가 붕가붕가레코드와 결별한 이후에는 자연스레 붕가붕가레코드를 나가게 되면서 절판하게 되었다. 관행에 따라 판권 계약을 했다면 판매액 중 일부를 뮤지션들에게 지급하는 형태로 계속 찍을 수도 있겠지만, 알다시피 초기의 붕가붕가레코드에 계약 같은 게 있었을 리 없다. 그래서 《첫 차》와 《Today

Mode》는 더 이상 구할 수 없는 음반이 되었다. 대신 이 음반에 수록된 노래들은 각자 다른 회사에서 출시한 '하도'의 《우리의 6구역》(2006, 파스텔 뮤직) 및 '굴소년단'의 《Tiger Soul》(2009, 파고뮤직)을 통해 들을 수 있다.

반면 '깜악귀'와 '브로콜리 너마저' 음반은 레이블과 뮤지션 사이에 관계가 있음에도 불구하고 뮤지션 본인들이 마음에 들어 하지 않아 공개하지 못하는 경우다. '깜악귀'의 《The Best Toilet 1/3》은 제목에 붙어 있는 '1/3'이 의미하듯 원래 3부작으로 기획됐다. '눈뜨고 코베인'에서 곡 쓰기를 주도하는 깜악귀가 꽤 괜찮은 작곡자로 정평이 나 있던 터라 이런 기획이 영 무리였던 것은 아니었지만, 당시 붕가붕가레코드의 음악적 역량과 기술력이 형편없는 수준이었던 탓에 편곡이나 녹음 상태가 안습, 결국 저주받은 음반으로 남게 되었다. '브로콜리 너마저'의 《꾸꾸꾸》는 그들의 유명세에 힘입어 장사를 좀 해보자는 생각에 재발매를 시도했고 실제로 찍는 족족 음반이 매진되는 인기를 끌었지만 역시 비슷한 시기에 이뤄진 작업인 탓에 아무래도 안 되겠다 싶어 판매를 중단하게 되었다.

수공업 소형음반 No. 3 – 여전히 우리 세대의 구전가요

청년실업 《착각》

2006. 2.

01. 착각 02. 난 치즈 싫어 03. 너 요즘 왜 그래

  장기하의 군입대로 유야무야되는 듯 보였던 '청년실업'은 그렇게 끝나지 않았다. 장기하의 군입대 이후 2006년에 남은 두 멤버가 객원 멤버로 깜악귀를 끌어들여 수공업 소형 음반을 낸 것이다.

  이 음반의 첫 번째는 목말라의 노래 〈착각〉. 달콤함이라고는 전혀 없는 그의 목소리를 통해서 실연의 서글픔이 전해오는 것을 보면, 그가 '쑥고개의 반 고흐', 즉 죽어서야 평가받을 천재라 불리는 것을 이해할 수 있다. 이어서 이기타의 〈난 치즈 싫어〉. '보위'와 '비치보이스'의 영향을 받았다는 본인의 설명에 아무도 공감하지 못하자 "그런가?"라며 뒤통수를 긁는 이기타의 모습에 누구를 따라 하려고 해도 절대 비슷해지지 못하는 게 '청년실업'임을 새삼 깨닫게 된다. 마지막 노래는 객원 멤버 깜악귀의 〈너 요즘 왜 그래〉. 그의 '동침 연작' 중 첫 번째 작품인 이 노래는 라디오 르포르타주 형식으로 모텔 투숙 후에 아침에 실갱이하는 한 커플의 모습을 그린 '통기타 펑크 뮤지컬'로, 처음 들으면 우습지만 어느 순간부터 마냥 낄낄대기가 거시기해진다. 아무래도 이런 면이 '청년실업'이다.

수공업 소형 음반 No. 7, 8
아라비안 펑키 소울의 도래

술탄 오브 더 디스코
《요술왕자》《여동생이 생겼어요》
2007.4. & 2007. 11.

01. 너무 너무 좋아 02. 요술왕자 03. 왕위 쟁탈 04. 여동생이 생겼어요 05. 개구리 바지를 입자

리더 압둘라 나잠 曰,

"내 음악의 뿌리는 6, 70년대의 빌보드 Top 50, 스코어의 근간을 이루는 빈티지 펑키 소울은 바로 거기서 나온 것이다. 거기다 술탄이니 이국적인 아라비아 스타일의 멜로디 라인을 얹었다. 거기다 16비트 디스코 리듬, 애시드 편성에 팔세토 창법 등 다양한 음악적 요소를 첨가한 웰 메이드 댄스 음악이다. 사람들은 몰라주지만."

정신적 지주이자 이데올로그 무스타파 더거 曰,

"이건 슬픈 얘기고 우리 삶의 진실이다. 외로움에 슬퍼하는 고독한 남성의 마음이요(《여동생이 생겼어요》) 사극 〈주몽〉의 영향을 받아 만든 정치의 비정한 현실에 관한 얘기다(《왕위 쟁탈》)."

댄서 김덕호 曰,

"상병 김 덕 호. 부대에서 외롭습니다. 편지 좀 써주세요."

유목민 김덕호 아버지 曰,

"잘 부탁드립니다."

공장제 대형 음반 No. 3 - 만남, 아쉬운 헤어짐

브로콜리 너마저 《앵콜요청금지》

2007. 11. (절판)

01. 말 02. 끝 03. 앵콜요청금지 04. 마침표 05. 청춘열차 06. 안녕

   2007년 늦은 가을, 감성 충만한 소년소녀들을 위한 노래들이 왔다. 목욕탕에서 질질 짜다 나온 것 같은 순도 백 퍼센트의 감성 밴드, '브로콜리 너마저'의 데뷔 EP 《앵콜요청금지》.

   "아무리 사랑한다 말했어도 다시 돌아올 수 없는 그때 그 마음이 부른다고 다시 오나요." (《앵콜요청금지》)

   "난 길었던 우리의 만남에 안녕을 말하고 그 수많은 쉼표 뒤에 마침표를 찍었지."(《마침표》)

   〈말〉, 〈앵콜요청금지〉, 〈마침표〉 등 수록곡 들은 '귀에 들리는 순간 입 안을 맴도는' 캐치한 멜로디와 감각적인 가사로 청승 소년소녀들의 감성을 사로잡기에 부족함이 없다. 디지팩으로 제작된 이 앨범의 수려한 아트웍은 인디음악계의 떠오르는 아티스트 김 기조가 디자인했다.

   이 겨울, 가슴이 아픈 당신, 눈물을 흘리기보다 '브로콜리 너마저'의 노래들을 듣기 바란다. 이 노래들은 당신을 위로하기 위한 것이니까.

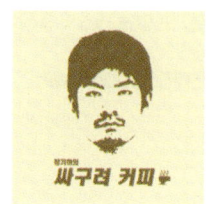

수공업 소형 음반 No. 9 - 대중성이 빵점인 줄 알았던

장기하 《싸구려 커피》

2008. 5. (절판)

01. 싸구려 커피 02. 느리게 걷자 03. 정말 없었는지

다음은 '장기하와 얼굴들'의 등장에 따른 각계의 반응.

"배철수의 타령과 R.ef의 랩을 아우르며 한국 가요의 문법을 꿰뚫는 독창성의 음악." - 음식 애호가 정덕구

"랩이나 노래나 개그임(약간)." - 세곡초 6학년 김동수 어린이

"장기하의 음악을 연주한다는 건 팔이 빠질 것 같은 경험이다." - 얼굴들 노조위원장 이민기

"사위 삼으면 딱 좋겠다." - 봉천동 쑥고개슈퍼 양미자

"대중성이 빵점이다." - 프로듀서 나잠 수

"나잠 수 씨 사람은 참 좋은데." - 신인가수 장기하

"싸구려 커피는 얼마짜리 커피인가요?" - 자판기 엔지니어 문배용

"······." - 미미시스터즈

수공업 소형 음반 No. 10 – 거부할 수 없는 댄스의 충동

치즈스테레오 《Oh Yeah!》

2008. 8.

01. Oh Yeah 02. 난 어떡하라고 03. Dance Very Much

A: 얘! 쇼킹한 얘기가 있어!

B: 뭔데?

A: 왜 그렇게 상큼해!

B: 얘가 무슨 얘기를 하고 있는 거지?

A: 나도 모르게 춤을 추고 있던데?

B: 어머…………?

A: 나 쇼크 먹었어. 따라와, 가르쳐줄게!

한동안 클럽가에서는 둘만 모였다 싶으면 위와 같이 쑥덕이기 일쑤였다. 이처럼 귀 밝은 이들에게 쇼크를 안겨줬던 이상 현상, 그 시작과 끝에 똬리를 틀고 앉아 있는 것이 바로 3인조 그룹사운드 '치즈스테레오'다. 마음이 비뚤어진 이들 중 일부는 "단순한 건 좋다 쳐도 곡당 평균 7, 8줄의 가사는 너무한 것이 아니냐"며 노래를 쓰는 멤버 이동훈의 마음을 한 때 스산하게 만들려 시도했으나, 단순함을 갈고 닦아 훌륭하게 일축, 끝내 자신들의 로큰롤을 수립하였다. 그러던 중 이들이 붕가붕가레코드와 하룻밤을 지새우는 음주와 흡연 끝에 의기투합하여 내놓은 것이 이 싱글 음반이다.

수공업 소형 음반 특별판 – 유머러스하면서 냉정하고도 비정한 얼터너티브 라틴

불나방 스타 쏘세지 클럽 《악어떼》
2009. 1 (절판)

01. 악어떼 02. 미소녀 대리운전 03. 몸소 따발총을 잡으시고 04. 아으어우어으아 05. Bonus Track

"선생님은 안에 계십니까?" 벌써 세 번째였다. 곰사장이 첩첩산중에 자리 잡은 이 오두막에 찾아 온 것은……. "계십니다. 하지만 낮잠을 주무시고 계십니다." 문 앞을 지키던 동자가 대답했다. 계신 것이 어디냐. 감히 깨우지 못한 채 문밖에서 가만히 서 있을 따름이었다. '누워 있는 악어', 와악(臥鰐) 조까를로스 선생을 만나는 데 이러한 정성 정도는 아주 기본이라 할 수 있는 것이다.

"별 생각 없소." 아니나 다를까, 단숨에 거절하시는 조까를로스 선생. 하지만 "음. 마초는 죽어서 콧수염을 남긴다는데 나도 뭔가" 하는 혼잣말이 이어진다. 그리고 석양이 뉘엿해질 무렵, 결국 선생의 승낙이 떨어졌다.

이런 경위로 어리굴 써라운드 제작, 붕가붕가레코드 유통의 수공 업소형 음반(띄어쓰기에 주목), 《악어떼》는 출시되었다. 천 장 한정 생산했다. 보너스 트랙의 저작권 문제 때문이라는 얘기가 있다.

수공업 소형 음반 No. 11 - 더도 말고 지금의 오롯한 그들

아마도 이자람 밴드 《슬픈 노래》

2009. 2.

01. 슬픈 노래 02. 비가 축축 03. 우유 04. 4월 24일

제작자 깜악귀는 이 음반에 대해 다음과 같이 말한다.

"붕가붕가레코드랑 같이 음반을 내게 됐다면서 이자람이 나를 찾아왔더라고. 사실 '아마도 이자람 밴드'와 붕가붕가레코드의 인연도 짧지 않았지. '아마도 이자람 밴드'도 없고 붕가붕가레코드도 없던 시절, 붕가붕가레코드의 모태가 된 전천후 엔터테인먼트 집단 '붕가붕가 중창단'에 이자람이 지원했다가 노래를 너무 잘한다는 이유로 거절당했던 적이 있는 거지. 중창단 애들이 건방진 척하지만 사실은 미안해서 그랬던 건데, 요 근래 와서 뭔가 잘 풀리니까 이제는 서로 같이 할 수 있겠다는 마음이 들었나 보지? 결국 다시 만나게 됐네.

음반엔 더도 말고 덜도 말고 지금 밴드가 가진 거랑 할 수 있는 게 들어 있어. 포크록 하는 밴드니 포크록이겠고, 네 곡 들어 가 있고. 어쨌든 나쁘지 않은 것만은 확실해. 엔지니어인 휜설 씨도 나랑 함께 애써줬으니 음반 소리도 나쁘지 않고. 무엇보다 그녀의 목소리, 누군가가 '이자람의 목소리라면 내 남자라도 기꺼이 바꾸겠다'라던데, 듣고 있으면 저절로 마음 내주게 될 거야. 이렇게 말하면 너무 광고하는 거 같나?(웃음)"

공장제 대형 음반 No. 4 - 대중음악의 오래된 미래는 오래 지속된다

장기하와 얼굴들 《별일 없이 산다》

2009. 2.

01. 나와 02. 아무것도 없잖어 03. 오늘도 무사히 04. 정말 없었는지 05. 삼거리에서 만난 사람 06. 말하러 가는 길 07. 나를 받아주오 08. 그 남자 왜 09. 멱살 한번 잡히십시다 10. 싸구려 커피 11. 달이 차오른다, 가자 12. 느리게 걷자 13. 별일 없이 산다

　　장기하와 얼굴들의 첫 정규 음반으로 옛날 대중가요의 영향을 흠씬 받은 소리에 일상생활의 구질구질함이나 연애 상황의 찌질함 등을 말같이 노래하는 특유의 창법으로 담아내는 것은 변함없으나, 달랑 세 곡이었던 싱글과 달리 감성적인 옛날 가요, 박자감 넘치는 훵크 스타일, 직선적인 로큰롤, 정체를 알 수 없는 괴곡 등이 담겨 있어 듣는 재미가 어느 정도는 쏠쏠해진 듯싶다.

　　음반을 발매할 무렵, 관계자들은 본 음반이 대중으로부터 적잖은 인기를 얻어내어 '한국 대중음악의 오래된 미래'라는 선전이 무색하지 않았으면 좋겠다고 희망하고 있었으며, TV에도 다수 출연할 수 있기를 바라고 있었다. 망할 경우에는 어쩔 수 없다고 각오를 하고 있었다. 다행히 다시 적잖은 성공을 거둬 아직도 그들의 활동은 별일 없이 지속되고 있다.

공장제 대형 음반 No. 5 – 유머와 신파에 대한 고질적인 애증

불나방 스타 쏘세지 클럽 《고질적 신파》

2009. 6.

01. 원더기예단 02. 악어떼 03. 마도로스 K의 모험 04. 싸이보그여중생 Z 05. 석봉아 06. 수지수지 07. 미소녀 대리운전 08. 이발사 데니얼 09. 몸소 따발총을 잡으시고 10. 독수리 11. 불행히도 삶은 계속되었다 12. 시실리아 13. 석봉아 (열정 VERSION)

　앨범 제목인 《고질적 신파》는 조까를로스의 신파에 대한 애증 그 자체. 신파의 유치함에 대해 비웃지만 어쩔 수 없이 신파가 되어버리는 스스로의 모순에 대한 고찰을 담은 것이다.

　물론 세상에 존재하는 수많은 장난거리에 더할 또 다른 한 줌의 농담이긴 하다. 하지만 더불어 흥건한 복수의 정서와 좌절, 그리고 그로테스크함 같은 어두운 정서들이 공존한다. 농담이면 농담이고 불온할 것이면 불온할 것, 이런 식으로 딱 떨어지는 것을 요구하는 사회의 고질적인 관습 아래, 농담은 농담이되 동시에 지극히 불온한 농담으로서 《고질적 신파》는 참신함을 가진다.

　물론 이런 것과 상관없이 심의 잘 통과해서 방송에도 많이 나오고 잘 팔렸으면 좋겠다는 게 고질적인 음반 사업가의 바람이다. 하지만, 결국 보건복지가족부에서는 청소년 유해 음반 판정을 내리고 말았다.

수공업 소형 음반 No. 12 - 붕가붕가레코드의 기대주

아침 《거짓말꽃》

2009. 7.

01. 불신자들 02. 거짓말꽃 03. 불꽃놀이 04. 딱 중간

'아침'의 정체를 요약하는 건 쉬운 일이 아니다. 슈게이징 밴드마냥 자신의 신발 끝을 내려다보며 세상을 다 내려놓은 듯한 표정으로 연주하지만 간간히 흥이 올라 몸을 흔들어대는 모습이나 꽤나 능수능란하게 관객들과 얘기 나누는 모습을 보고 있자면 영락없는 록큰롤 밴드다. 깨끗하게 정련된 듯 보이는 그들의 음악엔 결코 편하다고만 할 수 없는 목소리와 '쾅'하고 터지는 에너지가 담겨 있다. 트렌드를 지향하지만 중심에 변하지 않는 가치를 갖고 싶다는 지향도 이들의 애매함을 잘 드러낸다. 이런 애매함은 아직 시작한 지 얼마 안 된 밴드로서 아직 뚜렷한 방향을 세우지 못한 까닭일지도 모른다. 하지만 명확한 지향이 생긴다고 하더라도 이런 모순은 끝내 존재할 것이다. 원체 기존의 분류 체계로 쉽게 포괄할 수 없는 애매한 것이 바로 그들의 색깔이기 때문이다. 그런데 그게 꽤나 절묘하게 배합된 색깔이다. 요컨대 흰색과 검은색 사이에 있는데, 정확히 중간은 아니고 중간에서 약간 빗겨 있는 회색, 그 정도를 '아침'이라 할 수 있을 것이다.

공장제 대형 음반 No. 6 – 돈 스톱, 네벌 기브업, 렛츠 록!

치즈스테레오 《Don't Work, Be Happy》

2009. 9.

01. Hello 02. The Good, The Bad and The President 03. 난 어떡하라고 04. 동물해방전선 05. 순서에 상관 없이 06. Oh Yeah! 07. 탁월한 선택 08. 산울림처럼 Let's Rock 09. 한밤의 에스프레소 10. Last Century Boys 11. 파티엔 언제나 마지막 음악이 필요하다

　노래에도 무대에도 자꾸 더 채워 넣으라 했다. 비어 있는 것을 참지 못하는 소속사는 계속 이런 것을 요구했고, 밴드에게는 곤혹스러운 얘기였다. 그러다가 한때는 밴드 스스로 뭔가를 더 해 넣으려 애썼다. 조급했다. 하지만 자꾸만 어울리지 않는 옷을 입은 듯한 어색한 기분을 느끼기 시작했다. 단단히 잘못 생각하고 있었다. 그래서 그들은 다시 원점으로 돌아왔다. 애초 외쳤던 것처럼, "오로지 기타! 베이스! 드럼! (가끔 건반도!)"의 간결하고도 춤추기 좋은 록큰롤로. 이미 그것만으로 그들은 충분히 록스타가 될 준비가 되어 있었다.

　그들의 첫 정규 음반 《Don't Work, Be Happy》는 이렇게 원점으로 돌아온 그들의 지향을 다시 확인할 수 있는 음반이다. 삼십대 초반이라는 적잖은 나이에 변변한 직업 없이 음악에 매진하는, 어느 정도는 게으르지만 그래도 확실히 행복하기는 했던 자신들의 삶을 긍정하며 "너네들도 이래 봐라!" 선언하고 있는 것이다.

공장제 대형 음반 No. 7 다 덜어내고 남은 노래들

생각의 여름 《생각의 여름》

2009. 9.

01. 십이월 02. 골목바람 03. 활엽수 04. 덧 05. 동병상련 06. 서울하늘 07. 허구 08. 그래서 09. 말 10. 긴 비가 그치고 11. 다섯 여름이 지나고

이 음반을 대하는 소속사의 입장은 난처하기 그지없다. "□□의 계보를 잇는 통기타 솔로 싱어송라이터!"라고 선전할 수 있다면 좋겠는데, 그런 식으로 사게 만들면 사기라고 불만을 잔뜩 살 것이다. 노래라고 하기엔 그의 다듬어진 언어는 시로 향한다. 하지만 멜로디에 대한 관심은 이를 확실히 노래로 만든다. 소리가 가진 질감을 중요하게 생각하지만 그것을 언어로 치환하는 게 불가능한 것은 아니다. 창작자로서는 비범한 구석인지도 모르겠지만 소속사에겐 애매함일 따름이다.

결국 한마디로 재단하는 건 포기하고 노래의 가장 기본적인 요소라는 멜로디와 가사를 따져본다. 사실 의도가 그렇게 거북할 정도로 느껴지진 않는다. 그의 멜로디는 달콤하지만 의외로 감각적이라 매력적이다. 무엇보다 말을 허비하지 않으려는 의지가 담겨 있는 그의 가사가 또렷한 발음을 통해 전해지면서 그 간결함은 듣는 이에게 집중을 강요하는 동시에 생각의 여백을 선사하는 의미 있는 경험을 하게 된다.

들으러 오지 않고 보러 온다
- 붕가붕가레코드의 공연

기자: 공연 때 왜 춤도 추고 이런저런 것을 하시나요?
장기하: 우리가 말할 때 공연을 '들으러 간다'고 하지 않고 '보러 간다'고 하지 않습니까?

장기하의 얘기처럼 음반이 들려주는 것이라면 공연은 보여주는 것이라는 게 붕가붕가레코드가 처음 창립 공연을 할 때부터 지금까지 꾸준하게 가져온 생각이다. 이런 생각으로 '아주 괜찮다'까지는 아니더라도 최소한 '그럴싸하다'고 보여주는 것, 그리하여 관객에게 음반을 들을 때와는 다른 경험을 주는 것을 목표로 한다. 물론 여기서도 '최소 비용 최대 효율'이라는 대원칙은 적용된다. 더불어 태어난 게 농담 따먹기를 즐기는 천성들이다 보니 유머 센스도 구현하게 된다.

요컨대 '적은 돈'을 들여 최대한 재미있는 공연을 '보여주자'는 것, 열한 차례 지속해온 '지속가능한 딴따라질'이라는 제목의 기획 공연에 담아온 붕가붕가레코드의 공연 철학이다.

보이는 것 이상을 보여주기

2008년 겨울, 한창 추워질 무렵 곰사장의 심기는 영 불편했다. '장기하와 얼굴들'에게 그즈음 광고 섭외가 들어왔고, 홍보 효과로 보나 돈벌이로 보나 곰사장 보기에는 꽤나 괜찮은 기회였는데 장기하가 거절했기 때문이다. 좋은 사업 기회를 놓쳤다는 생각도 있었지만, 무엇보다 마음을 편찮게 만든 건 그 과정에서 별 상의가 없었다는 점이었다. 여기까지 미처 고려하지 못했던 장기하는 꽤나 미안한 눈치를 보였지만 옹졸한 곰사장이 그 정도로 마음을 풀 리가 없다. 괜한 억하심정이 일었다. 그날 예정된 '장기하와 얼굴들'의 EBS 스페이스 공감 〈헬로 루키 오브 더 이어〉 공연은 한 해에 한 번 정도 있는 커다란 규모의 공연이었음에도 불구하고 그것을 째고 다른 소속팀인 '치즈스테레오' 클럽 공연을 보러 가기로 마음먹었다. '장기하와 얼굴들' 없이도 먹고살 수 있는 붕가붕가레코드를 만들어보겠다는 같잖은 오기였다.

같은 날. 바로 그 '장기하와 얼굴들' 공연이 예정된 멜론 악스홀 근처의 한강변, 김기조는 '청년실업' 3인방―장기하, 목말라, 이기타―과 빙글빙글 돌면서 사진을 찍고 있었다. 황금 같은 휴가 중에 찬바람 맞으면서 이게 뭔 짓인가 싶었다. '청년실업' 1집이 재발매된다는 얘기를 듣고 새로 디자인해보겠다고 얘기했던 게 화근이었다.

거기까지라면 그냥 그만두고 말 뻔도 했는데, 모처럼 좋은 콘셉트까지 생각나버린 것이다. 2005년 나왔던 '청년실업' 1집 표지에는 살 빠지기 전의 장기하를 비롯하여 앳된 시절의 3인방이 해맑은 표정으로 실려 있는데, 이걸 세 명의 멤버가 다투는 모습으로 바꿔보고 싶었다. 3년의 변화를 보여주고 싶다는 생각이었다. 그래서 기껏 휴가 중에 작업해보기로 마음먹었는데, 이건 뭐 장기하의 일정 때문에 도저히 시간이 나지 않았다. 결국에는 공연 리허설을 마치고 남은 한 시간 사이에 나머지 두 멤버를 모아서 겨우 사진을 찍었다.

늘 그렇지는 않지만 대충 영감이란 건 이렇게 다들 기분이 뭣 같을 때 오는 것 같다. 그날 저녁, '치즈스테레오'의 공연을 보고 온 곰사장은 김 기조가 추운 바람 맞으며 찍어온 사진을 봤다. 서로 신나서 때려 박고 있는 사진을 한 장 한 장 넘겨보던 중, 느낌이 왔다. 뭔가 모든 게 순식간에 맞아떨어지는 듯한 짜릿한 느낌. 그 순간 '청년실업' 1집 재발매 기념 공연에 붙일 제목의 초안이 나왔다.

'장기하 이 새끼, 너만 잘 나가냐'

2008년 12월 14일, '청년실업' 1집 재발매 기념 레이블 공연 '지속가능한 딴따라질 6탄'의 제목은 욕 같다는 의견도 있었지만 그보다 너무 길다는 의견이 다수라 '이 새끼'라는 말이 빠져 '장기하, 너만 잘 나가냐'로 정해졌다. 지어놓고 보니 썩 마음에 들었다. 그 시점에 붕가붕가레코드가 하는 레이블 공연이 놓일 맥락을 가장 적절하게 표현할 수 있는 한마디라는 생각이었다.

당시의 맥락이라면, 150명의 관객이 들었던 직전의 레이블 공연에 기뻐했던 게 8월의 일, 그리고 4개월 후 네 배가 넘는 7백 명을 앞에 두고 공연을 하게 됐고, 그게 순전히 '장기하와 얼굴들' 한 팀의 힘인 상황이었다. 관객들 대다수는 '장기하와 얼굴들'을 기대하고 올 것이다. 이런 맥락에서 '장기하와 얼굴들'의 단독 공연이 아닌 소속팀들을 릴레이로 내보내는 레이블 공연이 택할 수 있는 전략은 명확했다. 첫 번째는 뒤집기. 장기하를 보러 온 사람들한테 '청년실업'을 메인으로 세워놓고, '장기하와 얼굴들'은 여섯 팀 중에 네 번째 팀 정도로 세운다. 물론 '청년실업' 멤버 중 1인이 장기하기 때문에 이러한 뒤집기는 그리 과격한 편은 아니다. 두 번째는 엮기. 공연 중간 중간에 '청년실업' 멤버들이 레이블의 다른 소속팀을 설명하도록 했는데 관객들이 이미 알고 있는 장기하를 끈으로 다른 팀을 알게 하자는 전략이었다. 세 번째는 까놓기. 솔직하게 '장기하와 얼굴들'의 인기에 기대 레이블의 다른 소속팀을 팔아먹고 있음을 인정하는 것이다.

이 모든 전략이 사진을 보는 순간 단번에 튀어나왔다. 있지도 않은 기획자로서의 천부적인 재능 덕분이 아니라, 우연하게 재수가 좋았던 덕분에 맥락이 한 번에 딱 잡혔다. 어차피 돈도 시간도 없는 상황이라면 보이는 것 자체로 기똥차게 뽑아내기는 쉽지 않다. 그렇다면 보이는 것 이상을 보여줘야 한다. 보이는 것 이상을 보여주기 위해서는 관객의 상상을 끌어내야 하고, 관객의 상상은 자신이 알고 있는 데서부터 시작한다. 관객이 지금 보고자 하는 게 무엇인지를 파악하는 순간 어떻게 보여주면 그 이상을 볼 수 있는지 견적을 뽑을 수 있다.

물론 견적이 나온다고 해서 끝난 건 아니다. 없는 돈과 모자란 시간에 중요한 것은 구체적으로 실현할 수 있는 수단이다. 우리가 쓸 수 있는 것은 오로지 포스터, 그리고 동영상밖에 없었다.

일단 포스터에는 '장기하, 너만 잘 나가냐'는 제목을 큼직하게 박아놓고, 다리를 배경으로 장기하를 '청년실업'의 나머지 두 멤버인 목말라와 이기타가 잡아 뜯는 사진을 집어넣었다. 일단 이걸 본 관객이라면 제목과 콧수염을 통해 장기하는 알아보겠지만, 나머지 둘은 엑스트라 정도로 생각했을 것이다.

나머지 전략 '뒤집기—엮기—까놓기'를 달성하는 것은 동영상이다. 각 팀의 공연에 앞서 팀을 소개하는 동영상을 틀기로 했다. 동영상의 가장 기본적인 콘셉트는 '청년실업' 멤버들이 우연하게 길을 가다 마주친 게 붕가붕가레코드의 소속팀이라는 것. 시놉시스가 나왔다.

1. 아마도 이자람 밴드-(나름 알려질 만큼 알려진 팀이라는 점에 주목)
   밤새 술을 마신 '청년실업' 멤버 세 명이 식당에 갔다가 우연히 어떤 사람들을 만난다. 어디선가 자주 본 듯한 얼굴이다. 아는 척을 했다. 이자람 얼굴 크게 클로즈업 되면서,
   자막: 붕가붕가레코드의 관록의 새 얼굴, 아마도 이자람 밴드

2. 치즈스테레오-(야구복이라는 콘셉트를 처음 도입한다는 점에 주목)
   '청년실업'은 운동장에서 쓸데없이 시간을 보내고 있다. 옆에서 세 남자들이 푸념하고 있다. "우리 음악으로는 안 되는 것 같지." 앞에서는 조기축구 회원들이 축구를 하고 있다. 그걸 보던 남자들은 "그래, 우리 야구를 해보자!" 그리고 야구복으로 갈아입은 세 남자가 클로즈업.

자막: 진화하는 율동의 충동, 치즈스테레오

3. 술탄 오브 더 디스코-(이상한 놈들이라는 점에 주목)
   이상한 야구 청년들을 만난 '청년실업'은 그들을 잔뜩 씹어대며 다시 길을 걷기 시작한다. 그러다 주유소 앞, 터번을 쓴 이상한 남자들이 있다. 이 광경이 이상해 보이던 '청년실업'은 우두커니 이들을 지켜본다. 한창 기름을 넣고 있던 터번 남자들, 갑자기 음악을 틀더니만 춤을 추기 시작한다. 여기서 프리즈.
   자막: 댄스 플로어의 풍운아들, 술탄 오브 더 디스코

4. 장기하와 얼굴들-(장기하의 출세라는 점에 주목)
   '청년실업' 멤버들은 길을 걷는다. 그런데 이상한 음악 소리가 들려온다. 이상한 소리에 끌려 장기하가 서서히 움직인다. 장기하의 의상은 '청년실업'의 흐트러진 정장에서 꽃을 단 깔끔한 와이셔츠로 바뀐다. 그가 걸어가는 앞에는 두 여자가 서 있다. 미미시스터즈. 그들 앞에 선 장기하 클로즈업.
   자막: 한국 대중음악의 오래된 미래. 장기하와 얼굴들

5. 청년실업-(서로 시기하고 싸운다는 점에 주목)
   그냥 알아서 싸우게 내버려둔다.

로케이션의 급작스런 변경이나 살을 에는 강추위 등의 악조건 속에서도 영상은 꽤 괜찮게 나왔다. 특히 그냥 알아서 싸우게 내버려둔다 정도였던 '청년실업'의 소개 영상은 "록스타 되니까 기분 좋냐?", "나 집 좀 사도", "살찐다고 고기도 안 먹는다며? 고기 좀 먹어" 따위로 멤버들의 애드리브가 터지면서 콘셉트에 정확하게 들어맞게 나왔다. 소개 동영상을 보면 관객들은 일단 포스터의 두 남자가 장기하와 한 팀임을 알게 되고, 그들을 매개로 다른 팀들을 알게 되면서, 팀 각각에 캐릭터를 부여하고, 결국 나름의 이야기를 얻을 것이라는 게 연출 의도였다.

정작 공연 당일에는 기술적인 문제로 예정한 공연 시작 시간보다 40분을 넘겨서야 완성 동영상이 도착했다. 예전 공연에 비해 네 배나 늘어난 관객을 감당 못 해 관계자들이 모두 쩔쩔매던 와중이었다. 덕분에 공연은 한 시간이나 늦게 시작했다. 사람들의 불만은 장난이 아니었다. 하지만 '아마도 이자람 밴드'의 영상이 상영되었고, 이자람 얼굴이 클로즈업되는 동시에 스크린이 올라가면서 공연이 시작되었다. 사람들의 환호성. 비록 미숙함을 여실히 드러내는 순간이었지만 동시에 기획이 빛을 발하는 순간이었다.

보이는 것을 보여주기

공연을 보러 온 어느 평론가는 대기실 광경을 보고 평했다.
"홍대 인디 씬의 예능선수촌."
그도 그럴 것이, 출연하는 레이블 소속 다섯 팀 중 네 팀이 별도의 의상을 가지고 있었고, 그중 세 팀이 안무팀을 동반했다. 인디음악 판을 봐도 그렇거니와, 보통의 록 밴드 공연에서는 보기 드문 광경이다.

붕가붕가레코드 소속팀들은 기본적으로 들려주는 것 못지않게 공연에서 보여주는 것에 신경을 쓴다. 사실 보여주기가 존재의 의미인 립싱크 댄스 그룹 '술탄 오브 더 디스코'는 물론이거니와, 음악 못지않게 안무의 힘으로 널리 알려지게 된 '장기하와 얼굴들', 콧수염과 선글라스를 반드시 착용해야 하는 '불나방 스타 쏘세지 클럽', 다른 것은 준비하지 않아도 붉은 넥타이에 검은 정장은 있어야 하는 '청년실업'까지. 분위기가 이렇다 보니 멀쩡하게 공연하던 '치즈스테레오'가 TV 출연을 빌미로 야구복을 맞추고선 안무팀을 대동하는 기획을 짜기도 했다.

특히 상징적인 것은 '장기하와 얼굴들'이다. '장기하와 얼굴들'이 인기를 얻게 된 것은 〈싸구려 커피〉의 장기하식 랩 못지않게 흐느적거리는 팔 동작으로 세간에 '촉수춤'으로 알려진 〈달이 차오른다, 가자〉의 여성 코러스 겸 안무단 미미시스터즈의 존재 덕분이다. 의외였던 건 이것들이 개그 코드로 받아들여졌다는 사실이다. 아무래도 멀쩡하게 생긴 애가 종잡을 수 없는 여인 두 명과 서서 애매한 춤을 췄기 때문인 것 같은데, 하긴, 곰사장도 그 안무를 처음 보고서는 그랬다.

"이상해. 하지 마."

웃기려고 만든 안무는 아니었다. 가사의 의미를 완전하게 납득을 해야만 움직이는 미미시스터즈의 성향은 제자리 걷기 스텝과 중간의 동선에 노래 내용을 반영하게끔 했다. 가장 핵심적인 팔을 휘적거리는 동작. 이건 장기하 본인도 밝힌 바 있는데 외국의 록 밴드 '토킹 헤즈'를 참조하여 '가자'는 가사의 의미를 표현했다. 이상하다고 느껴질지 몰라도 최소한 웃긴 것은 아니었다.

중요한 건 역시 맥락이다. 맥락 없이는 뜬금없다는 기분이 들 수밖에 없다. 맥락 없이 툭 짜서 던져놓는 경우는 꺼린다. 이를테면 미미시스터즈 특유의 코디, 즉 가발에 선글라스에 짙은 립스틱은 그들이 처음 등장했던 노래인 〈나를 받아주오〉에서 노래를 듣는 상대방이자 장기하 노래의 주요 등장인물 중 한 명인 '여러 번 상처를 받아 단단해진 여성'을 표현한 것이다.

심지어 개그를 위해 태어난 것 같은 '술탄 오브 더 디스코'도 맥락을 중요하게 여긴다. '술탄 오브 더 디스코'에게 가장 중요한 것은 옛 대중문화의 코드들이다. 일단 디스코에 기댄 만큼 안무에 디스코 동작을 많이 인용한다. 소방차의 영향을 짙게 받은 〈여동생이 생겼어요〉의 안무는 소방차 스타일의 안무를 난이도가 있는 덤블링 같은 동작을 빼고 간결화한 경우다. 물론 '술탄 오브 더 디스코'의 공연을 실제로 보면 이런 고민은 거의 느껴지지 않고, 그저 잡탕이라는 느낌이 들기 십상이다. 사실 고민과 제대로 안무를 만드는 일은 별개의 문제다.

그리고 맥락 못지않게 몇 번을 강조해도 부족하지 않을 만큼 중요한 문제가 시간과 예산 부족이다. 없는 시간과 돈을 짜내 어떻게 더 보기 좋게 만들어내느냐는 문제다. 매우 현실적이다. 이건 일상적인 필요와 마주치는 현실적인 문제다. 이를테면 공연할 때마다 콘셉트에 맞춰 터번을 써야 하는 '술탄 오브 더 디스코'의 경우, 터번을 감을 때 시간이 너무 오래 걸리는 데다, 공연 중에 풀리는 일이 부지기수였다. 터번을 감는 게 귀찮다는 이유로 공연 섭외를 거절하는 일까지 생길 지경이었다. 결국 터번을 감은 다음 실로 꿰매버렸다.

이런 것을 극복해내는 것이 스태프들의 힘이다. 붕가붕가레코드는 그간 센스 있고 경험도 있는 스태프들을 만나서 도움을 받았다. 위험지역을 봉쇄할 때 쓰는 테이프 하나로 클럽을 '외계인의 침공'이라는 분위기로 전환하는 건 바로 센스의 힘이다. 근성도 중요하다. 공연의 연출이란 사람들을 부리는 게 아니라 먼저 자기를 부리는 것임을 알고, 직접 소품을 제작하는 연출자 덕분에 좋은 공연을 만들 수 있었다. '장기하와 얼굴들', '불나방 스타 쏘세지 클럽'의 단독 공연이 멋들어지게 열릴 수 있었던 것은 연출자 어화를 비롯한 적지 않은 스태프들의 힘이다. 무엇보다 시세에 비해 낮은 비용으로 일해주시기에 가능한 일이다.

안 보여주고 물려주기

곰사장이 가장 최근인 2009년 7월에 열린 레이블 공연의 제목을 떠올린 것도 순식간의 일이었다.

'예능을 배제한 순수 음악 공연.'

이렇게 제목을 붙인 데는 나름의 고민이 있었다. 일단 동영상을 만들기가 너무 귀찮았다. 드는 시간도 적지 않거니와 틀 때마다 생기는 수없는 오류와 이를 급박하게 수정해야 하는 과정이 주는 스트레스에서 벗어나고 싶었다. 왜 우리는 남들처럼 그냥 편하게 공연을 하면 안 되냐는 생각이 들기도 했다. 좀 더 근본적으로는 보여주는 것에 치중하다 보니 정작 우리가 하고 있는 음악 자체는 과소평가받는 게 아닌가 하는 생각이 들었다.

실제로 부작용이 있었다. 애초부터 회사와 '치즈스테레오' 사이에는 이와 관련된 갈등이 있었다. 회사는 나름 의상을 지정해주는 등 보이는 데 신경 써주기를 요구했고, '치즈스테레오'는 그보다는 음악으로 충분하다고 생각했다. 그러다 2008년 12월 레이블 공연, 야구복을 입고 응원단 '오예스'까지 대동했던 '치즈스테레오'는 별 반응을 받지 못했고, 낙심을 하고서는 "다시는 야구복을 입지 않겠다"라고 공언하기에 이르고 말았다. 이러한 과정을 거치고 나서야 애초에 밴드에 맞는 것이 있고, 그것이 굳이 보여주는 것이 아니라면 밴드에 맞춰 공연을 만들어야 하는 것을 깨달았다. 그래서 새로 들어온 밴드인 '아침'의 멤버들이 '쓰레빠 신고 올라가는 일만 피하겠다'는 자신들의 의상 철학을 밝혔을 때 별말 않고 수용했다.

최근에는 자꾸만 음악적인 면에 더 신경을 쓰게 되는 것 같다. 뭔가 잘하려다 보니 자연스레 그렇게 된다. 요 근래 '장기하와 얼굴들'이 어느 록페스티벌에서 아카펠라 그룹까지 총 열세 명이라는 미니 오케스트라급 인원을 동원한 이유는 보여주려는 목적 이전에 자신이 만들어놓은 복잡한 코러스를 소화하기 위해서였다. 열세 명이 무대 위에서 흰색과 검은색으로 대비한 의상을 입고 새로워진 안무를 펼침으로써 보여주는 것도 포기하지 않았다. 한편 '불나방 스타 쏘세지 클럽'은 5인조에다 세션 한둘이 더 붙는 풀 밴드 편성으로 콧수염 붙이고 선글라스 쓴 괴상한 남자들도 괜찮은 음악을 그럴싸하게 연주할 수 있음을 보여주고 있다.

보여주고 물려주기

귀 막고 공연 보는 사람이 없는 것처럼 눈 가리고 공연 듣기만 하는 사람 없다. 귀와 눈을 모두 충족시켜줘야 한다는 게 붕가붕가레코드의 기본 방침이다.

　이 두 가지를 적절하게 조화한 것이 2009년 6월에 열었던 '불나방 스타 쏘세지 클럽'의 음반 발매 공연 〈신파 극장〉이다. 음악을 '문(文)'이라 하고 퍼포먼스를 '무(武)'라 한다면 '불나방 스타 쏘세지 클럽'은 그야말로 문무를 겸비한 밴드. 수없이 많은 단독 거주 여성 자취생들을 열광의 도가니로 몰아넣었던 주옥같은 레퍼토리를 바탕으로 1막의 '신파'에서는 애달픈 마음으로 절절 끓는 그들의 모습을, 2막의 '극장'은 제대로 된 음악적인 면모를 갖춘 그들의 모습을 보여준다는 콘셉트로 만든 공연이었다. 무대 양옆의 화면에 띄운 사이보그의 눈부터 조까를로스가 고안한 마술까지 수많은 볼거리와 여덟 명에 이르는 밴드 편성은 풍성한 소리를 만들어냈다. 공연 진행표에는 매 곡마다 편성, 영상, 퍼포먼스에 대한 아이디어로 빼곡하게 들어찼다. 붕가붕가레코드는 그간 쌓아왔던 역량을 총동원했고, 노령의 조까를로스는 자신의 체력을 밑바닥까지 드러내야 했다. 그래서 본 공연, 뒤에서 지켜보던 곰 사장 마음이 뭉클해졌다. 그들이 연주하는 스펙터클한 모습을 보고 있자니 '부에나 비스타 소셜 클럽'이 붕가붕가레코드에 들어온 듯한 기분이 들 정도였다.

　돈 내고 온 관객만 좀 더 있었더라면 정말 행복했을 텐데. 사실 제일 중요한 것은 장사다.

에필로그

우리는 나아지고 있다
이런저런 술자리에서 바라본 붕가붕가레코드

2009년 5월. 새벽 5시. 데우지 않은 정종

어느덧 '장기하와 얼굴들'이 결성 1주년을 맞이한 시점이었다. 장기하와 곰사장이 술을 마시는 건 정말 오랜만이었다. 장기하는 이미 술에 취해 꽐라가 되었고, 곰사장은 여덟 시간의 회의 끝에 그에 버금가는 상태에 육박했다. 장기하가 먼저 말을 꺼냈다.

"2집이 안 나와도 괜찮겠냐?"

곰사장으로선 식겁할 수밖에 없었다. 하지만 의연한 척 대답했다.

"니가 내기 싫으면 안 내는 거지."

세간의 평가에 대한 부담감 때문이라고 생각했다. 그래서 이어 말했다.

"어차피 망해도 상관없지 않느냐는 게 우리 아니냐?"

물론 부담감은 있었다. 하지만 남들 보는 것에 대한 문제가 아니었다. 장기하는 말했다.

"인기가 많지는 않아도 '요새도 걔 노래는 괜찮아' 이런 소리 계속 들을 수 있게 계속 건전하게 하고 싶다." 그러면서 얘기를 이었다. "초심으로 돌아가야 할 것이다."

초심이라면, 밥 벌어먹는 것도 중요하지만 재미를 더 중요하게 생각했던 무렵에 가졌던 마음이다.

2009년 6월. 오후 11시. 소주와 사이다 각 일 병씩

오늘도 회의는 다섯 시간을 훌쩍 넘겼다. 어김없이 곰사장과 명진의 말다툼 때문이었다. 언제나처럼 생각도 나지 않는 사소한 문제였는데, 따져보면 그것 때문에 싸운 것은 아닌 것 같다. 바라 마지 않던 합주실을 얻기로 결정했으나, 그로 인해 통장 잔고가 급격히 줄어듦과 동시에 '장기하와 얼굴들'의 음반 판매량이 줄기 시작한 시점이었다. 좁은 대중음악 시장에 그나마도 좁쌀만 한 인디음악에서 모두에게 충분한 몫이 돌아갈 만큼 벌 수 있는 가능성이 보이지 않음을 느끼고 있었고, 날카로워졌고, 그래서 터진 것이었다.

그래도 괜찮다 싶은 건 언제나 어느 한쪽이 먼저 사과의 뜻을 밝힌다는 것이었다. 이번에는 명진이었다. "곰사장, 오늘 술 한잔 해요." 술도 못 마시면서 사이다에 잘도 취하는 명진이다. 서로 취기가 올라 장광설을 한창 내뱉다가 문제는 역시나 모두

가 하고 있는 고민으로 귀결되었다. 명진의 레퍼토리가 반복되었다.

"보다 안정적인, 새로운 수익원이 필요해요."

명진의 아이디어는 카페를 열자는 것이었다. '장기하와 얼굴들'의 활동으로 방송 관계자나 이런저런 사람들을 만났는데 그런 사람들이 언제나 "홍대 근처에 갈 만한 데 있어요?"라고 묻는다는 얘기였다. 그렇게 추천해줄 바에야 아예 우리가 하고 말지, 이런 발상이다.

듣고 있던 곰사장은 또 이 얘긴가 싶다. 끝까지 다 듣지도 않고 언제나 했던 말을 성의 없이 반복한다. "2억 모아 오세요. 그때 해보죠."

하지만 무엇인가 필요한 시점이라는 것은 다들 느끼고 있었고, 곰사장도 마찬가지였다.

2009년 7월. 새벽 1시. 우아하게 오늘은 우럭 회에 소주

김 기조가 또 휴가를 나왔다. 하긴, 매월 정기적으로 휴가를 나올 수 있다는 이유로 일부러 빡센 군 생활을 감수하고 훈련소 조교를 보직으로 택한 그다. 더욱이 휴가 나올 때마다 다른 친구 안 만나고 회사를 찾아와서 황금 같은 시간을 내서 디자인하는 것은 기특한 일이다. 하지만 민간인이었을 때도 부담스러웠던 김 기조의 얘기는 군대에서 축구 하는 얘기를 듣는 것 이상으로 빡세다.

그래도 이날의 술자리에선 군대 얘기를 하지 않았다. 평소 그의 독자적인 세계관을 봤을 때 남들의 시선을 의식한 것은 절대 아닐 테고, 아마 자기도 지겨워졌나 보다. 아니면 이제 제대가 반년밖에 안 남아선지도. 어찌됐든 오늘의 화제는 군 복무가 끝나고 나서 그가 할 일이다.

"생각해봤는데, 간판 디자인하는 회사 어떨 것 같아요?"

처음에는 그 자리의 모두가 썩소를 날렸다. 또 김 기조 월드로 빠져드는구나. 하지만 몇 차례 술잔이 오가고 나서 생각해보니 꽤 괜찮다 싶었다. 평소 공공 디자인에 관심이 있고 잘하는 게 글자 만드는 일이니 그가 만든 간판은 꽤 괜찮지 않을까. 게다가 간판은 수요도 많으니 잘만 하면 장사가 될 것 같다.

"아예 회사를 차려버려라."

곰사장이 부추겼다. 붕가붕가레코드 관계자들이 뭔가를 생각해낼 때면 늘 그렇듯이 이름 짓기부터 시작했다. '기조간판', '기조디자인', '기조문고', '기조회사' 등등. '기조'란 이름이 들어가되 좀 더 생산적인 느낌이 났으면 좋겠다는 그의 의견에 따라 결국 낙찰된 것은 '기조실업'이었다.

문어발식 확장은 계속됐다. 얼마 전 사운드 아트 관련 대학원에 진학하기로 마음먹은 나잠 수는 인디음악보다도 더 배고파 보이는 미디어 아트 쪽도 잘하면 장사가 된다는 주장을 내세웠다. 그게 '나잠아트'가 되었다. 그리고 술자리에서 수없이 나오는 아이디어, 그것들을 팔아보면 괜찮을 듯싶었다. 그 자리에서 영상 프로덕션 '붕가붕가비디오'가 만들어졌다.

마냥 다 오냐오냐 한 건 아니다. 대현이 생각한 '태평양 레코드'는 회사 9:음악인 1

이라는 주류 업계의 분배 기준을 최초로 인디음악 판에 적용한 악질적 회사로, 잘하면 붕가붕가레코드를 능가할지도 모른다는 생각을 한 곰사장에 의해 "반란을 꿈꾼다"는 이유로 기각당했다. 이윽고 붕가붕가레코드의 관계자들을 이용하여 성인 비디오를 제작해보겠다는 '태평양 성인 영상'의 아이디어가 누군가의 입에서 제시되었으나 "관계자들은 모두 섹시하지 않다"는 중론에 역시 기각되었다.

언제나처럼 술상 위의 허튼 얘기로 끝날 수도 있었다. 술자리에서 나온 아이디어로 이것저것 많이 만들어온 것이 붕가붕가레코드였지만, 실현된 아이디어 중에 각자의 생업에 관한 것은 없었다. 그런데 이번에는 왠지 모르게 그렇게 끝내버리지 않을 수도 있다는 생각이 들었다. 손에 잡히는 곳에 있는 듯한 느낌.

2009년 8월. 오후 7시. 술 대신 커피

술 대신 커피를 택한 것은 오늘은 제정신으로 얘기해야 한다는 명진의 제안 때문이었다. 심각한 그녀의 표정에 곰사장은 은근 겁을 먹었다.

'정말로 2억을 모아 왔나?'

역시 사업에 대한 제안이었다. 그런데 카페는 아니었다. 그동안 '장기하와 얼굴들'의 매니저를 하면서 이런저런 기획사의 행사 섭외를 적잖게 받던 중 '중간에 기획사를 끼지 않고 직접 하면 더 많이 벌 수 있잖아?' 하는 생각이 들었다는 얘기였다. 오히려 일반 기획사에 비하면 소속 밴드가 있다는 것은 강점, 그렇다면 아예 공연 기획사를 세워버리자는 제안이었다.

위협적인 제안이었다. 카페는 돈 문제를 떠나 해본 적도 없고 딱히 잘하는 것도 없으니 경황없이 뛰어들면 백방 실패할 게 뻔했다. 그런데 공연은, 그래도 우리가 해오던 일이고, 꽤 잘하는 일이다. 게다가 심지어 수주도 받을 수 있다. 하는 게 안 하는 것보다 나은데 심지어 잘할 수 있을 것 같다면 하는 게 좋다. 이왕 행사를 맡아 하는 거, 붕가붕가레코드가 벌이는 모든 공연을 도맡아 할 회사를 만들었다. 역시 이름 먼저. 우리 기획 공연의 브랜드가 자연스레 회사 이름이 됐다. 공연 기획사 '지속가능한 딴따라질'을 빠른 시일 내에 설립하기로 결정한 것이다. 앞으로 갈 길 이 어느 정도 보이기 시작했다. 그간의 고민의 정체는 이것이었다.

"누구를 위한 지속가능한 딴따라질인가?"

표현 의지를 훼손하지 않으면서 생계를 건전하게 유지한다는 지속가능한 딴따라 질의 정의를 되짚어보면 답은 명확하다. '표현 의지'라는 단어에서 볼 수 있듯 애초 에 고려한 것은 음악인들이다. 음악을 하면서 먹고살 수 있게 하거나, 아니면 다른 것으로 먹고살면서 음악을 할 수 있게 하거나 결국엔 음악인들을 위한 것인 셈이다. 그렇다면 음악을 하지 않는 이들은? 붕가붕가레코드의 절반은 그런 이들이다.

이들에게 음악인의 '표현 의지'에 상응하는 의미는 과연 무엇인가? 표현 의지가 음악 활동의 동기가 되는 것이라면 붕가붕가레코드의 대표에게, 매니저에게, 물류 팀장에게 그것은 재미다. 다들 재미있으려고 이 일을 시작했기 때문이다. 그런데 음 악인들에게 꾸준하게 음악을 할 수 있는 환경을 만들기 위해 노력하면서 정작 자신들에게는 소홀했다. 남이 만들어낸 것을 가지고 하는 일도 재미있겠지만 진짜 재미는 스스로 뭘 만들어낼 수 있을 때다.

그렇다면 딴따라질의 의미를 확장하면 된다. 굳이 음악 활동에 한정하지 않아도 된다. 하고 싶고 재미있는 일을 모두 포괄할 수 있게끔 만드는 것. 그래서 그것을 지속하도록 해주는 것. 그러기 위해서 돈이 될 수 있게끔 만드는 것.

붕가붕가레코드는 그런 활동의 기반이 되어줄 수 있을 것이다. 붕가붕가레코드 소속팀에 기반을 두는 명진의 공연 기획사 '지속가능한 딴따라질'은 물론 김 기조의 간판 회사도 붕가붕가레코드의 이름을 업고 그가 여기서 해놓은 작업을 들이밀면 더 쉬워질 것이다. 나잠 수의 미디어 아트 회사는 이쪽의 음악들을 바로 활용할 수 있다. 붕가붕가레코드의 역할은 음반을 만들어내서 각자가 하는 일에 써먹을 수 있게 하는 한편, 이들을 연결해 새로운 일을 벌여내도록 하면 된다.

생각이 여기에 이른 곰사장, 속으로 무언가 떠올리고서는 이 말을 내뱉으면 어떤 반응이 있을지 예상했다. 한 줌 정도일 그의 지지자들은 "개인의 요구를 사업의 방향과 절묘하게 조화시킨 탁월한 발상"이라는 찬사를 던질 테고, 적은 숫자가 아닐 그의 반대자들은 "곰사장을 넘어 곰회장이라고 불리고 싶은 명예욕의 발로"라 비난할 것이다. 그리고 대다수를 차지할 이도저도 아닌 이들로부터는 "또 그럴싸한 말 하나 지어냈구나"라는 냉소를 자아낼 테다. 바로 이런 말이었다.

"붕가붕가레코드의 전 직원은 머지않은 시점에 모두 대표 명의가 박힌 명함을 갖도록 하겠다."

다들 공동대표하자는 소리가 아니었다. 붕가붕가레코드에서 일하는 모든 이들이 각자 하고 싶은 일을 회사로 만들어 각자 그것을 책임지게 한다는 것이다. 일종의 그룹사를 만들겠다는 얘기다. 한마디로 '붕가붕가 엔터프라이즈 프로젝트.'

2009년 9월. 아침 9시. 캔맥주로 해장

2월 전까지만 해도 붕가붕가레코드의 술자리라 하면 해 뜰 때까지 마시는 게 기본이었다. 하지만 이후 거의 매일 공연을 하게 되면서 뒤풀이는 일상 같은 게 되었고 새로 알게 되는 사람의 숫자와 술자리의 흥은 반비례했다. 붕가붕가레코드의 양대 호주가라 "그 둘만 있으면 술자리는 무조건 끝을 본다"라고 일컬어진 곰사장과 장기하 모두 어느새 술자리를 피하게 됐다.

그런데 웬일인지 오늘은 많이 마셨다. 문을 연 술집이 없어 편의점 앞 파라솔을 이용하게 될 시간까지 간 것은 예전에도 별로 없던 일이다. 날은 진작 밝았고, 장기하를 포함하여 대다수는 이미 제정신 아닌 상태로 "이게 뭐 그러냐", "대체 뭐가?", "난 왜 말이다"는 식의 말만 되풀이하고 있었다. 그나마 제정신이었던 곰사장과 준혁도 괜히 "행복하냐?", "왜 사나요?" 따위의 시덥잖은 얘기나 주고받고 있었다.

미래에 대한 얘기를 시작한 건 이런 얘기도 다 떨어질 무렵이었다. 이제 새벽은 아침이 되고 사람들이 하나둘 출근하는 바른 생활의 모습을 배경 삼아 한껏 퇴폐적으로 마시고 있었던지라 뭔가 마음에 찔렸던 모양이다. 그래서 그간에는 생각해보지 않았던 먼 미래로 화제가 뛰었다. 무엇을 바라며 10년 후로 가야 할까.

이미 인터뷰 같은 데서 기자들이 몇 번 물었던 질문. 곰사장의 대답은 준비되어 있었다. "대충 사십 대쯤 되면 각자 15평 정도의 아파트를 갖고서 보험 두세 개는 들어놓을 수 있는 형편. 이 정도면 되지 않겠나?"

이것이 바로 지속가능한 딴따라질이 얘기하는 '건전한 생계'의 정체다. 우리가 생각하는 적절한 생활인의 수준으로서 재미나게 일을 하고 있으니 결코 많이 바라지 않는다는 것을 구체적인 수치로 표현한 것이다. 얻는 게 있으면 지불해야 할 것도 있는 법이니까.

그런데 준혁의 입장에서는 이것이 우리가 가야 할 길이라고 납득할 수 없었다. 일단 천만 원을 모으면 아버님께 차를 사드리겠다는 그에게는 책임져야 할 것들이 있다. 이 일만 하면서 온전하게 먹고살기는 힘들 것이다. 그리고 다른 하고 싶은 일들도 많다. 그래서 이와는 별도로 생업을 가지고서 이 일을 하고 싶은데, 지금 곰사장이 얘기하는 목표라는 것은 결국 벌이의 수준에 관한 것이지 않나. 내가 이 일을 하고자 하는 것은 단지 먹고살기 위한 게 아닌데.

지속가능한 딴따라질의 함정이었다. 지속하는 데 너무 집중하다 보니 자꾸만 모든 궁리가 돈을 벌어 살아남는 것으로 향하게 됐다. 결국 이런 식이라면 일반적인 음악 사업과 다를 게 없다. 그것도 나쁘진 않겠지만, 우리가 애초에 하고자 했던 건 그게 아니었잖아.

"초심으로 돌아가야 할 것이다."

비로소 장기하의 얘기를 어느 정도 알아먹을 수 있었다. 애초 시작은 재미나게 살기 위한 것이었다. 그럼 뭐가 재밌는 건가. 각자 하고 싶은 걸 하는 것. 그렇다면 거기서 붕가붕가레코드가 해야 할 일은? 이걸로 돈을 벌건 말건, 회사에 돈을 많이 벌어다 주건 말건 각자 하고 싶은 일을 할 수 있게 해주고 서로 같이 일을 할 수 있게 도와주는 것. 하나의 장광설일 따름이었던 '전 직원의 대표화'가 달라진 상황에서 초심으로 돌아갈 수 있는 수단이라는 생각이 들었다.

이 순간 곰사장의 느낌은 딱 그 기분이었다. 처음 붕가붕가레코드를 만들었을 때, 수공업 소형 음반을 생각해냈을 때, 지속가능한 딴따라질을 시작했을 때, 그리고 장기하의 《싸구려 커피》를 만들고 처음 비닐 포장을 해놓았을 때 느꼈던 기분. 정작 '장기하와 얼굴들'의 음반을 4만 장이나 팔고 무슨 상을 받았을 때는 이런 기분이 들지 않았다. 이루는 것보다는 나아지는 게 우리가 재미를 느끼는 종류의 일임을 깨닫게 됐다. 각자 하고 싶은 일을 갖고 와서 볼 장 보는 붕가붕가레코드가 되면 좋겠다는 바람을 갖게 됐다.

"우리의 딴따라질은 넓어지고 나아지고 있다."

이렇게 가끔 얘기할 수 있는 그런 회사가 되면 좋을 것 같다. 생각이 여기에 이른 순간, 갑자기 당장 다음 주에 나올 '치즈스테레오' 음반을 파는 얘기로 넘어갔다. 음반 발매 공연의 예매 상태가 좋지 않은 데 대하여, 신종플루 때문이니 요새 사람들이 록을 싫어하기 때문이니 하는 근거도 없고 해법도 없는 얘기를 잔뜩 늘어놓기 시작했다. 그런 얘기를 하다가 어떻게 사무실까지 기어 들어가서 잠이 들었다.

붕가붕가레코드의
지속가능한 딴따라길

첫판 1쇄 펴낸날 2009년 10월 20일
4쇄 펴낸날 2009년 11월 30일

지은이 붕가붕가레코드
펴낸이 김혜경
문학교양팀 이재현 이진 김미정 이정규 백도라지
디자인팀 서채홍 윤정우 전윤정 김명선 지은정
마케팅팀 모계영 이주화 문창운 강백산
홍보팀 윤혜원 오성훈
경영지원팀 임옥희 이경환

펴낸곳 (주)도서출판 푸른숲
출판등록 2002년 7월 5일 제 406-2003-032호
주소 경기도 파주시 교하읍 문발리 파주출판도시
529-3번지 푸른숲 빌딩, 우편번호 413-756
전화 031)955-1400(마케팅부), 031)955-1410(편집부)
팩스 031)955-1406(마케팅부), 031)955-1424(편집부)
www.prunsoop.co.kr

ⓒ붕가붕가레코드, 2009
ISBN 978-89-7184-825-8 (03810)

* 잘못된 책은 구입하신 서점에서 바꾸어 드립니다.
* 본서의 반품 기한은 2014년 11월 30일까지입니다.

이 도서의 국립중앙도서관 출판시도서목록(CIP)은 e-CIP 홈페이지(http://www.nl.go.kr/cip.php)에서 이용하실 수 있습니다. (CIP제어번호: CIP2009003050)